Power BI
商业数据分析
完全自学教程

凤凰高新教育 编著

内 容 提 要

《Power BI 商业数据分析完全自学教程》是一本系统地讲解利用 Power BI 进行商业数据智能分析的自学宝典。本书以"完全精通 Power BI"为出发点,以"用好 Power BI"为目标来安排内容,全书共 5 篇,分为 14 章,循序渐进地介绍了 Power BI 的基本操作、数据导入、数据整理、数据建模、数据可视化分析、数据发布等相关技能。

第 1 篇为基础入门篇(第 1～3 章),主要针对初学者,从零开始,系统、全面地讲解了 Power BI 的入门知识点、基本操作及数据的输入和连接操作。

第 2 篇为数据处理篇(第 4～6 章),介绍了 Power BI 数据的整理操作、表格中行/列数据的管理,以及 Power BI 数据的高级处理、M 函数的使用等。

第 3 篇为数据分析篇(第 7～9 章),介绍了 Power BI 数据的建模操作及 DAX 语言的入门和进阶操作等。

第 4 篇为数据可视化篇(第 10～12 章),介绍了 Power BI 数据的可视化呈现过程及如何对报表数据进行分析和发布等。

第 5 篇为案例实战篇(第 13～14 章),通过两个综合应用案例,系统、全面地讲解了如何将 Power BI 灵活地应用于实际工作中。

本书内容丰富,几乎囊括了 Power BI 的全部功能,不仅适合需要对大量数据进行操作的工作人员、各行各业的职场人士,以及对 Power BI 有兴趣的学生、自由职业者等学习使用,也可以作为广大职业院校、培训班的教学参考用书。

图书在版编目(CIP)数据

Power BI 商业数据分析完全自学教程 / 凤凰高新教育编著. —北京:北京大学出版社, 2021.11
ISBN 978-7-301-32682-4

Ⅰ.①P… Ⅱ.①凤… Ⅲ.①可视化软件–应用–商业信息–数据处理–教材 Ⅳ.①F713.51-39

中国版本图书馆CIP数据核字(2021)第213857号

书　　　名	Power BI 商业数据分析完全自学教程 Power BI SHANGYE SHUJU FENXI WANQUAN ZIXUE JIAOCHENG
著作责任者	凤凰高新教育　编著
责 任 编 辑	张云静　刘羽昭
标 准 书 号	ISBN 978-7-301-32682-4
出 版 发 行	北京大学出版社
地　　　址	北京市海淀区成府路205号　100871
网　　　址	http://www.pup.cn　新浪微博:@北京大学出版社
电 子 信 箱	pup7@pup.cn
电　　　话	邮购部010-62752015　发行部010-62750672　编辑部010-62580653
印 刷 者	北京宏伟双华印刷有限公司
经 销 者	新华书店
	889毫米×1194毫米　16开本　16印张　499千字 2021年11月第1版　2021年11月第1次印刷
印　　　数	1-4000册
定　　　价	89.00 元

未经许可,不得以任何方式复制或抄袭本书之部分或全部内容。
版权所有,侵权必究
举报电话: 010-62752024　电子信箱: fd@pup.pku.edu.cn
图书如有印装质量问题,请与出版部联系,电话: 010-62756370

前　　言

虽然数据是现代化企业的命脉，但如果不能从大量数据中获取有用的信息，那么对于办公人员来说，大量的数据就会成为一个灾难。为了避免这类问题，我们就需要一款能够从大量数据中提取有用数据，且能够直观展示数据的软件，这就是本书将要介绍的商业智能软件——Power BI。

微软旗下的 Power BI 能够根据公司提供的数据生成可视化的报告，从而获取有用的信息。用户运用 Power BI 不仅能够了解过去发生的事情和现在发生的事情，还可以预测未来可能发生的事情，从而做好预判和决策，以满足未来的需求和其他关键指标。

本书虽然适合 Power BI 初学者，但同样也可以帮助 Power BI 老手更加了解该软件。阅读本书，你可以有以下收获：

（1）快速掌握 Power BI 的基本功能；

（2）快速掌握 Power BI 数据的处理方法；

（3）快速掌握 Power BI 数据的分析方法；

（4）快速掌握 Power BI 数据可视化的经验与方法；

（5）快速掌握 Power BI 的相关技巧，并熟练应用于日常办公。

本书特色

1. 内容全面实用，案例丰富

本书遵循常用、实用的原则，结合日常办公应用的实际需求，安排了大量的实战案例，系统、全面地讲解了 Power BI 数据分析与报表制作的相关技能和实战操作。

2. 图解写作，一看即懂，一学就会

为了帮助读者更好地学习和理解相关知识，本书采用"步骤引导＋图解操作"的方式进行讲解，在步骤讲解过程中以序号"❶，❷，❸……"的方式分解出操作小步骤，并在图上进行对应标识，非常方便读者学习掌握。只要按照书中讲解的步骤和方法去操作练习，就可以做出与书同步的效果，真正做到简单明了、一看即会、易学易懂。另外，为了解决读者在学习过程中可能遇到的问题，本书设置了"技术看板"板块，解释书中出现的或读者在操作过程中可能会遇到的一些疑难问题。本书还添设了"妙招技法"板块，其目的是给读者展示更多关于 Power BI 操

作的小妙招，教授读者更多的技能。最后，本书的每章还设置了"过关练习"和"本章小结"，对本章知识点进行综合训练和总结，带领读者举一反三。

学习套餐

本书配套赠送相关的学习资源，内容丰富、实用。读者花一本书的钱，可以学到多本书的知识。学习套餐包括以下内容。

（1）同步素材文件。本书中所有章节实例的素材文件，全部收录在同步学习文件夹中的"\素材文件\第＊章\"文件夹中。读者在学习时，可以参考图书内容，打开对应的素材文件进行同步操作练习。

（2）同步结果文件。本书中所有章节实例的最终效果文件，全部收录在同步学习文件夹中的"\结果文件\第＊章\"文件夹中。读者在学习时，可以打开结果文件，查看实例效果，为自己在学习中的练习提供参考。

（3）同步视频教学文件。本书为读者提供了近7小时的与书同步的视频教程。读者扫描书中的二维码，即可播放讲解视频，像看电视一样轻松学习。

（4）高效办公电子书：赠送《微信高手技巧手册随身查》《QQ高手技巧手册随身查》《手机办公10招就够》《高效人士效率倍增手册》电子书，教授读者移动办公诀窍。

（5）《10招精通超级时间整理术》和《5分钟学会番茄工作法》讲解视频。专家传授时间整理术，包括如何整理时间、如何有效利用时间等。无论是在职场中还是在生活中，我们都要学会时间整理。时间是人类最宝贵的财富，只有合理安排时间、充分利用时间，我们的人生价值才能最大化。

（6）《Excel 2016完全自学教程》教学视频。即便读者朋友没有Excel数据处理基础，也可以通过本教学视频学习并掌握Excel的基本操作方法。

> **温馨提示**：以上资源可用微信扫描下方二维码关注微信公众号，并输入图书77页的资源提取码获取下载地址及密码。另外，在微信公众号中，我们还为读者提供了丰富的图文教程和视频教程，为你的工作排忧解难！

本书不是一本单纯的Power BI技能办公书，而是一本教授职场综合技能的实用书籍！

本书既可以作为需要使用Power BI处理日常办公事务的人事、财务、销售、会计、电商等专业人员的参考书，也可以作为数据分析岗位的工作人员的学习资料，还可以作为广大职业院校、培训班的教学参考用书。

创作者说

本书由凤凰高新教育策划并组织编写，编者具有丰富的 Power BI 应用技巧和办公实战经验。由于 Power BI 版本更新频繁，读者在借鉴本书内容学习 Power BI 的过程中，可能会发现书中的软件界面与自己下载并安装的 Power BI 软件界面有区别，功能的位置也有所不同，读者只需要多熟悉 Power BI 的界面和选项卡下的功能，就能够轻松地掌握 Power BI 的操作技巧。书中若有疏漏和不足之处，敬请广大读者及专家指正。

若您在学习过程中有任何疑问或建议，可以通过 E-mail 或 QQ 群与我们联系。

读者信箱：2751801073@qq.com

读者交流 QQ 群：292480556、218192911

目 录

第1篇 基础入门篇

Power BI 是微软继 Excel 后开发的一款对商业数据进行分析和可视化展示的专业工具，它整合了 Power Query、Power Pivot、Power View 和 Power Map 等一系列工具的功能，可以快速连接数据，并对数据进行建模和分析。本篇主要讲解 Power BI 的基础入门知识。

第1章 ▶
Power BI 快速入门 ················· 1

1.1 Power BI 简介 ·················· 1
  1.1.1 认识 Power BI ············· 1
  ★重点 1.1.2 Power BI 的优势 ······ 2
  1.1.3 Power BI 的组成部分 ········ 3
  ★重点 1.1.4 学习 Power BI 可能会
    遇到的问题 ·················· 4
  1.1.5 Power BI 的应用场景 ········ 5

1.2 Power BI 桌面应用程序的安装和注册 ·················· 5
  ★重点 1.2.1 下载并安装 Power BI
    桌面应用程序 ················ 6
  1.2.2 注册并登录 Power BI 账户 ···· 8

1.3 Power BI 桌面应用程序的界面介绍 ······················ 9
  1.3.1 Power BI 桌面应用程序的
    欢迎界面 ···················· 9
  ★重点 1.3.2 Power BI 桌面应用
    程序的操作主界面 ············ 9
  1.3.3 实战：使用帮助功能了解
    Power BI 的相关功能 ·········· 11

妙招技法 ······················· 11
  技巧01 设置报表的自动保存时间
    间隔 ······················· 11
  技巧02 自定义快速访问工具栏 ······ 12

本章小结 ······················· 12

第2章 ▶
Power BI 的基本操作 ············· 13

2.1 报表的基本操作 ·············· 13
  ★重点 2.1.1 更改报表的主题颜色 ···· 13
  2.1.2 对齐报表中的视觉对象 ······ 14
  2.1.3 锁定报表中的视觉对象 ······ 15
  ★重点 2.1.4 更改报表的布局方式 ···· 16

2.2 报表页的基本操作 ············ 17
  ★重点 2.2.1 新建和删除报表页 ······ 17
  2.2.2 隐藏和显示报表页 ·········· 18
  2.2.3 重命名报表页 ············· 18
  2.2.4 复制和移动报表页 ·········· 19

2.3 报表页面的基本操作 ·········· 20
  2.3.1 调整报表的页面大小 ········ 20
  2.3.2 设置报表的页面背景 ········ 21
  2.3.3 设置报表页面的对齐方式 ···· 22

妙招技法 ······················· 23
  技巧01 设置报表的页面视图 ········ 23
  技巧02 为报表页面添加壁纸 ········ 23

过关练习——美化销售报表 ········ 25

本章小结 ······················· 27

第3章 ▶
Power BI 数据的输入和连接 ······ 28

3.1 在 Power BI Desktop 中输入数据 ·················· 28
  ★重点 3.1.1 实战：输入数据 ········ 28
  3.1.2 保存报表数据 ············· 30

3.2 在 Power BI Desktop 中导入 Excel 工作簿数据 ······· 30
  ★重点 3.2.1 实战：将 Excel 数据
    转换为模型数据 ·············· 30
  ★重点 3.2.2 实战：将 Excel 模型数据
    导入到 Power BI Desktop 中 ····· 33

3.3 在 Power BI Desktop 中获取数据 ·················· 35
  ★重点 3.3.1 实战：获取 Excel
    工作簿数据 ·················· 35

| ★重点 3.3.2 实战：获取网页数据……36
| 3.3.3 实战：使用示例添加表……37
| **妙招技法**……39
| 技巧01 使用复制和粘贴功能实现数据的输入……39
| 技巧02 重命名报表中的表名……40
| 过关练习——在 Power BI 中连接 CSV 格式的数据……40
| **本章小结**……42

第 2 篇 数据处理篇

在 Power BI Desktop 中导入、连接或输入数据后，用户可以通过该软件中的 Power Query 工具对数据表或表中的数据进行处理。Power Query 是一款功能强大的数据编辑工具，可以让数据变得规范、易于分析，为数据的可视化打下基础。本篇主要讲解运用 Power BI 进行数据处理的知识。

第 4 章 ▶
Power BI 数据的整理……43

4.1 Power Query 编辑器界面介绍……43
4.2 整理表……44
★重点 4.2.1 重命名表……44
4.2.2 复制、粘贴表……45
4.2.3 移动表……46
★重点 4.2.4 实战：分组表……47
4.3 整理数据……49
★重点 4.3.1 实战：更改和转换数据类型……50
★重点 4.3.2 实战：替换值和替换错误值……51
★重点 4.3.3 实战：向下填充数据……52
★重点 4.3.4 实战：设置列标题……53
★重点 4.3.5 实战：转置行列和反转行……54
妙招技法……55
技巧01 删除表……55
技巧02 删除重复项和错误值……56
过关练习——整理员工信息表……56
本章小结……58

第 5 章 ▶
Power BI 行列数据的基本操作……59

5.1 管理行……59
★重点 5.1.1 查看行内容……59
5.1.2 保留行……59
5.1.3 删除行……61
★重点 5.1.4 实战：行数据的排序……62
★重点 5.1.5 实战：行数据的筛选……63
5.2 管理列……64
5.2.1 移动列……64
5.2.2 转到列和选择列……65
5.2.3 删除列……66
★重点 5.2.4 实战：合并列和拆分列……67
★重点 5.2.5 实战：提取数据……68
★重点 5.2.6 实战：透视列和逆透视列……69
5.3 添加列数据……70
5.3.1 实战：添加重复列……70
5.3.2 实战：添加索引列……70
★重点 5.3.3 实战：添加条件列……70
★重点 5.3.4 实战：添加自定义列……71
妙招技法……72
技巧01 对行进行计数……72
技巧02 统计信息……73
技巧03 将列转换为表……73
过关练习——整理客户订单记录表……74
本章小结……77

第 6 章 ▶
Power BI 数据的高级处理……78

6.1 行列数据的高级应用……78
★重点 6.1.1 实战：分组数据……78
★重点 6.1.2 实战：合并查询……80
★重点 6.1.3 实战：追加查询……81
6.2 列分析……82
6.3 使用 M 函数处理数据……84
★重点 6.3.1 认识 M 函数……84
★重点 6.3.2 M 函数的基本规范和语法格式……85
6.3.3 常用的 M 函数及分类……86
★重点 6.3.4 M 函数的查询方法……87
★重点 6.3.5 实战：使用 M 函数创建日期表……89
妙招技法……91
技巧01 显示等宽字体……91
技巧02 查看数据统计信息和值分布情况……91
过关练习——整理门店营业额统计表……92
本章小结……94

第3篇 数据分析篇

在 Power BI Desktop 中输入数据并利用 Power Query 工具对数据表或表中的数据进行处理后，我们可以利用软件中的其他工具对这些数据进行分析，如新建度量值、新建列和新建表等。此外，我们还可以使用 DAX 语言中的函数对报表数据进行高级分析。本篇主要讲解 Power BI 数据分析方面的知识。

第7章
Power BI 数据的建模 …………… 95

7.1 了解关系 …………………………… 95
7.2 管理关系 …………………………… 96
  ★重点 7.2.1 自动检测关系 …………… 96
  ★重点 7.2.2 实战：手动创建关系 …… 97
  ★重点 7.2.3 实战：编辑关系 ………… 99
7.3 新建度量值和列 …………………… 101
  ★重点 7.3.1 实战：新建度量值 ……… 101
  ★重点 7.3.2 实战：新建列 …………… 102
7.4 新建表 ……………………………… 103
  ★重点 7.4.1 实战：合并表 …………… 103
  ★重点 7.4.2 实战：连接表 …………… 104
  ★重点 7.4.3 实战：提取表 …………… 106
  ★重点 7.4.4 实战：新增空表 ………… 106
  ★重点 7.4.5 实战：生成日期表 ……… 107
妙招技法 ………………………………… 108
  技巧01 从模型中删除数据块 ………… 108
  技巧02 在报表视图中隐藏数据块 …… 108
过关练习——为统计表中无关系的表建立关系 ……………………… 109
本章小结 ………………………………… 111

第8章
DAX 语言入门 …………………… 112

8.1 DAX 语言基础 ……………………… 112
  8.1.1 认识 DAX 语言 ………………… 112
  ★重点 8.1.2 DAX 公式的语法结构 …… 112
  ★重点 8.1.3 DAX 公式的编辑技巧 …… 112
  ★重点 8.1.4 编辑 DAX 公式时的常见错误 …………………… 113
  8.1.5 DAX 函数的分类 ………………… 113
8.2 数学和三角函数 …………………… 116
  ★重点 8.2.1 实战：SUM 函数和 SUMX 函数 …………… 116
  8.2.2 实战：DIVIDE 函数 …………… 117
8.3 统计函数 …………………………… 118
  ★重点 8.3.1 实战：TOPN 函数 ……… 118
  ★重点 8.3.2 实战：SUMMARIZE 函数 …………………… 120
妙招技法 ………………………………… 121
  技巧01 使用 ADDCOLUMNS 函数汇总数据 …………………… 121
  技巧02 使用 SELECTCOLUMNS 函数汇总数据 …………………… 122
过关练习——查看服装的销售金额排名 ……………………………… 122
本章小结 ………………………………… 125

第9章
DAX 语言进阶 …………………… 126

9.1 筛选器函数 ………………………… 126
  ★重点 9.1.1 实战：CALCULATE 函数 …………………………… 126
  ★重点 9.1.2 实战：COUNTROWS 函数和 FILTER 函数 ………… 129
  ★重点 9.1.3 实战：RELATED 函数和 RELATEDTABLE 函数 …… 130
  ★重点 9.1.4 实战：ALL 函数和 ALLSELECTED 函数 ………… 133
  ★重点 9.1.5 实战：EARLIER 函数 …………………………… 138
  ★重点 9.1.6 实战：VALUES 函数和 HASONEVALUE 函数 …… 140
9.2 时间智能函数 ……………………… 142
  ★重点 9.2.1 实战：TOTALYTD 函数 …………………………… 142
  ★重点 9.2.2 实战：DATEADD 函数 …………………………… 145
9.3 其他常用函数 ……………………… 147
  ★重点 9.3.1 实战：IF 函数和 SWITCH 函数 ………………… 148
  ★重点 9.3.2 实战：LOOKUPVALUE 函数 …………………………… 148
妙招技法 ………………………………… 149
  技巧01 使用 FORMAT 函数进行日期的提取和调整 ……………… 149
  技巧02 使用 USERELATIONSHIP 函数在两表之间建立多个关系 … 150
过关练习——计算商品的销售金额周环比 ………………………… 152
本章小结 ………………………………… 155

第4篇 数据可视化篇

通过对前面章节的学习，我们已经掌握了数据的输入、处理、分析等一系列的报表操作，随后就可以对报表中的数据进行可视化的展示，并将这些数据发布到 Power BI 服务中，以作备份并方便更多非 Power BI 用户查看。此外，我们还可以使用 Power BI 中的一些高级工具分析报表数据。本篇主要讲解 Power BI 中数据可视化的知识。

第10章
Power BI 数据可视化……………156

10.1 创建和导入视觉对象……… 156
★重点 10.1.1 制作常见的视觉对象……………………… 156
★重点 10.1.2 从应用商店导入视觉对象……………………… 158
★重点 10.1.3 从文件导入视觉对象……………………… 159

10.2 设置视觉对象格式……… 161
10.2.1 设置视觉对象的大小和位置………………………… 161
10.2.2 设置视觉对象的标题…… 162
10.2.3 设置视觉对象的边框和背景………………………… 163
★重点 10.2.4 设置视觉对象的数据标签………………… 165
★重点 10.2.5 设置视觉对象的横纵坐标轴和图例……… 166

10.3 制作常用的视觉对象……… 168
10.3.1 实战：柱形图……………… 168
10.3.2 实战：条形图……………… 169
★重点 10.3.3 实战：折线图…… 170
10.3.4 实战：分区图……………… 171
★重点 10.3.5 实战：饼图……… 173
10.3.6 实战：环形图……………… 174
10.3.7 实战：树状图……………… 175
10.3.8 实战：仪表……………… 176
★重点 10.3.9 实战：卡片图…… 177

★重点 10.3.10 实战：切片器……… 177
10.3.11 实战：KPI 视觉对象…… 180
★重点 10.3.12 实战：表……… 181

妙招技法………………………… 182
技巧01 设置实际数据和预测数据系列显示不同颜色……………… 182
技巧02 在视觉对象中显示详细数据………………………… 183

过关练习——创建组合图视觉对象………………………… 184

本章小结………………………… 186

第11章
Power BI 数据分析……………187

11.1 巧用简单工具分析报表数据……… 187
★重点 11.1.1 实战：使用筛选器筛选数据……………… 187
11.1.2 实战：在报表中插入形状…… 189
11.1.3 实战：使用编辑交互功能更改视觉对象的交互方式…… 190
★重点 11.1.4 实战：通过钻取功能深度查看数据……… 191

11.2 使用高级工具分析报表数据……… 193
★重点 11.2.1 实战：使用书签实现导航效果……………… 193
11.2.2 实战：使用按钮实现导航

效果………………………… 195
★重点 11.2.3 实战：使用组功能分组数据……………… 197
11.2.4 实战：通过预测功能预测未来值…………………… 198
★重点 11.2.5 实战：使用工具提示功能制作悬浮的视觉对象…… 199

妙招技法………………………… 201
技巧01 在报表中插入文本框……… 201
技巧02 导出创建视觉对象的数据…… 202

过关练习——年销售数据分析…………………………… 203

本章小结………………………… 205

第12章
Power BI 数据的发布……………206

12.1 发布报表到 Power BI 服务………………………… 206
★重点 12.2 Power BI 服务界面介绍………………… 207
12.3 在工作区中创建报表…… 208
★重点 12.3.1 制作报表……… 208
★重点 12.3.2 设置报表视图效果…… 212

妙招技法………………………… 214
技巧01 在工作区中删除报表……… 214
技巧02 将工作区中的文件导出为 PDF 格式……………… 215

本章小结………………………… 215

第 5 篇　案例实战篇

通过对前面章节的学习，我们已经掌握了关于 Power BI 的一些基础知识和 Power BI 中的重点功能。为了巩固前面章节中讲解的知识，本篇将通过"产品销售数据智能化分析"和"人力资源数据智能化分析"两个案例，讲解 Power BI 商业智能数据分析的综合应用技能。

第 13 章
实战：产品销售数据智能化分析 …… 216

13.1 导入并整理产品销售数据 …… 216
　13.1.1 添加产品销售数据到模型中 …… 216
　13.1.2 将产品销售数据导入到报表 …… 217
　13.1.3 在编辑器中整理产品销售数据 …… 218
13.2 产品销售数据建模 …… 219
　13.2.1 建立数据关系 …… 219
　13.2.2 查看销售成本和销售等级 …… 221
13.3 产品销售数据的可视化呈现和分析 …… 222
　13.3.1 制作销售业绩走势图 …… 222
　13.3.2 查看各品牌下的商品销售数量占比情况 …… 223
　13.3.3 查看当前月的各品牌销售额占比情况 …… 224
13.4 发布产品销售数据报表 …… 225
本章小结 …… 228

第 14 章
实战：人力资源数据智能化分析 …… 229

14.1 员工结构分析 …… 229
　14.1.1 导入人力资源分析表 …… 229
　14.1.2 新建日期表 …… 230
　14.1.3 新建期末在职和期间新入职的员工人数度量值 …… 231
　14.1.4 人员结构可视化分析 …… 232
14.2 员工离职率分析 …… 234
　14.2.1 新建期间离职的员工人数和离职率度量值 …… 234
　14.2.2 员工离职率可视化分析 …… 235
14.3 新员工考核成绩分析 …… 237
　14.3.1 整理新员工培训记录表 …… 237
　14.3.2 新建员工考核结果列和员工及格数量表 …… 238
　14.3.3 新建总及格数量和培训结果度量值 …… 240
　14.3.4 新员工考核成绩可视化分析 …… 240
本章小结 …… 242

第 1 篇 基础入门篇

Power BI 是微软继 Excel 后开发的一款对商业数据进行分析和可视化展示的专业工具，它整合了 Power Query、Power Pivot、Power View 和 Power Map 等一系列工具的功能，可以快速连接数据，并对数据进行建模和分析。本篇主要讲解 Power BI 的基础入门知识。

第 1 章 Power BI 快速入门

➥ 数据类型太多、数据量太大，怎么选择和导入？
➥ 数据背后的信息是什么？怎么挖掘？
➥ 要让数据呈现可视化效果，可是普通的图表显得不够专业，怎么办？
➥ 多角度分析数据该怎么操作？
➥ 想随时随地获取实时数据并及时做出决策，怎么办？

以上问题都可以在 Power BI 中找到答案，下面我们先来看看 Power BI 的基础入门知识。

1.1 Power BI 简介

从事数据方面工作的人员或多或少都听说过 BI，但是它到底是什么、有什么作用，可能大部分人不是很清楚。下面我们就以通俗易懂的语言对 BI 及处理 BI 的常用软件 Power BI 进行介绍。

1.1.1 认识 Power BI

在信息大爆炸的时代，人们的一举一动都会产生海量的数据，而在数据的背后，隐含着并不显而易见的某些信息和规律。为了挖掘和分析数据背后的信息和规律，商业智能 BI 应运而生。

BI 是 Bussiness Intelligence 的缩写，泛指针对大数据的解决方案，能够对不同来源的数据进行处理、汇总和分析，从而帮助企业做出有效的预测和明智的决策。

Power BI 是微软公司推出的一款先进的自助式 BI 软件，它结合了 Power Query、Power Pivot、Power View 和 Power Map 等一系列工具的经验成果和功能，可以连接数百个数据源，简化数据的准备工作，生成美观的报表并与他人共享，从而供企业的相关人士查看和分析数据。简而言之，Power BI 可以将 Excel 或其他来源的数据通过报表的形式呈现给用户。

★重点 1.1.2 Power BI 的优势

对于大多数人来说，Excel 是最常用的数据分析软件，运用它不仅能制作各种各样的表格，对数据进行统计和分析，还能通过图表功能可视化地展示数据。但是 Excel 并不完美，在处理海量数据时，Excel 并不具有优势，而且在可视化展示数据时，运用 Excel 制作的图表效果也不够专业。虽然微软在 Excel 中增加了 Power Pivot、Power Map、Power View 等插件，但是在自动化办公方面，这些插件的操作并不简单。而如果使用 Power BI，只需简单几步，即可快速实现对数据的分析和可视化展示。Power BI 与 Excel 都是微软公司出品的软件，其根源上有很多相通之处，因此从 Excel 过渡到 Power BI 并不困难。

下面从 Power BI 的功能等方面来介绍其优势。

1. 发展潜力巨大，前景广阔

如图 1-1 所示为全球最具权威性的 IT 研究与顾问咨询公司 Gartner 制作的 2019 年商业智能和分析平台的魔力象限图。该机构从两个方面评价了 21 家商业智能和分析平台的厂商，即纵轴的执行力和横轴的前瞻性。随后根据每个厂商在市场上的实力，将其分为 4 类——领导者、挑战者、有远见者和利基玩家。位于领导者象限的厂商有四家，包括 Microsoft、Qlik、Tableau 和 ThoughtSpot。其中，除 Microsoft 外，其他三家都具有很强的可视化交互、探索和展现能力。而 Microsoft 不仅具备完整的 BI 架构和应用体系，还在可视化领域具有很大的突破。由此可见，Power BI 的发展前景广阔，学习它对我们的工作有很大的帮助。

2. 可连接的数据来源多，数据量大

Power BI 可以从数百个本地和基于云的数据源（如 SQL、Excel 和 SharePoint 等）访问数据，而且能够访问的数据源还在不断增加，可以满足各行各业用户的需求。如图 1-2 所示为 Power BI 可连接的部分数据源。此外 Power BI 在处理数据量较大的数据时效率很高，不会出现像 Excel 在处理大量数据时速度慢或卡"死"的现象。

图 1-1

图 1-2

3. 软件更新频率高

Power BI 的更新频率非常高，几乎每月更新一次，如图 1-3 所示。Power BI 每次更新都会在原有基础上新增和完善一些功能，并修复一些漏洞，使用户使用该软件的体验更好。

图 1-3

4. 可为企业量身打造交互式报表

利用 Power BI 可以创建令人震撼的交互式报表。在报表中，用户可以拖放画布中制作好的可视化效果，也就是视觉对象。此外，Power BI 中有上百个视觉对象，用户可以根据实际工作需求在如图 1-4 所示的视觉对象库中选择能够直观展示数据的视觉对象。

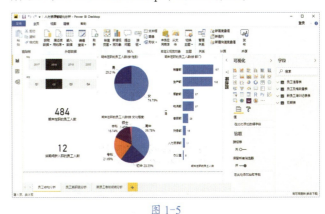

图 1-4

5. 可根据角色与工作匹配

使用 Power BI 时，用户可以根据需要与他人共享数据，还能根据自己在项目中的角色或所在团队的工作性质，从不同方面查看报表数据。例如，负责处理数据和生成业务报表的人员可能主要使用 Power BI Desktop 来创建报表；负责销售的人员可能主要使用 Power BI Mobile 来监视销售配额的进度，深入了解新的潜在顾客的详细信息。当然，用户也可能在不同时间使用 Power BI 的不同板块，具体使用哪个板块，取决于要实现的目标。正是这种灵活性，使得 Power BI 能够在各行各业供各种职位的人员使用。

1.1.3 Power BI 的组成部分

Power BI 包含 Power BI Desktop、Power BI 服务和 Power BI Mobile。下面将详细介绍 Power BI 这三个组成部分各自的功能和应用场景。

1. Power BI Desktop

Power BI Desktop 是 Power BI 的桌面应用程序，它可以连接市面上几乎所有类型的数据源，并可以对连接的数据进行建模，使数据之间产生关系，从而为后面的数据分析做准备。此外，借助 Power BI Desktop，我们还可以通过分组、预测、DAX 函数等功能深入挖掘数据，找到可能被忽略的信息。最后，利用 Power BI Desktop 中的可视化效果，可以创建令人震撼的报表。如图 1-5 所示为在 Power BI Desktop 中创建的报表。

图 1-5

2. Power BI 服务

通过 Power BI 服务，我们既可以与其他人共享报表，也可以直接在 Power BI 服务的仪表板中获取数据并制作报表。如图 1-6 所示为 Power BI 服务的界面。

图 1-6

3. Power BI Mobile

如果想要在手机等移动设备上实时查看报表数据，随时掌握业务情况，可以选择 Power BI Mobile。Power BI Mobile 适用于任意设备，无论是 iOS 系统还是 Android 系统的移动设备，都可以安全访问和查看实时报表数据。如图 1-7 所示为在 Power BI Mobile 中展示报表可视化的效果。

图 1-7

Power BI 的这三个部分既可以独立存在并供用户使用，也可以两者或三者结合起来使用。首先我们可以通过 Power BI Desktop 创作精美的报表，并将大量数据可视化，从而直观浏览数据。然后可以使用共享功能将在 Power BI Desktop 中制作的报表发布到 Power BI 服务中，在其中整理报表、管理访问并按需更新。最后，通过 Power BI Mobile，我们可以将共享的报表在网页和各种移动设备上使用，以满足多种业务需求。

★重点 1.1.4 学习 Power BI 可能会遇到的问题

使用 Power BI 对数据进行收集、处理、分析的过程中，经常会遇到下列问题。

1. 连接数据失败

在 Power BI 中，可以连接各种类型的数据，最常用的数据类型是 Excel。但是连接 Excel 类型的数据时，并不能直接连接，还需要先将 Excel 数据转换为数据模型，具体的转换方法和数据连接方法将在第 3 章介绍。

2. 数据格式不规范

成功连接数据后，并不意味着我们就可以使用这些数据制作专业的报表了。如果导入的数据格式不规范或不符合我们的需求，还需要在 Power Query 中对这些格式不规范的数据进行整理，具体的整理方法将在第 4、5、6 章介绍。

3. 建立的数据关系没有激活

连接并整理好数据后，要让导入的多个表中的数据能够根据某个字段建立关系，数据建模是很有必要的。在数据建模时，有时会发现明明已经建立了关系，但是这些关系却没有显示出应有的状态，这时有可能是因为建立的关系没有激活，具体的操作方法将在第 7 章介绍。

4. DAX 函数公式书写错误

在使用 DAX 函数对数据进行分析时，有时公式编辑栏中输入的公式底部会出现红色的波浪线，这是系统在提示我们输入的公式有误，如没有在英文状态下输入括号、单引号、逗号等，或参数之间缺少分隔的逗号等。除了以上错误外，还有一种不容易被发现的错误，即参数使用错误，例如，有些函数的参数只能为列参数，但却使用了表参数。关于 DAX 函数的使用方法，将在第 8、9、10 章介绍。

5. 无法显示视觉对象

在制作可视化报表时，还可能出现一种比较常见的错误，即无法显示视觉对象。出现这种错误，一方面是因为制作视觉对象的字段是通过 DAX 函数添加的，虽然 DAX 函数公式本身并没有错误，但是逻辑上可能存在漏洞，这些漏洞有可能会导致视觉对象不能正常显示；另一方面是因为数据对象与字段有冲突，例如，有些字段属于文本字段，但是被放置在了要显示值字段的视觉对象中。关于视觉对象的制作，将在第11、12、13章介绍。

1.1.5 Power BI 的应用场景

随着互联网产业的快速发展，注重质量、注重效率、注重速度成为了公司发展的内在要求，这也促使了数据分析和处理工具 Excel 的快速发展。近几年，微软推出的 Power BI 虽然没有 Excel 的应用范围广、使用频率高，但是随着 Power BI 各个功能的逐渐成熟，已经有越来越多的领域注意到并开始使用这个软件。下面将介绍 Power BI 在几个常见行业中的具体应用。

1. 财务

传统的报表分析工具包括用友、金蝶等，除此之外，用户也可以使用 Excel 对报表中的表格进行制作，或者使用 Excel 函数处理和分析财务数据。这些报表工具既能很好地满足企业对外的报表的设计需求，也能设计一些内部需要使用的报表并处理数据。但是传统的报表分析工具在解决了部分需求的同时，也存在一些问题，如公式太复杂、分析历史数据不方便、图表死板、不够专业等。而 Power BI 很好地解决了这些问题。

对于大量的财务报表和数据，Power BI 可以快速将其汇集，通过 DAX 函数计算出关键的财务数据，并可以以图表的形式呈现核心问题，如公司欠谁的钱最多、谁欠公司的钱最多、费用主要花在哪些方面、每年的净利润有多少等。此外，通过 Power BI 可以实时更新财务数据，有助于更快地发现意外成本的增加，更快地应对变化并采取措施，从而做出有效的决定。最后，利用 Power BI 还可以与相关团队分享报表，让团队成员查看财务数据。同时，还可以使用直观的可视化效果及时发现费用异常和其他异常状况。

2. 销售

应用 Power BI，既可以让团队成员掌握最新的销售数据信息，并跟踪销售趋势，优化销售策略和业务计划，也可以全面地查看各细分市场的销售业绩，利用实时数据和实时仪表板查看当前销售业绩，轻松找出公司中业绩不佳的区域，从而做出周全的销售决策。此外，还可以确定各细分市场实际收入和销售目标之间的差距，准确传达销售预测和计划，让领导能够进行更全面的销售分析和计划。

3. 人力资源

Power BI 可以帮助人力资源部门掌握公司人力资源信息全貌。在人力资源效能管理方面，Power BI 不仅可以直观地体现当前的员工数量、利润率、人均利润率、人均管理成本等指标，以及不同时段的指标变动情况，还可以实时显示员工入职与离职数据、岗位分布等常规数据，并以可视化的方式直观地显示这些数据的变动情况，有利于管理者更清晰地掌控公司内部人力资源的全貌并强化管理。此外，应用 Power BI，企业管理者可以便捷地查看企业整体的薪资支出情况，以及各岗位的平均工资，有利于企业管理者对当前的人力资源成本进行更加精准的考量，从而采取更具有前瞻性的策略。

4. 存货

存货销售毛利率和存货周转率是存货管理的两大指标，前者可以考核存货的盈利能力，后者可以考核存货的销售速度。一般的财务软件都可以计算存货的销售毛利率，但很少能计算存货周转率。使用 Power BI 不仅能计算存货周转率，还可以对存货的成本变动情况进行管理，以及通过存货判断盈亏等。

1.2 Power BI 桌面应用程序的安装和注册

要使用 Power BI 进行数据的可视化分析，首先需要下载并安装 Power BI 的桌面应用程序。为了共享制作好的报表或邀请他人查看报表，还需要注册 Power BI 账户并登录。

★重点 1.2.1 下载并安装 Power BI 桌面应用程序

下载并安装 Power BI 桌面应用程序指的是安装 Power BI Desktop，该软件的安装方法很简单，具体操作步骤如下。

Step01 打开浏览器，❶在地址栏中输入网址"https://powerbi.microsoft.com/zh-cn/desktop/"，按【Enter】键即可进入 Power BI Desktop 的安装包下载页面，❷单击【查看下载或语言选项】链接，如图 1-8 所示。

图 1-8

> **技术看板**
> 如果用户的计算机是 Windows 10 系统，则可以直接单击【免费下载】按钮，在打开的 Microsoft Store 中安装 Power BI Desktop，通过此方式安装软件的优势是软件可以自动更新。

Step02 ❶在打开的页面中选择【中文（简体）】语言版本，❷单击【下载】按钮，如图 1-9 所示。

图 1-9

Step03 ❶在弹出的界面中选中【PBIDesktopSetup_x64.exe】复选框，❷单击【Next】按钮，如图 1-10 所示。

图 1-10

> **技术看板**
> 如果计算机的操作系统类型为 32 位（x86），则在选择安装包时选中【PBIDesktopSetup.exe】复选框。如果用户不知道自己的计算机操作系统的类型，可以打开【控制面板】窗口，选择【系统和安全】→【系统】选项，查看系统类型。

Step04 在页面下方弹出的提示框中单击【保存】按钮，如图 1-11 所示。待软件安装包下载完成后，单击【运行】按钮。

图 1-11

Step05 打开安装程序窗口，保持选择【中文（简体）】，单击【下一步】按钮，如图 1-12 所示。

第1篇 基础入门篇

图 1-12

Step 06 在安装程序窗口中继续单击【下一步】按钮，❶在【Microsoft 软件许可条款】界面中选中【我接受许可协议中的条款】复选框，❷单击【下一步】按钮，如图 1-13 所示。

图 1-13

Step 07 进入【目标文件夹】界面，❶选择应用程序的安装位置，❷单击【下一步】按钮，如图 1-14 所示。

图 1-14

Step 08 ❶窗口中显示"已准备好安装"信息，说明安装

前的准备工作已经完成，❷单击【安装】按钮，如图 1-15 所示。

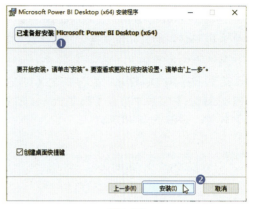

图 1-15

Step 09 安装程序窗口中显示 Power BI Desktop 软件的安装进度，如图 1-16 所示。

图 1-16

Step 10 ❶程序安装完成后，窗口中会显示"安装向导已完成"信息，❷直接单击【完成】按钮，如图 1-17 所示。随后 Power BI Desktop 会自动启动。

图 1-17

1.2.2 注册并登录 Power BI 账户

软件安装完成后，为了使用 Power BI 服务功能，还需要注册一个 Power BI 账户。Power BI 账户的注册不支持个人电子邮箱地址，仅支持工作或学校的电子邮箱地址，具体操作步骤如下。

Step 01 启动 Power BI Desktop，在打开的【Welcome to Power BI Desktop】窗口中单击【已有 Power BI 账户？请登录】链接，如图 1-18 所示。

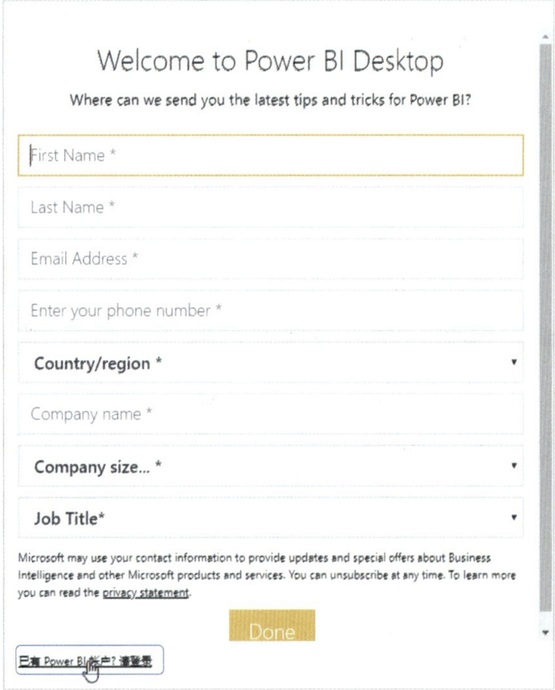

图 1-18

Step 02 在弹出的【登录】对话框中单击【需要一个 Power BI 账户？免费试用】链接，如图 1-19 所示。

图 1-19

Step 03 ❶ 在打开的浏览器页面中输入工作或学校的电子邮箱地址，❷ 单击【注册】按钮，如图 1-20 所示。然后在账户的创建界面中输入注册账户需要的信息，如姓、名、登录密码等，完成账户的注册。

图 1-20

Step 04 ❶ 在【登录】对话框中输入注册账户的电子邮箱地址，❷ 单击【登录】按钮，如图 1-21 所示。

图 1-21

Step 05 ❶ 在【登录到您的账户】对话框中输入账户的登录密码，❷ 单击【登录】按钮，如图 1-22 所示。

图 1-22

1.3 Power BI 桌面应用程序的界面介绍

下载并安装 Power BI Desktop 应用程序后，初学者对该软件中各功能的位置和作用还没有一个清晰的认识。为了在使用该软件制作报表时更得心应手，用户还需要了解 Power BI Desktop 的界面和相关功能。

1.3.1 Power BI 桌面应用程序的欢迎界面

启动 Power BI Desktop 并登录账户后，会出现如图 1-23 所示的 Power BI Desktop 欢迎界面，用户可以通过此界面获取数据、打开其他报表、下载示例和浏览教学视频。

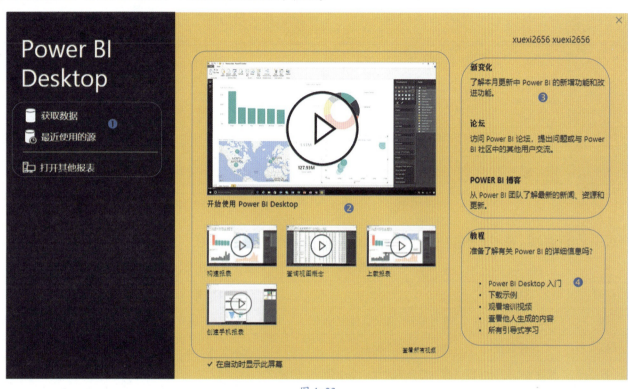

图 1-23

Power BI Desktop 欢迎界面中各区域的功能介绍如表 1-1 所示。

表 1-1 Power BI Desktop 欢迎界面中各区域的功能

标号	区域名称	区域功能介绍
❶	资料获取区域	通过此区域可以获取不同来源的数据，并可以打开其他已经制作好的报表
❷	教学视频区域	通过此区域可以浏览 Power BI Desktop 的教学视频
❸	学习分享区域	通过此区域可以查看论坛和博客中分享的 Power BI 教学信息及 Power BI Desktop 的功能变化
❹	教学课程区域	通过此区域可以查看 Power BI Desktop 的示例分析和教学内容

★重点 1.3.2 Power BI 桌面应用程序的操作主界面

关闭 Power BI Desktop 欢迎界面后，就会进入如图 1-24 所示的操作主界面。该界面中分布了多个功能，用户可以通过这些功能制作报表并分享报表。

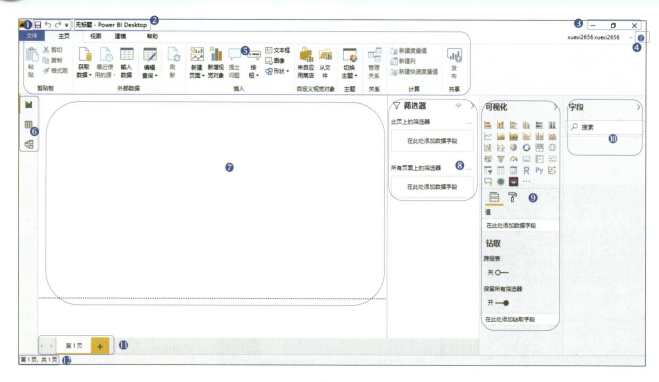

图 1-24

Power BI Desktop 操作主界面各区域的名称和功能介绍如表 1-2 所示。

表 1-2 Power BI Desktop 操作主界面各区域介绍

标号	区域名称	区域功能介绍
❶	快速访问工具栏	保存报表，撤销、恢复操作
❷	标题栏	显示当前报表的名称
❸	程序窗口控制按钮	控制窗口最大化、最小化，关闭窗口
❹	【帮助】按钮	用于查看程序功能的详细介绍信息
❺	功能区	分类组织程序的功能按钮，便于用户找到所需的功能
❻	视图按钮区	用于切换视图，包含【报表】视图按钮、【数据】视图按钮和【模型】视图按钮
❼	画布	展示创建的视觉对象
❽	【筛选器】窗格	筛选输入或导入的数据
❾	【可视化】窗格	添加并设置视觉对象
❿	【字段】窗格	显示输入或导入数据后的标题字段
⓫	报表页面选项卡	用于选择、添加、删除、重命名报表页面
⓬	状态栏	显示当前报表的页面信息

1.3.3 实战：使用帮助功能了解 Power BI 的相关功能

要了解 Power BI 更多的功能和操作，可以借助 Power BI Desktop 的帮助功能，具体操作步骤如下。

Step 01 启动 Power BI Desktop，❶切换至【帮助】选项卡，❷单击【支持】按钮，如图 1-25 所示。

图 1-25

Step 02 ❶在打开的浏览器页面的搜索框中输入要查看的内容，如"筛选器"，❷单击【搜索支持】按钮，如图 1-26 所示。

图 1-26

Step 03 页面中显示与筛选器功能有关的多个内容链接，单击要查看的内容链接，即可查看具体内容，本例中单击第一个链接，如图 1-27 所示。

图 1-27

Step 04 打开的页面中会显示与筛选器有关的具体内容，如图 1-28 所示。

图 1-28

妙招技法

通过对本章知识的学习，相信读者朋友已经掌握了关于 Power BI 的基本知识。下面结合本章内容介绍一些实用技巧。

技巧 01：设置报表的自动保存时间间隔

在使用 Power BI 时，有时会遇到因为操作失误而导致报表丢失的问题。针对这一问题，用户可以在 Power BI Desktop 中设置报表的自动保存时间间隔，具体操作步骤如下。

Step 01 启动 Power BI Desktop，❶单击【文件】按钮，❷选择【选项和设置】→【选项】命令，如图 1-29 所示。

技巧 02：自定义快速访问工具栏

Power BI Desktop 的快速访问工具栏中默认显示了【保存】【撤销】【重做】等工具。用户可以根据实际需要对快速访问工具栏进行自定义操作，如隐藏功能按钮，更改快速访问工具栏的位置或最小化功能区，具体操作步骤如下。

Step01 启动 Power BI Desktop，❶ 单击【自定义快速访问工具栏】按钮，❷ 在打开的下拉菜单中选择【重做】选项，如图 1-31 所示，即可在快速访问工具栏中隐藏【重做】按钮。

图 1-29

Step02 ❶ 在【选项】对话框中选择【自动恢复】选项，❷ 在【存储"自动恢复"信息的时间间隔】文本框中输入分钟数，如"1"分钟，❸ 单击【确定】按钮，如图 1-30 所示。

图 1-31

Step02 ❶ 如果要将快速访问工具栏放置在功能区的下方，则可以单击【自定义快速访问工具栏】按钮，❷ 在打开的下拉菜单中选择【在功能区下方显示】命令，如图 1-32 所示。如果要隐藏 Power BI Desktop 的功能区，则在打开的下拉菜单中选择【最小化功能区】命令。

图 1-30

图 1-32

本章小结

通过对本章知识的学习，相信读者朋友已经掌握了一些 Power BI 的相关知识，如什么是 Power BI、它的优势是什么、Power BI 的组成部分、学习 Power BI 可能会遇到的问题及 Power BI 在实际工作中的应用情况等。此外，本章还对 Power BI 桌面应用程序的下载、安装、账户注册及界面进行了详细的介绍，这些内容能让读者对 Power BI 有一个大致的了解。如果读者要了解更多关于 Power BI 的知识，可以通过帮助功能来实现。

第2章　Power BI 的基本操作

- 制作的报表不好看，如何实现轻松配色呢？
- 如何让报表中参差不齐的视觉对象对齐？
- 一页报表不足以囊括并展示所有数据时，怎么添加报表页呢？
- 如何更改报表的画布大小？
- 如何为报表添加一个漂亮的背景？

以上问题都可以在 Power BI 中找到答案，下面将介绍 Power BI 中的一些基本操作。

2.1　报表的基本操作

要想让制作的报表在配色、布局方面更加符合实际需求，可以对报表的主题颜色和布局方式进行更改。此外，为了让报表中的多个视觉对象对齐，可以设置视觉对象的对齐方式。对于已经编辑好的报表对象，要想让对象不被随意移动，可以锁定视觉对象。

★重点 2.1.1　更改报表的主题颜色

为了让报表中的视觉对象在配色上更加美观，可以设置报表的主题颜色。用户既可以直接使用 Power BI Desktop 中内置的配色，也可以从微软官网上下载主题，然后将下载的主题应用于报表中，具体操作步骤如下。

Step 01 打开"素材文件\第 2 章\销售统计表 .pbix"，❶单击【主页】选项卡【主题】组中的【切换主题】按钮，❷在打开的下拉列表中选择名为【创新】的主题，如图 2-1 所示。随后即可看到应用【创新】主题后的报表效果，报表的配色有了很大的变化。

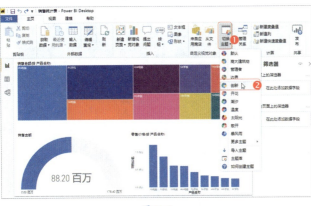

图 2-1

Step 02 ❶要继续应用其他主题效果，可以再次单击【主页】选项卡【主题】组中的【切换主题】按钮，❷在打开的下拉列表中选择【更多主题】→【黄昏】，如图 2-2 所示，报表即可应用【黄昏】主题效果。

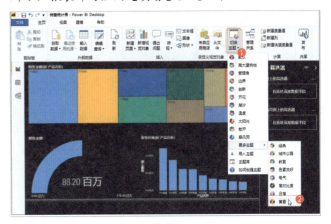

图 2-2

Step 03 除了可以应用软件中内置的主题，还可以从官网下载主题，然后将下载的主题应用到报表中。❶单击【主页】选项卡【主题】组中的【切换主题】按钮，❷在打开的下拉列表中选择【导入主题】命令，如图 2-3 所示。

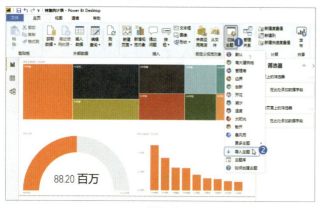

图 2-3

图 2-6

2.1.2 对齐报表中的视觉对象

要让报表中的多个视觉对象排列整齐，可以对视觉对象的排列方式进行设置，具体操作步骤如下。

Step01 打开"素材文件\第2章\销售统计表.pbix"，❶切换至【视图】选项卡，❷选中【显示】组中的【显示网格线】和【将对象与网格对齐】复选框，如图2-7所示。

Step04 弹出【打开】对话框，❶找到从官网下载的主题文件夹，❷选择要应用的主题文件，❸单击【打开】按钮，如图2-4所示。

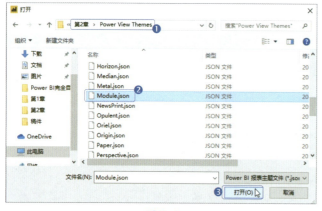

图 2-4

Step05 弹出的【导入主题】对话框中会显示已成功导入主题的信息，直接单击【关闭】按钮，如图2-5所示。

图 2-7

Step02 即可在报表中显示网格线，选中要移动的视觉对象，按住鼠标左键拖曳，报表中即会显示对齐参考线。根据参考线，用户就可以轻松地让视觉对象与网格线对齐，如图2-8所示。

图 2-5

Step06 即可看到报表应用官网下载的主题的效果，如图2-6所示。

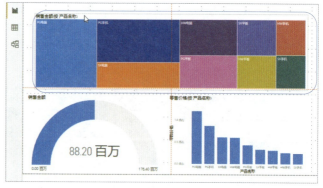

图 2-8

Step 03 如果要左对齐视觉对象，❶则选中要排列的视觉对象，❷切换至【可视化工具】→【格式】选项卡，❸单击【排列】组中的【对齐】按钮，❹在打开的下拉菜单中选择【左对齐】命令，如图2-9所示。

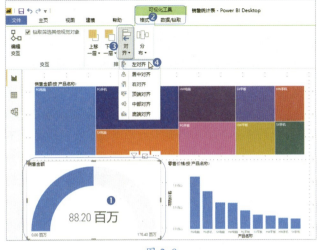

图 2-9

Step 04 如果要右对齐视觉对象，❶则选中要排列的视觉对象，❷切换至【可视化工具】→【格式】选项卡，❸单击【排列】组中的【对齐】按钮，❹在打开的下拉菜单中选择【右对齐】命令，如图2-10所示。

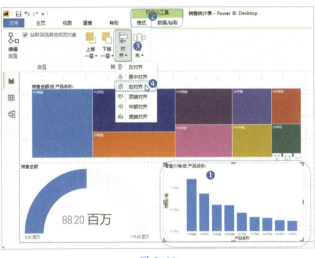

图 2-10

Step 05 对齐报表视觉对象的效果如图2-11所示。

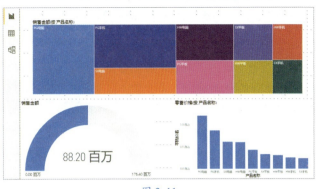

图 2-11

2.1.3 锁定报表中的视觉对象

在默认情况下，报表中的视觉对象是可以使用鼠标随意调整位置的，如果用户不希望视觉对象变动位置，则可以使用锁定对象功能来实现，具体操作步骤如下。

Step 01 打开"素材文件\第2章\销售统计表.pbix"，❶切换至【视图】选项卡，❷选中【显示】组中的【锁定对象】复选框，如图2-12所示。

图 2-12

Step 02 选中报表中的视觉对象，按住鼠标左键拖曳视觉对象，视觉对象的位置已无法移动，且视觉对象的大小也不能调整，如图2-13所示。

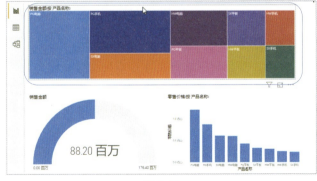

图 2-13

★重点 2.1.4 更改报表的布局方式

为了让报表在各种设备上灵活显示,用户可以对报表的布局方式进行调整,具体操作步骤如下。

Step 01 打开"素材文件\第 2 章\销售统计表 .pbix",❶ 切换至【视图】选项卡,❷ 单击【视图】组中的【手机布局】按钮,如图 2-14 所示。

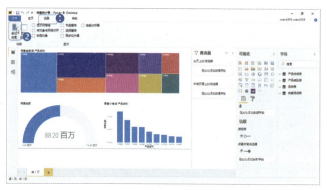

图 2-14

Step 02 报表的布局效果变为了在手机中查看的样式,此时报表右侧的【可视化】窗格中会显示原始报表中全部的视觉对象,如图 2-15 所示。

图 2-15

Step 03 在【可视化】窗格中选择要添加到手机布局中的视觉对象,然后按住鼠标左键将其拖曳到手机布局的画布中,如图 2-16 所示。

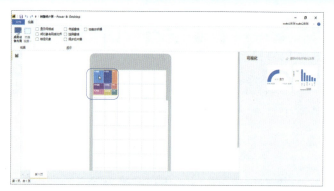

图 2-16

Step 04 此时手机布局的画布中的视觉对象会比较小,不便于查看。可将鼠标指针移到视觉对象的右下角,当鼠标指针变为双向箭头符号时,按住鼠标左键向右下拖曳,即可调整视觉对象的大小,如图 2-17 所示。

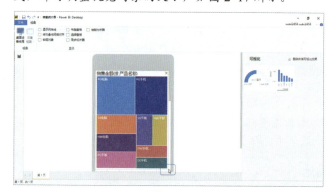

图 2-17

Step 05 使用相同的方法将【可视化】窗格中的其他视觉对象拖曳到手机布局的画布中,然后调整视觉对象的大小,即可得到如图 2-18 所示的效果。

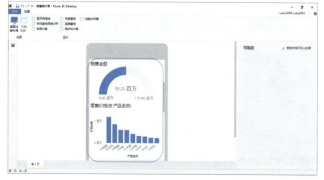

图 2-18

2.2 报表页的基本操作

报表页用于承载和显示视觉对象，一个报表中可以只有一个报表页，也可以有多个报表页。为了让报表中的报表页更符合实际工作需求，用户可以对报表页进行插入、删除、隐藏、显示、重命名、复制和移动等操作。

★重点 2.2.1 新建和删除报表页

当报表中的报表页不足以展示更多的视觉对象时，可以新建空白的报表页。如果报表中存在不需要的报表页，则可以将该报表页删除，具体操作步骤如下。

Step01 打开"素材文件\第2章\销售统计表1.pbix"，在软件底部的报表页面选项卡中单击【新建页】按钮，如图2-19所示。

图 2-19

Step02 新建的空白报表页效果如图2-20所示。如果要继续新建报表页，则继续单击【新建页】按钮。

图 2-20

Step03 如果不需要某页报表页，则可以单击报表页标签右上角的【删除页】按钮，如图2-21所示。

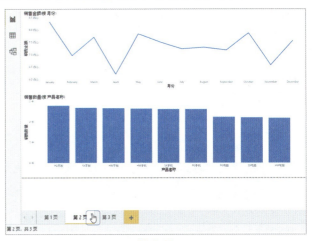

图 2-21

Step04 弹出【删除此页】对话框，如果确定删除该报表页，则单击【删除】按钮，如图2-22所示。

图 2-22

Step05 完成以上新建和删除报表页操作后，即可得到如图2-23所示的报表效果。

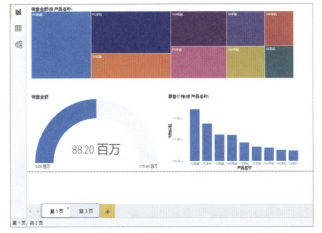

图 2-23

2.2.2 隐藏和显示报表页

如果某报表页的内容不需要让他人查看，但又不能直接将该报表页删除，可以对该报表页进行隐藏操作；在需要的时候，还可以取消报表页的隐藏，具体操作步骤如下。

Step 01 打开"素材文件\第2章\销售统计表1.pbix"，❶右击要隐藏的报表页标签，❷在弹出的快捷菜单中选择【隐藏页】命令，如图2-24所示。

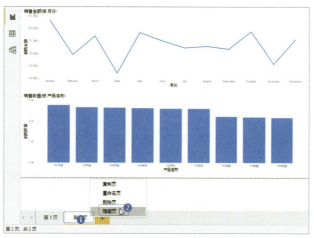

图 2-24

Step 02 可以看到，隐藏的报表页的标签上出现了一个不可见标识，如图2-25所示。

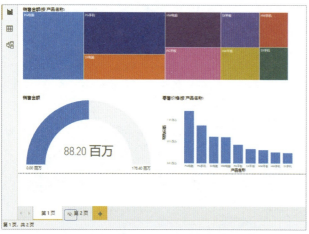

图 2-25

> **技术看板**
>
> 虽然报表页已被隐藏，但是用户仍然能对报表页中的视觉对象进行查看、删除和调整等操作。

Step 03 如果要取消隐藏报表页，❶则右击该报表页标签，❷在弹出的快捷菜单中选择【隐藏页】命令，如图2-26所示。

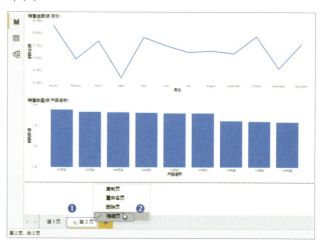

图 2-26

2.2.3 重命名报表页

报表页默认是以"第1页""第2页"等命名的，虽然简单直观，但是不便于用户快速查看对应内容的视觉对象。用户可以对报表页进行重命名，具体操作步骤如下。

Step 01 打开"素材文件\第2章\销售统计表1.pbix"，❶在软件底部的报表页面选项卡中右击要重命名的报表页标签，❷在弹出的快捷菜单中选择【重命名页】命令，如图2-27所示。

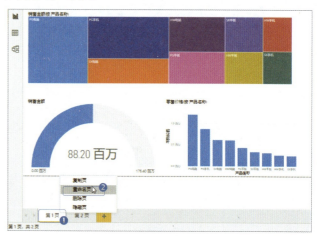

图 2-27

Step 02 用户也可以直接双击要重命名的报表页标签，此时报表页标签中的报表页名会呈黄色的可编辑状态，如图 2-28 所示。

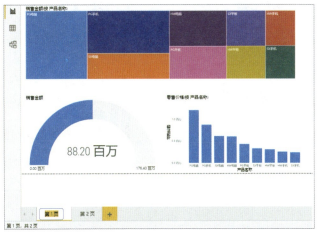

图 2-28

Step 03 输入新的报表页名，按【Enter】键即可完成报表页的重命名操作。使用相同的方法对其他报表页进行重命名后的效果如图 2-29 所示。

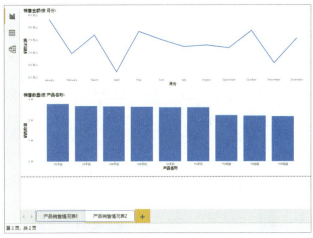

图 2-29

2.2.4 复制和移动报表页

要在报表中制作与已有报表页的内容和格式相同的报表页时，可以使用复制功能来实现，要移动某页报表页的位置，可以通过拖曳移动的方式来实现，具体操作步骤如下。

Step 01 打开"素材文件\第 2 章\销售统计表 1.pbix"，
① 在软件底部的报表页面选项卡中右击报表页标签，
② 在弹出的快捷菜单中选择【复制页】命令，如图 2-30 所示。

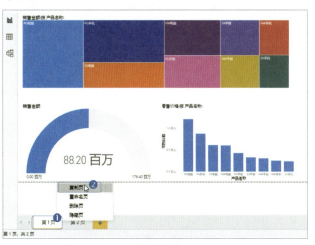

图 2-30

Step 02 软件底部的报表页面选项卡中即会插入报表页的副本，该报表页内容与原报表页内容完全相同，如图 2-31 所示。

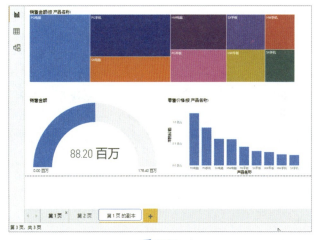

图 2-31

Step 03 如果要移动该报表页的位置，可将鼠标指针移动到该报表页的标签上，按住鼠标左键将标签拖曳到需要的位置，如图 2-32 所示。

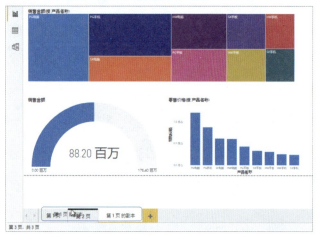

图 2-32

Step 04 释放鼠标左键即可看到移动报表页后的效果,如图 2-33 所示。

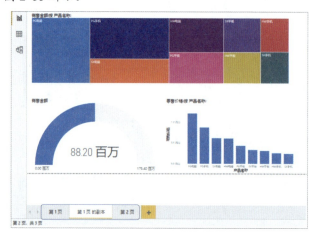

图 2-33

2.3 报表页面的基本操作

对于新建的报表,其页面大小、背景都是软件默认的,在实际工作中可能并不符合用户的需要,此时用户可以对其进行设置。另外,如果用户对报表页面的对齐方式不满意,也可以调整对齐方式。

2.3.1 调整报表的页面大小

默认报表页面比例为"16:09",更改为其他比例的具体操作步骤如下。

Step 01 打开"素材文件\第 2 章\销售统计表 2.pbix", ❶ 在报表右侧的【可视化】窗格中单击【格式】选项卡, ❷ 然后单击【页面大小】左侧的折叠按钮, ❸ 在展开的列表中单击【类型】下拉按钮, ❹ 在打开的下拉列表中选择"4:03",如图 2-34 所示。

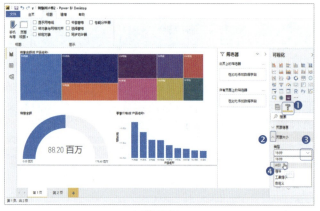

图 2-34

Step 02 调整为该类型后,画布中部分视觉对象不可见,说明该类型不合适,还需要调整,如图 2-35 所示。

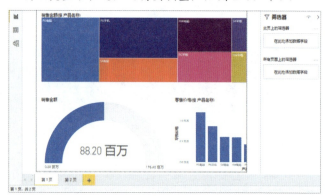

图 2-35

Step 03 ❶ 在报表右侧的【可视化】窗格中单击【格式】选项卡, ❷ 然后单击【页面大小】左侧的折叠按钮, ❸ 在展开的列表中单击【类型】下拉按钮, ❹ 在打开的下拉列表中单击【自定义】选项,如图 2-36 所示。

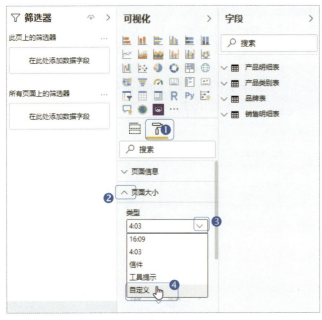

图 2-36

Step 04 在【宽度】文本框中输入 "1250" 像素，在【高度】文本框中输入 "750" 像素，如图 2-37 所示。

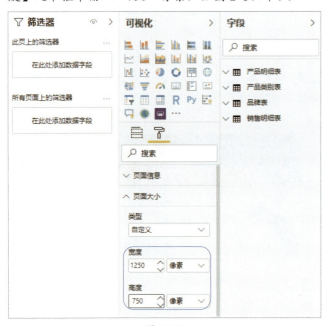

图 2-37

Step 05 自定义大小后的报表页面效果如图 2-38 所示。

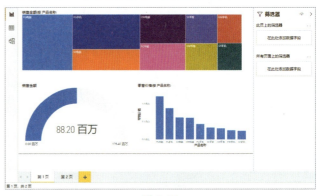

图 2-38

2.3.2 设置报表的页面背景

如果用户对报表页面的默认背景色不满意，可以对报表的页面背景进行调整，具体操作步骤如下。

Step 01 打开 "素材文件\第 2 章\销售统计表 2.pbix"，❶ 在报表右侧的【可视化】窗格中单击【格式】选项卡，❷ 然后单击【页面背景】左侧的折叠按钮，❸ 在展开的列表中单击【颜色】下拉按钮，❹ 在打开的下拉列表中选择要设置的背景色，如图 2-39 所示。

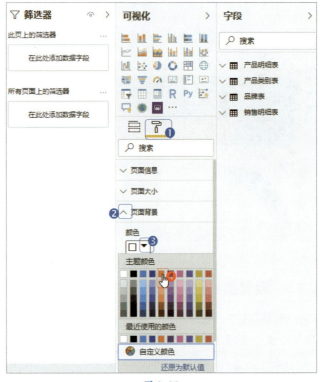

图 2-39

Step02 设置背景色后，由于透明度为 100%，页面的背景色没有变化。此时就需要拖动【透明度】滑块来设置透明度，如图 2-40 所示。用户也可以直接在【透明度】文本框中输入透明度值。

图 2-40

Step03 设置页面背景色并调整透明度后的效果如图 2-41 所示。

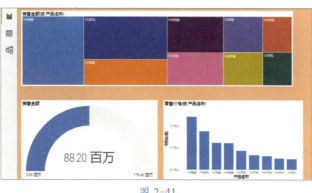

图 2-41

2.3.3 设置报表页面的对齐方式

默认情况下，报表中的页面是位于报表上方的，如果要让其位于报表中部，可以进行以下操作。

Step01 打开"素材文件\第 2 章\销售统计表 2.pbix"，❶ 在报表右侧的【可视化】窗格中单击【格式】选项卡，❷ 然后单击【页对齐】左侧的折叠按钮，❸ 在展开的列表中单击【垂直对齐】下拉按钮，❹ 在打开的下拉列表中选择【中】选项，如图 2-42 所示。

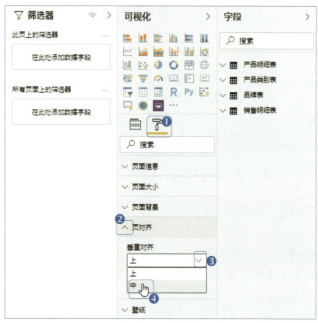

图 2-42

Step02 即可看到报表中的页面位于整个报表中部的效果，如图 2-43 所示。

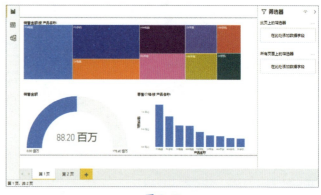

图 2-43

Step03 如果要返回默认的页对齐方式，可以直接在【可视化】窗格的【格式】选项卡中，单击【页对齐】列表中的【还原为默认值】，如图 2-44 所示。

图 2-44

妙招技法

通过对本章知识的学习，相信读者朋友已经掌握了 Power BI 中的一些基本操作。下面结合本章内容介绍一些实用技巧。

技巧 01：设置报表的页面视图

报表的默认视图会自动调整为页面的大小，如果要让其适应页面的宽度或更改为实际的大小，可以进行调整。例如，设置报表视图适应页面宽度的具体操作步骤如下。

打开"素材文件\第 2 章\销售统计表 .pbix"，❶单击【视图】选项卡，❷然后单击【视图】组中的【页面视图】按钮，❸在打开的下拉菜单中选择【适应宽度】选项，如图 2-45 所示。

技巧 02：为报表页面添加壁纸

前文中介绍过设置报表页面背景的方法，此处的页面背景仅仅指放置视觉对象的区域，也就是画布，如果要为整个报表页面添加背景色，则需要设置壁纸效果，具体操作步骤如下。

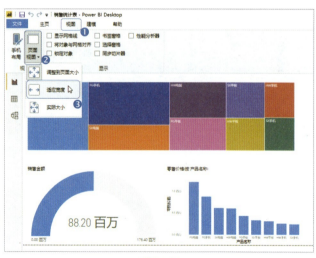

图 2-45

Step 01 打开"素材文件\第 2 章\销售统计表 .pbix"，❶在报表右侧的【可视化】窗格中单击【格式】选项卡，❷然后单击【壁纸】左侧的折叠按钮，❸在展开的列表中单击【颜色】下拉按钮，如图 2-46 所示。

图 2-46

Step 02 在打开的下拉列表中选择要设置的颜色,如图 2-47 所示。

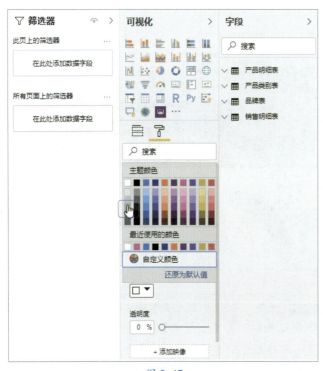

图 2-47

Step 03 为报表页面设置选择的颜色后的效果如图 2-48 所示。

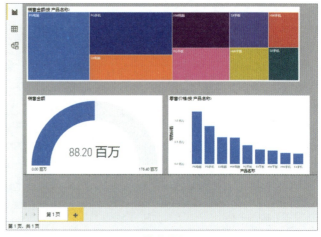

图 2-48

Step 04 如果要将图片作为报表页面的壁纸,可以在【壁纸】列表中单击【添加映像】按钮,如图 2-49 所示。

图 2-49

Step 05 弹出【打开文件】对话框,❶ 找到要作为壁纸的图片的保存路径,❷ 选择图片,❸ 单击【打开】按钮,如图 2-50 所示。

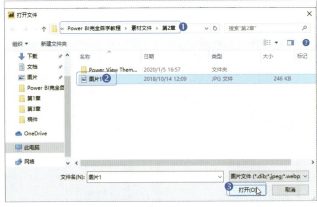

图 2-50

Step 06 返回报表,设置了图片壁纸的报表效果如图 2-51 所示。

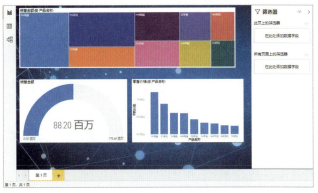

图 2-51

过关练习——美化销售报表

介绍了 Power BI 中的基本操作后,为了帮助读者巩固所学的相关知识,让读者加深对这些操作的理解,我们将通过过关练习对本章知识点进行回顾和应用。

Step 01 打开"素材文件\第 2 章\销售报表 .pbix",单击"第 2 页"报表页标签右上角的【删除页】按钮,如图 2-52 所示。

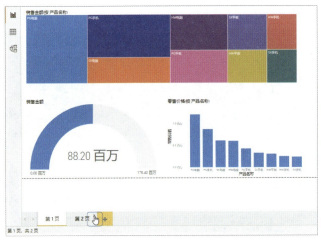

图 2-52

Step 02 弹出【删除此页】对话框,确定要删除该报表页后单击【删除】按钮,如图 2-53 所示。

图 2-53

Step 03 双击要重命名的报表页标签"第 1 页",当报表页标签中的报表页名呈黄色的可编辑状态时,输入新的报表页名,然后按【Enter】键确认,即可完成报表页的重命名操作,如图 2-54 所示。

图 2-54

Step 04 ❶ 单击【主页】选项卡【主题】组中的【切换主题】按钮,❷ 在打开的下拉列表中选择名为【潮汐】的主题,如图 2-55 所示。

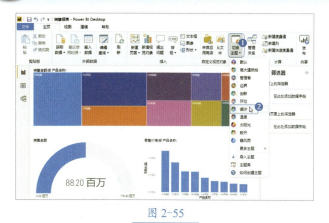

图 2-55

Step 05 应用该主题后的报表页面效果如图 2-56 所示。

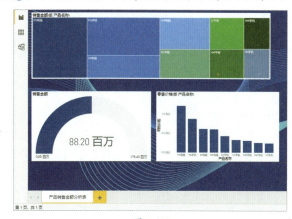

图 2-56

Step 06 ❶ 在报表右侧的【可视化】窗格中单击【格式】选项卡，❷ 然后单击【页对齐】左侧的折叠按钮，❸ 在展开的列表中单击【垂直对齐】下拉按钮，❹ 在打开的下拉列表中选择【中】选项，如图 2-57 所示。

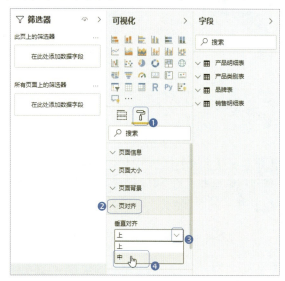

图 2-57

Step 07 操作完成后，报表中显示视图的画布会在页面的中间显示，如图 2-58 所示。

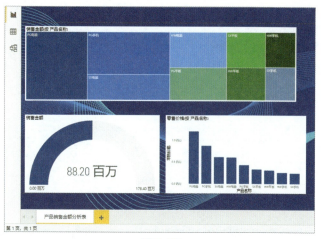

图 2-58

Step 08 ❶ 选中要排列的视觉对象，❷ 切换至【可视化工具】→【格式】选项卡，❸ 单击【排列】组中的【对齐】按钮，❹ 在打开的下拉菜单中选择【居中对齐】命令，如图 2-59 所示。

图 2-59

Step 09 选中要移动位置的视觉对象，按住鼠标左键拖曳，画布中会出现红色对齐参考线，根据参考线，用户可以让选中的视觉对象与页面中其他视觉对象对齐，如图 2-60 所示。

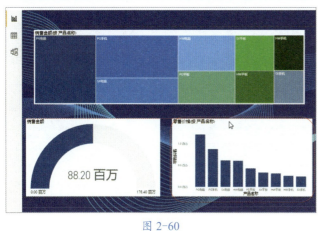

图 2-60

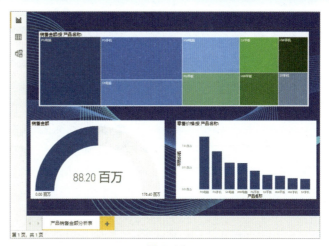

图 2-61

Step 10 销售报表删除页、重命名页、切换主题、设置页对齐方式和对齐视觉对象后的效果如图 2-61 所示。

本章小结

通过对本章知识的学习，相信读者朋友已经掌握了关于 Power BI 的基本操作，如更改报表主题和布局方式、对齐和锁定报表中的视觉对象。本章对 Power BI Desktop 中关于报表页的基本操作，如插入、删除、重命名报表页等也进行了详细的介绍。如果读者朋友想要了解关于报表页面的基本操作，如调整报表页面的大小、背景、对齐方式等，也可以通过本章的知识内容来掌握。此外，读者朋友还可以通过本章的妙招技法，学习报表页面视图方式和壁纸的设置方法。最后，为了让读者朋友对本章知识点有更深层次的理解，笔者将本章主要的知识点应用到了过关练习中的案例——美化销售报表中。

第3章 Power BI 数据的输入和连接

- 我想直接输入数据，Power BI 可以实现吗？
- 数据类型太多，怎么获取？
- 哪种数据连接方式更适合我当前的数据？
- 要获取网页数据，该怎么操作？
- 网页数据不能导入时该怎么办？

下面将介绍数据可视化的基础——Power BI 数据的输入和连接方法。

3.1 在 Power BI Desktop 中输入数据

在办公软件中，直接输入数据是最基础、最简单的一种数据获取方法，Power BI 也不例外。手动输入数据是该软件最直接的一种数据获取方法，这种方法适合要分析的数据量较少的情况。

★重点 3.1.1 实战：输入数据

首先介绍在 Power BI Desktop 中输入数据的具体操作步骤。

Step01 启动 Power BI Desktop，❶切换至【主页】选项卡，❷单击【输入数据】按钮，如图 3-1 所示。

图 3-1

图 3-2

Step02 打开【创建表】窗口，其中显示类似 Excel 的表格，如图 3-2 所示。

Step03 ❶将表格中属于列标的单元格内容"列1"更改为"产品编号"，❷单击列标右侧的【插入列】按钮，如图 3-3 所示。

图 3-3

Step 04 ❶ 在插入的空白列的列标单元格中输入标题，如果需要插入多列，则继续单击【插入列】按钮并输入标题。❷ 单击行号下的【插入行】按钮，如图 3-4 所示。

图 3-4

Step 05 在插入的行和列中输入数据内容即可，如图 3-5 所示。

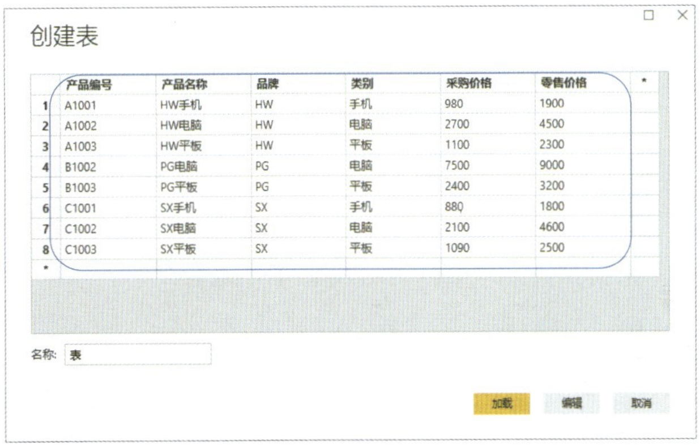

图 3-5

Step 06 如果要在已经输入内容的行上方插入行，❶ 则右击该行号，❷ 在弹出的快捷菜单中选择【插入】命令，如图 3-6 所示。

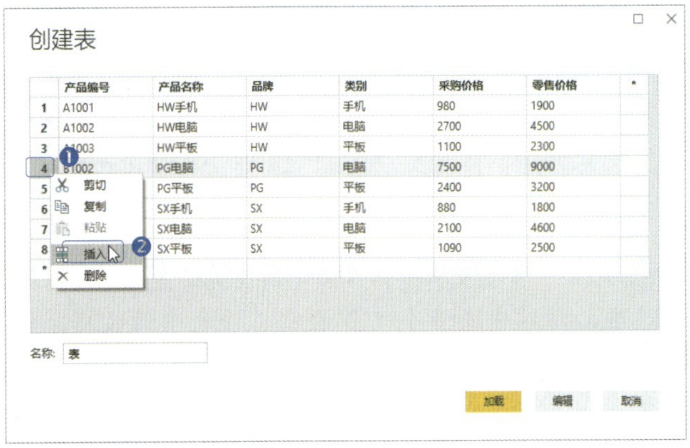

图 3-6

技术看板

如果用户要剪切、复制和删除行数据，也可以通过右击行号的方法来实现。此外，要剪切、复制、插入和删除列数据，则右击列标，选择对应的命令即可。

Step 07 ❶ 在新插入的空白行中输入数据内容，❷ 在【名称】文本框中输入表名称，如"产品明细表"，❸ 单击【加载】按钮，如图 3-7 所示。

图 3-7

Step 08 弹出【加载】对话框，表示新输入的数据正在与软件创建连接，如图 3-8 所示。等待一段时间后，即可完成数据内容的加载。

图 3-8

Step 09 在 Power BI Desktop 窗口右侧的【字段】窗格中会显示创建的名称为"产品明细表"的表及该表的字段标题，如图 3-9 所示。

图 3-9

Step⑩ ❶ 单击视图按钮区中的【数据视图】按钮，切换至数据视图，❷ 可以看到"产品明细表"中的详细数据内容，如图3-10所示。

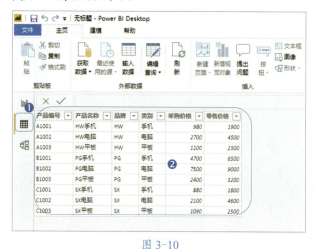

图 3-10

3.1.2 保存报表数据

完成数据的输入后，为了下次能够继续使用这些数据，保存报表数据是一个必不可少的操作。保存报表数据的具体操作步骤如下。

Step① 完成数据的输入后，在快速访问工具栏中单击【保存】按钮，如图3-11所示。也可以按【Ctrl+S】组合键保存数据。

图 3-11

Step② 弹出【另存为】对话框，❶ 设置报表的保存路径，❷ 在【文件名】文本框中输入报表名，❸ 单击【保存】按钮，如图3-12所示。

图 3-12

Step③ 返回Power BI Desktop报表窗口，可以看到标题栏中报表名变成了保存的报表名，如图3-13所示。至此就完成了数据的输入和保存操作。

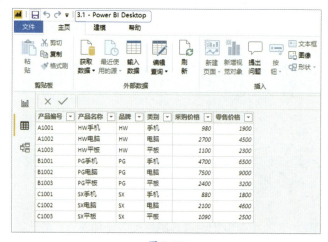

图 3-13

3.2 在 Power BI Desktop 中导入 Excel 工作簿数据

如果数据量较大或者已经有数据表格，可以采用导入数据的方法来获取数据。最常见的就是将Excel工作簿中的数据导入到Power BI Desktop中。这时导入的数据与Excel工作簿之间不存在关联，即使用户更改了Excel工作簿中的数据，Power BI Desktop中的数据也不会受到影响。

★重点 3.2.1 实战：将Excel数据转换为模型数据

要在Power BI Desktop中导入Excel工作簿中的数据，需要先使用Power Pivot插件将Excel工作簿数据转换为数据模型数据，具体操作步骤如下。

Step① 打开"素材文件\第3章\销售统计表.xlsx"，可看到该工作簿中的多个工作表及工作表中的数据，现在需要使用Power Pivot插件将这些工作表中的数据转换为模型数据。默认情况下，Excel的选项卡中没有【Power Pivot】选项卡，因此需要先添加该选项卡。单击【文件】按钮，如图3-14所示。

图 3-14

Step02 在打开的菜单中选择【选项】命令,如图 3-15 所示。

图 3-15

Step03 弹出【Excel 选项】对话框,❶ 选择【自定义功能区】选项,❷ 可以发现【主选项卡】列表框中没有【Power Pivot】选项卡,如图 3-16 所示。

图 3-16

Step04 ❶ 选择【加载项】选项,❷ 单击【管理】下拉按钮,❸ 在打开的下拉列表中选择【COM 加载项】选项,如图 3-17 所示。

图 3-17

Step05 单击【转到】按钮,如图 3-18 所示。

图 3-18

Step06 弹出【COM 加载项】对话框,❶ 选中【Microsoft Power Pivot for Excel】复选框,❷ 单击【确定】按钮,如图 3-19 所示。

图 3-19

技术看板

如果此时还未显示【Power Pivot】选项卡,则需要在【Excel 选项】对话框的【自定义功能区】中选中【Power Pivot】复选框。

Step07 返回工作簿窗口,❶ 选中"品牌表"工作表中任意含有数据的单元格,❷ 切换至【Power Pivot】选项卡,

❸ 单击【添加到数据模型】按钮，如图 3-20 所示。

图 3-20

Step⓼ 弹出【创建表】对话框，保持默认的数据源，❶ 选中【表包含标题】复选框，❷ 单击【确定】按钮，如图 3-21 所示。

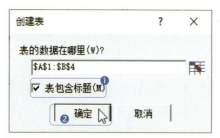

图 3-21

Step⓽ ❶ 在打开的 Power Pivot for Excel 窗口中可以看到数据被添加到数据模型的效果，❷ 设置当前数据模型中的工作表名为"品牌表"，如图 3-22 所示。

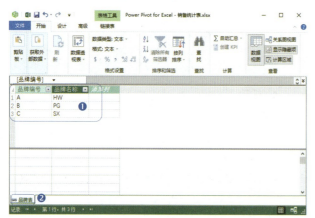

图 3-22

Step⓾ 返回工作簿窗口，❶ 切换至"产品类别表"工作表，❷ 单击【添加到数据模型】按钮，弹出【创建表】对话框，❸ 设置数据源并选中【表包含标题】复选框，

❹ 单击【确定】按钮，如图 3-23 所示。

图 3-23

Step⑪ 使用相同的方法将其他表添加到数据模型中并重命名表，最终效果如图 3-24 所示。

图 3-24

Step⑫ 返回 Excel 工作簿窗口，可以看到将数据表添加到数据模型后的原始数据表的效果，如图 3-25 所示。随后将转换为数据模型的工作簿另存即可。

图 3-25

★重点 3.2.2 实战：将 Excel 模型数据导入到 Power BI Desktop 中

完成了将 Excel 数据转换为模型的操作后，就可以将表数据导入到 Power BI Desktop 中了，具体操作步骤如下。

Step01 启动 Power BI Desktop，单击【文件】按钮，如图 3-26 所示。

图 3-26

Step02 在打开的菜单中选择【导入】→【Power Query、Power Pivot、Power View】命令，如图 3-27 所示。

图 3-27

Step03 弹出【打开】对话框，❶ 找到转换为数据模型的工作簿的保存路径，❷ 选中该工作簿，❸ 单击【打开】按钮，如图 3-28 所示。

图 3-28

Step04 弹出【导入 Excel 工作簿内容】对话框，直接单击【启动】按钮，如图 3-29 所示。

图 3-29

技术看板

如果单击【导入 Excel 工作簿内容】对话框中的【启动】按钮后，出现了"迁移失败"的提示，则表明未在 Excel 中将需要导入的表转换为数据模型。

Step05 继续在【导入 Excel 工作簿内容】对话框中单击【复制数据】按钮，如图 3-30 所示。

图 3-30

技术看板

在【导入 Excel 工作簿内容】对话框中单击【复制数据】按钮，表示将工作簿中的数据复制到 Power BI Desktop 中。通过这种方式导入工作簿数据后，即使工作簿数据发生改变，导入 Power BI Desktop 中的数据也不会发生变化。如果要让工作簿中的数据与导入 Power BI Desktop 中的数据之间存在关联，则单击【导入 Excel 工作簿内容】对话框中的【保持连接】按钮。

Step 06 即可看到正在创建数据模型的进度条,如图3-31所示。

图 3-31

Step 07 等待一段时间后,❶ 如果显示"迁移已完成"信息,则表明导入成功,❷ 对话框中会显示导入的表名,❸ 单击【关闭】按钮即可,如图3-32所示。

图 3-32

Step 08 ❶ 切换至数据视图,❷ 在软件窗口右侧的【字段】窗格中选中【产品明细表】,可看到该表中的列标题,❸ 在数据视图中可看到该表的详细数据信息,如图3-33所示。

图 3-33

Step 09 ❶ 选中【产品类别表】,可看到该表中的列标题,❷ 在数据视图中也可以看到该表的详细数据,如图3-34所示。

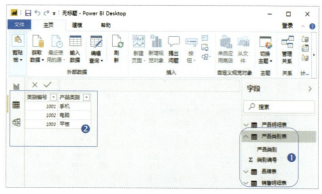

图 3-34

Step 10 ❶ 选中【品牌表】,可看到该表中的列标题,❷ 在数据视图中也可以看到该表的详细数据,如图3-35所示。

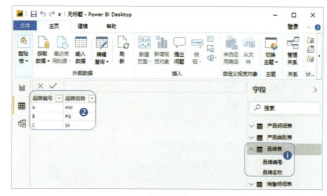

图 3-35

Step 11 ❶ 选中【销售明细表】,可看到该表中的列标题,❷ 在数据视图中也可以看到该表的详细数据,如图3-36所示。可以发现,导入的表和Excel中转换为数据模型的表内容相同。

图 3-36

3.3 在 Power BI Desktop 中获取数据

除了可以使用前面介绍的方法输入数据或导入 Excel 工作簿数据外，用户还可以通过 Power BI Desktop 的获取数据功能连接多种类型的数据，如连接 Excel 工作簿数据、连接网页数据、使用示例添加表等。下面将介绍获取这些数据的方法。

★重点 3.3.1 实战：获取 Excel 工作簿数据

用户除了可以将 Excel 工作簿数据转换为模型数据后导入 Power BI Desktop 外，也可以在 Power BI Desktop 中直接连接工作簿数据。通过这种方式连接未转换为模型的数据后，Power BI Desktop 中的数据会随着工作簿数据的更新而同步更新，具体操作步骤如下。

Step01 启动 Power BI Desktop，❶单击【获取数据】下拉按钮，❷在打开的下拉列表中选择【Excel】选项，如图 3-37 所示。

图 3-37

Step02 弹出【打开】对话框，❶找到 Excel 工作簿的路径，❷选择要连接的工作簿，❸单击【打开】按钮，如图 3-38 所示。

图 3-38

Step03 打开【导航器】窗口，❶窗口左侧显示了可连接的多个工作表，选中要连接的工作表前的复选框，❷在窗口的右侧可以看到选中的表的数据，❸确认后单击【加载】按钮，如图 3-39 所示。

图 3-39

Step04 弹出的【正在处理查询】对话框中会显示工作簿中的数据转换为 Power BI Desktop 查询表的过程，如图 3-40 所示。

图 3-40

Step05 转换完成后会弹出【加载】对话框，其中会显示工作簿数据加载到 Power BI Desktop 中的过程，如图 3-41 所示。

图 3-41

Step 06 完成表的转换和加载后，❶ 切换至数据视图，❷ 在右侧的【字段】窗格中可以看到连接的 Excel 工作簿，选中【产品明细表】，❸ 在数据视图中即可看到该表的详细数据信息，如图 3-42 所示。

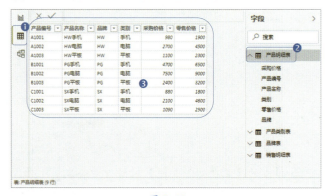

图 3-42

Step 07 ❶ 选中【销售明细表】，❷ 在数据视图中即可看到该表的详细数据信息，如图 3-43 所示。

图 3-43

技术看板

Excel 工作簿中的数据发生变化后，在 Power BI Desktop 的【主页】选项卡下单击【刷新】按钮，导入的数据即会随之改变。

★重点 3.3.2 实战：获取网页数据

要获取网页中的数据，也可以使用 Power BI Desktop 中的工具实现。但是需要注意的是，这种方法只适合获取网页中的表格数据，如果没有表格数据，则获取的数据会很凌乱，不适合分析。获取网页数据的具体操作步骤如下。

Step 01 打开浏览器，进入要获取数据的网页，❶ 选中并右击地址栏中的地址，❷ 在弹出的快捷菜单中选择【复制】命令，如图 3-44 所示。

图 3-44

Step 02 启动 Power BI Desktop，❶ 单击【获取数据】下拉按钮，❷ 在打开的下拉列表中选择【Web】选项，如图 3-45 所示。

图 3-45

Step 03 弹出【从 Web】对话框，❶ 将光标定位在文本框中，按【Ctrl+V】组合键粘贴网址，❷ 然后单击【确定】按钮，如图 3-46 所示。

第1篇 基础入门篇

图3-46

Step 04 在打开的【导航器】窗口中选中表名即可看到该表中的数据信息。如果表中的信息需要导入，❶则选中表名前的复选框，❷单击【加载】按钮，如图3-47所示。

图3-47

Step 05 ❶切换至数据视图，❷即可看到获取的网页数据信息，如图3-48所示。

图3-48

3.3.3 实战：使用示例添加表

除了可以使用以上方法导入和获取各种类型的数据外，用户还可以通过使用示例添加表功能获取网页数据。这种方法主要针对网页中没有整齐的表格的数据，

但是要获取的数据需要有一定的排列规律。使用示例添加表的具体操作步骤如下。

Step 01 打开浏览器，进入要获取数据的网页，❶选中并右击地址栏中的地址，❷在弹出的快捷菜单中选择【复制】命令，如图3-49所示。

图3-49

Step 02 启动Power BI Desktop，❶单击【获取数据】下拉按钮，❷在打开的下拉列表中选择【Web】选项，如图3-50所示。

图3-50

Step 03 弹出【从Web】对话框，❶将光标定位在文本框中，按【Ctrl+V】组合键粘贴网址，❷然后单击【确定】按钮，如图3-51所示。

图 3-51

Step 04 ❶ 在打开的【导航器】窗口中可以看到网页中的数据无法预览，说明无法直接导入数据。❷ 单击【使用示例添加表】按钮，如图 3-52 所示。

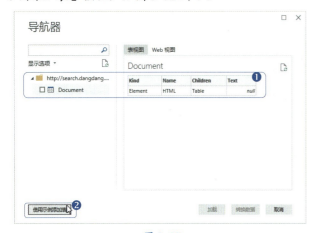

图 3-52

Step 05 ❶ 在第一个单元格中输入第一本书的书名，❷ 在自动弹出的列表中双击第一条数据信息，如图 3-53 所示。

图 3-53

Step 06 ❶ 单击其他单元格，如果没有自动显示其他书籍的书名，则继续在第二个单元格中输入第二本书的书名，❷ 然后在自动弹出的列表中双击第一条数据信息，如图 3-54 所示。

图 3-54

Step 07 单击其他单元格，可看到第一列自动显示了其他书籍的书名，单击列右侧的【插入列】按钮，增加一列空白列，❶ 然后在该列的第一个单元格中输入书籍的定价，❷ 在自动弹出的列表中双击该书籍对应的定价信息，如图 3-55 所示。

图 3-55

Step 08 ❶ 单击其他单元格，可看到自动导入的其他书籍的定价，继续插入空白列，导入需要的数据信息，并更改列名，❷ 完成后单击【确定】按钮，如图 3-56 所示。

图 3-56

Step09 回到【导航器】窗口，查看要导入的网页数据信息，❶然后选中【自定义表】下的表名前的复选框，❷单击【加载】按钮，如图 3-57 所示。

Step⑩ 等待一段时间后，数据导入完成。❶切换至数据视图，❷即可看到导入的网页数据信息，如图 3-58 所示。

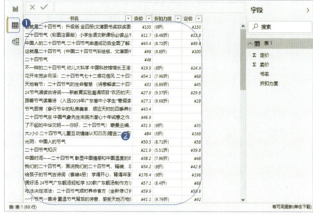

图 3-58

图 3-57

妙招技法

通过对本章知识的学习，相信读者朋友已经掌握了在 Power BI 中输入、导入和连接数据的方法。下面结合本章内容，介绍一些实用技巧。

技巧 01：使用复制和粘贴功能实现数据的输入

除了前文中介绍的各种输入和导入数据的方法，用户还可以直接将表中的数据复制到 Power BI Desktop 中，具体操作步骤如下。

Step01 打开"素材文件\第 3 章\销售统计表.xlsx"，❶切换至"产品明细表"工作表，❷选中数据区域，然后按【Ctrl+C】组合键复制数据，如图 3-59 所示。

图 3-59

Step02 启动 Power BI Desktop，单击【主页】选项卡中的【输入数据】按钮，打开【创建表】窗口，❶ 选中第一列的第一个单元格，按【Ctrl+V】组合键，即可将复制的工作簿中的数据粘贴到该窗口中。❷ 在【名称】文本框中输入表名"产品明细表"，❸ 单击【加载】按钮，如图 3-60 所示。

Step01 打开"素材文件\第 3 章\销售统计表.pbix"，❶ 在【字段】窗格中右击表名，❷ 在弹出的快捷菜单中选择【重命名】命令，如图 3-62 所示。

图 3-60

图 3-62

Step03 ❶ 切换至数据视图，❷ 在【字段】窗格中即可看到粘贴的数据表和表中的字段名称，❸ 在数据视图中可以看到粘贴的数据信息，如图 3-61 所示。

Step02 表名呈黄色的可编辑状态时，输入新的表名"产品信息表"，然后按【Enter】键完成表的重命名操作，如图 3-63 所示。

图 3-61

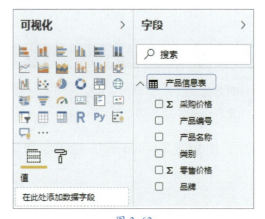

图 3-63

技巧 02：重命名报表中的表名

在 Power BI Desktop 中创建或连接了数据表后，如果要更改表名，可以对表进行重命名，具体操作步骤如下。

过关练习——在 Power BI 中连接 CSV 格式的数据

介绍了在 Power BI 中输入和获取数据的方法后，为了帮助读者巩固所学知识，并加强读者对这些知识的理解，我们将通过本节的过关练习对本章知识点进行回顾和延伸。

Step 01 启动 Power BI Desktop，❶单击【获取数据】下拉按钮，❷在打开的下拉列表中选择【更多】选项，如图 3-64 所示。

图 3-64

Step 02 在弹出的【获取数据】对话框中可看到该软件可以获取的数据类型，这里双击【文本/CSV】，如图 3-65 所示。

图 3-65

Step 03 ❶在弹出的【打开】对话框中找到 CSV 文件的保存路径，❷双击该文件，如图 3-66 所示。

图 3-66

Step 04 ❶在打开的与 CSV 文件名相同的窗口中可看到该文件中的数据信息，❷保持默认的【文件原始格式】【分隔符】和【数据类型检测】设置，❸单击【加载】按钮，如图 3-67 所示。

图 3-67

Step 05 返回软件窗口，❶切换至数据视图，❷即可看到导入的文件的数据信息，如图 3-68 所示。

图 3-68

Step 06 按【Ctrl+S】组合键,弹出【另存为】对话框,❶ 设置报表的保存路径,❷ 输入文件名,❸ 单击【保存】按钮,如图 3-69 所示。

Step 07 完成 CSV 文件数据导入并保存报表后的效果如图 3-70 所示。

图 3-69

图 3-70

本章小结

通过对本章知识的学习,相信读者朋友已经掌握了在 Power BI 中输入和连接数据的方法,如直接输入数据、导入 Excel 数据模型数据、获取 Excel 表格数据等。此外,本章还对 Power BI 连接网页数据的方法进行了详细的介绍,这些内容可以为读者朋友学习后面章节的内容打下基础。读者朋友还可以从本章的妙招技法中,学习其他获取数据的技巧及重命名报表的方法。最后,为了加深读者对本章知识点的理解和掌握,笔者将本章主要的知识点应用到了过关练习的案例中。

第 2 篇 数据处理篇

在 Power BI Desktop 中导入、连接或输入数据后，用户可以通过该软件中的 Power Query 工具对数据表或表中的数据进行处理。Power Query 是一款功能强大的数据编辑工具，可以让数据变得规范、易于分析，为数据的可视化打下基础。本篇主要讲解运用 Power BI 进行数据处理的知识。

第 4 章 Power BI 数据的整理

- 要将报表中的小写英文数据改为大写，怎么实现？
- 怎么删除数据中的错误值？
- 报表中的数据可以转置行列吗？
- 要将报表中的多个表进行分组，怎么操作？
- 要更改报表中表的名称，怎么操作？

数据成功导入后，并不意味着已经可以使用这些数据绘制可视化的图表了，我们还需要对格式不规范的数据进行整理。下面将介绍整理数据的各种方法。

4.1 Power Query 编辑器界面介绍

在使用 Power BI Desktop 中的 Power Query 编辑器进行数据的编辑和整理前，我们先来认识一下 Power Query 编辑器的工作界面。

在 Power BI Desktop 中打开任意报表，在【主页】选项卡下单击【编辑查询】按钮，即可打开该表的 Power Query 编辑器窗口。如图 4-1 所示为"素材文件\第 4 章\销售统计表 .pbix"报表的 Power Query 编辑器窗口。

Power BI 商业数据分析 完全自学教程

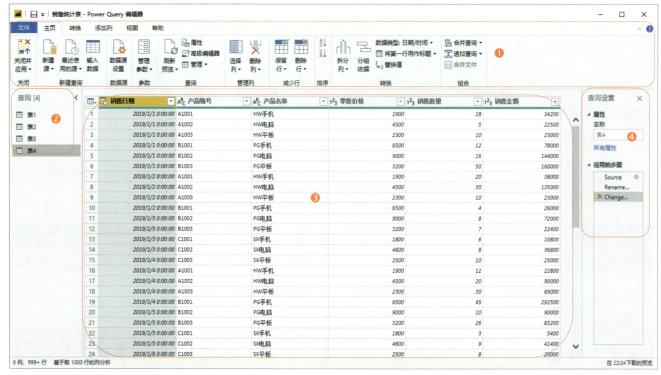

图 4-1

Power Query 编辑器界面各区域的名称和功能介绍如表 4-1 所示。

表 4-1　Power Query 编辑器界面各区域介绍

标号	功能名称	功能说明
❶	功能区	分类和组织程序的功能按钮，便于用户快速找到所需功能按钮
❷	【查询】窗格	展示创建、连接或导入的数据表，用户可以在该区域中对表进行删除、重命名、复制、移动等操作
❸	数据区域	用户可以在该区域对数据表中的数据进行数据类型转换、替换值、替换错误值等操作
❹	【查询设置】窗格	对数据表或数据进行操作的历史步骤会显示在该窗格中，用户可以在该窗格中撤销曾经执行过的操作

4.2　整理表

了解了 Power Query 编辑器界面的组成后，我们就可以使用其中的功能来整理表了，如对表进行重命名、复制、粘贴、移动和分组等。

★重点 4.2.1　重命名表

在某些情况下，导入的数据表的表名并不符合实际工作需求，此时可以对表名进行更改，具体操作步骤如下。

Step 01 打开"素材文件\第 4 章\销售统计表.pbix"，在【主页】选项卡下单击【编辑查询】按钮，如图 4-2 所示。

第 2 篇 数据处理篇

图 4-2

Step 02 打开一个名为"销售统计表"的 Power Query 编辑器窗口，❶ 在左侧的【查询】窗格中右击要重命名的表，如右击"表1"，❷ 在弹出的快捷菜单中选择【重命名】命令，如图 4-3 所示。

图 4-3

Step 03 表名呈可编辑状态时，输入新的表名"品牌表"，然后按【Enter】键即可，如图 4-4 所示。

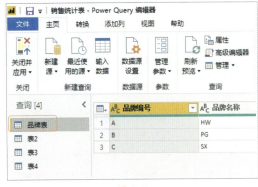

图 4-4

Step 04 使用 Step02 中的方法继续重命名其他表。用户也可以直接双击表名，如双击"表4"，如图 4-5 所示。

图 4-5

Step 05 ❶ 输入表名"销售明细表"并按【Enter】键确认，❷ 完成后单击【主页】选项卡下的【关闭并应用】按钮，如图 4-6 所示，即可完成表的重命名操作。

图 4-6

Step 06 在 Power BI Desktop 窗口的【字段】窗格中可以看到报表中导入的表已被重命名，如图 4-7 所示。

图 4-7

4.2.2 复制、粘贴表

在 Power Query 编辑器中，通过复制、粘贴表的操作可以实现新表的快速制作，提高工作效率，具体操作步骤如下。

45

Step 01 打开"素材文件\第4章\销售统计表1.pbix",在【主页】选项卡下单击【编辑查询】按钮,打开Power Query编辑器。❶在【查询】窗格中右击表名,如右击"品牌表",❷在弹出的快捷菜单中选择第一个【复制】命令,如图4-8所示。

图4-8

Step 02 ❶在【查询】窗格中的空白位置右击,❷在弹出的快捷菜单中选择【粘贴】命令,如图4-9所示。

图4-9

Step 03 可看到【查询】窗格中新增了一个名为"品牌表(2)"的表,该表内容与"品牌表"完全相同,如图4-10所示。

图4-10

Step 04 用户也可以使用另一种方法复制并粘贴表。❶右击表名,如右击"产品类别表",❷在弹出的快捷菜单中选择第二个【复制】命令,如图4-11所示。

图4-11

Step 05 【查询】窗格中即会新增一个名为"产品类别表(2)"的表,该表内容与"产品类别表"完全相同,如图4-12所示。

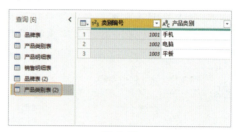

图4-12

Step 06 单击【关闭并应用】按钮,在Power BI Desktop窗口的【字段】窗格中即可看到报表中复制并粘贴的表,如图4-13所示。

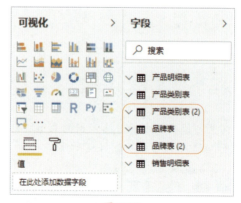

图4-13

4.2.3 移动表

如果表的位置不符合工作需求,可以通过移动表功能来调整表的位置,具体操作步骤如下。

Step 01 打开"素材文件\第4章\销售统计表1.pbix",在【主页】选项卡下单击【编辑查询】按钮,打开Power Query编辑器。❶在【查询】窗格中选中需要移动位置的表,如"销售明细表",❷按住鼠标左键将表拖曳至需要的位置即可,如拖曳到"品牌表"的上方,如图4-14所示。

★重点 4.2.4 实战：分组表

要更加灵活地管理多个表，可以利用 Power Query 编辑器对表进行分组，具体操作步骤如下。

Step 01 打开"素材文件\第 4 章\销售统计表 1.pbix"，在【主页】选项卡下单击【编辑查询】按钮，打开 Power Query 编辑器。❶在【查询】窗格中右击表名，如右击"品牌表"，❷在弹出的快捷菜单中选择【移至组】→【新建组】命令，如图 4-18 所示。

图 4-14

Step 02 释放鼠标左键即可完成表的移动操作，可看到"销售明细表"被移动到了"品牌表"的上方，如图 4-15 所示。

图 4-15

Step 03 用户也可以使用另一种方法移动表。❶右击表名，如右击"产品类别表"，❷在弹出的快捷菜单中选择【上移】命令，如图 4-16 所示。

图 4-16

Step 04 "产品类别表"被移动到了"品牌表"的上方，如图 4-17 所示。单击【关闭并应用】按钮返回 Power BI Desktop 窗口。

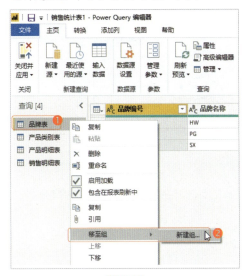

图 4-18

Step 02 弹出【新建组】对话框，❶在【名称】文本框中输入组名，如"产品信息表"，❷单击【确定】按钮，如图 4-19 所示。

图 4-19

Step 03 此时"品牌表"被移至该组中，其他表被自动移至名为"其他查询"的组中，如图 4-20 所示。

图 4-17

图 4-20

Step 04 ❶ 在"其他查询"组中右击要移动组别的表名,如右击"产品类别表",❷ 在弹出的快捷菜单中选择【移至组】→【产品信息表】命令,如图 4-21 所示。

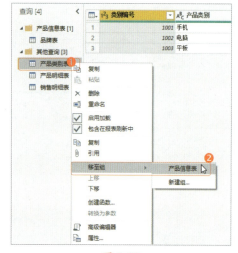

图 4-21

Step 05 ❶ 继续在"其他查询"组中右击要移动组别的表名,如右击"产品明细表",❷ 在弹出的快捷菜单中选择【移至组】→【产品信息表】命令,如图 4-22 所示。

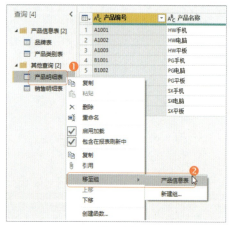

图 4-22

Step 06 ❶ 在"其他查询"组中右击"销售明细表",❷ 在弹出的快捷菜单中选择【移至组】→【新建组】命令,如图 4-23 所示。

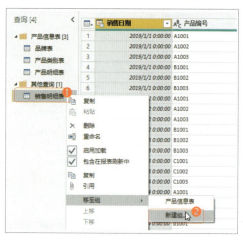

图 4-23

Step 07 弹出【新建组】对话框,❶ 在【名称】文本框中输入组名"产品销售表",❷ 单击【确定】按钮,如图 4-24 所示。

图 4-24

Step 08 新建组并将"销售明细表"移至该组中的效果如图 4-25 所示。

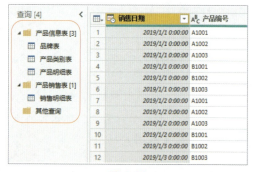

图 4-25

Step 09 如果要折叠组,❶ 则右击组名,如右击"产品信息表",❷ 在弹出的快捷菜单中选择【全部折叠】命令,如图 4-26 所示。

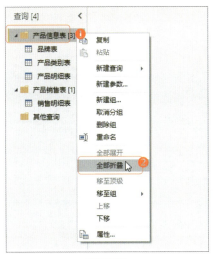

图 4-26

Step10 随后即可看到"产品信息表"组已被折叠,只能看到组名和该组所包含的表的数量,而不能看到组内包含的表,如图 4-27 所示。

图 4-27

Step11 如果要取消分组,❶ 则右击要取消分组的组名,如右击"产品信息表",❷ 在弹出的快捷菜单中选择【取消分组】命令,如图 4-28 所示。

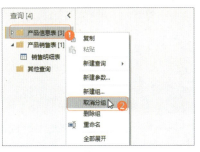

图 4-28

Step12 此时"产品信息表"组被取消,该组中的表会被自动移至"其他查询"组中。❶ 继续右击其他要取消分组的组名,如右击"产品销售表",❷ 在弹出的快捷菜单中选择【取消分组】命令,如图 4-29 所示。

图 4-29

Step13 取消分组后的效果如图 4-30 所示。

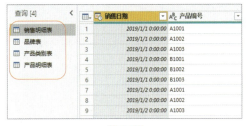

图 4-30

4.3 整理数据

通常情况下,利用 Power BI Desktop 导入或连接的表数据的格式会存在不符合实际工作需求的情况,如表数据中存在错误值、重复项或数据类型不准确等。此时,用户可以通过 Power Query 编辑器中的相应功能对不规范的数据进行整理。

★重点 4.3.1 实战：更改和转换数据类型

如果报表中数据的大小写或类型不符合用户的需求，可以更改和转换数据类型，具体操作步骤如下。

Step01 打开"素材文件\第4章\销售统计表2.pbix"，在【主页】选项卡下单击【编辑查询】按钮，打开Power Query 编辑器。❶切换至要更改和转换数据类型的查询表，如"销售明细表"，❷右击要转换数据类型的列标题，这里右击"销售日期"列标题，❸在弹出的快捷菜单中选择【转换】→【仅日期】命令，如图4-31所示。

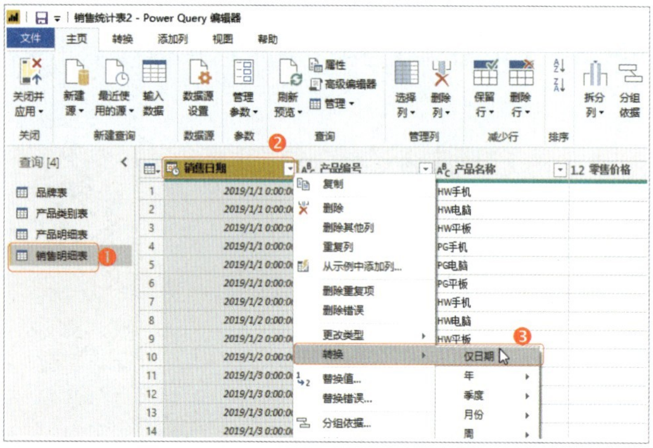

图 4-33

图 4-31

Step02 "销售日期"列的数据即会仅显示日期，如图4-32所示。

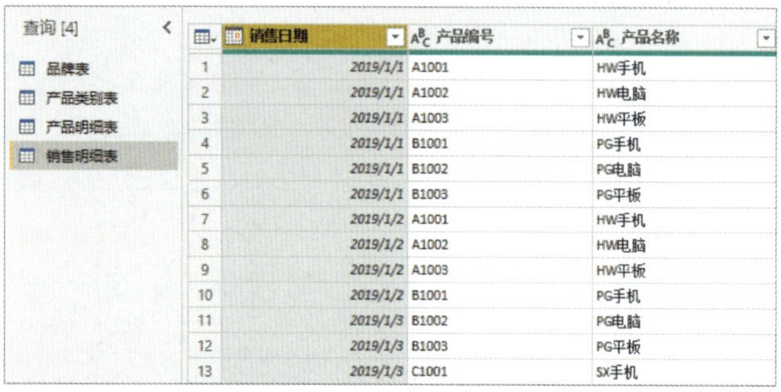

图 4-34

图 4-32

图 4-35

Step03 ❶右击"产品名称"列标题，❷在弹出的快捷菜单中选择【转换】→【小写】命令，如图4-33所示。

Step04 "产品名称"列中的英文字母由大写转换为了小写，如图4-34所示。

Step05 ❶右击"零售价格"列标题，❷在弹出的快捷菜单中选择【更改类型】→【整数】命令，如图4-35所示。

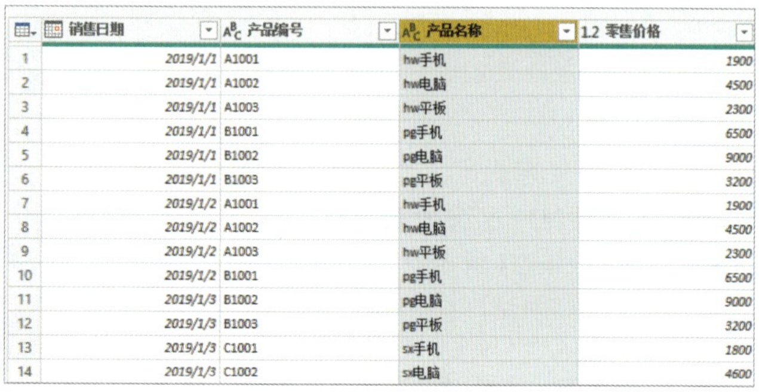

Step06 在弹出的【更改列类型】对话框中单击【替换当前转换】按钮即可，如图4-36所示。

图 4-36

Step 07 即可看到"零售价格"列中的数据没有变化,但是标题名称前的符号发生了变化,如图4-37所示。单击【关闭并应用】按钮,完成数据类型的更改和转换操作。

图 4-37

★重点 4.3.2 实战：替换值和替换错误值

要替换报表中的数据值或错误值,可以在Power Query编辑器中完成,具体操作步骤如下。

Step 01 启动Power BI Desktop, ❶在【主页】选项卡下单击【获取数据】下拉按钮, ❷在打开的列表中选择【Excel】选项,如图4-38所示。

图 4-38

Step 02 ❶在弹出的【打开】对话框中找到Excel工作簿的保存路径, ❷双击要获取数据的工作簿,如双击"销售统计表.xlsx",如图4-39所示。

图 4-39

Step 03 ❶在打开的【导航器】窗口中选中要连接的工作表前的复选框,如选中"销售明细表"前的复选框, ❷单击【加载】按钮,如图4-40所示。

图 4-40

Step 04 弹出【加载】对话框,提示获取数据的工作簿中存在错误,单击【关闭】按钮,如图4-41所示。

图 4-41

Step 05 在【主页】选项卡下单击【编辑查询】按钮,打开Power Query编辑器。 ❶在要替换的值所在列的列标题上右击,这里右击"产品名称"列标题, ❷在弹出的快捷菜单中选择【替换值】命令,如图4-42所示。

图 4-42

Step 06 弹出【替换值】对话框, ❶在【要查找的值】文本框中输入"HW", ❷在【替换为】文本框中输入"XM", ❸单击【确定】按钮,如图4-43所示。

图 4-43

Step07 ❶ "产品名称"列中的"HW"全部被替换为了"XM"。❷ 右击错误值所在列的列标题,如右击"销售金额"列标题,❸ 在弹出的快捷菜单中选择【替换错误】命令,如图 4-44 所示。

图 4-44

Step08 弹出【替换错误】对话框,❶ 在【值】文本框中输入"160000",❷ 单击【确定】按钮,如图 4-45 所示。

图 4-45

Step09 "销售金额"列中的错误值被替换为了"160000",如图 4-46 所示。单击【关闭并应用】按钮,完成值和错误值的替换操作。

图 4-46

★重点 4.3.3 实战:向下填充数据

如果报表中存在空值,可以在 Power Query 编辑器中将上方单元格中的数据填充到下方,也可以将下方单元格中的数据填充到上方。用户根据实际工作需求,使用对应的填充功能即可,具体操作步骤如下。

Step01 打开"素材文件\第 4 章\销售表.xlsx",切换至"产品明细表"工作表,即可看到要导入 Power BI Desktop 中的 Excel 工作簿数据,如图 4-47 所示。

图 4-47

Step02 启动 Power BI Desktop,❶ 在【主页】选项卡下单击【获取数据】下拉按钮,❷ 在打开的列表中选择【Excel】选项,如图 4-48 所示。

图 4-48

Step03 弹出【打开】对话框,❶ 找到对应 Excel 工作簿的保存路径,❷ 双击要打开的素材文件,如双击"销售表.xlsx",如图 4-49 所示。

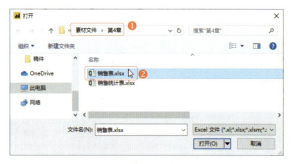

图 4-49

Step 04 ❶ 在打开的【导航器】窗口中选中要连接的工作表前的复选框，如选中"产品明细表"前的复选框，❷ 单击【加载】按钮，如图 4-50 所示。

图 4-50

Step 05 在【主页】选项卡下单击【编辑查询】按钮，打开 Power Query 编辑器。此时可看到"品牌"列中出现了 null 值，这是因为获取数据的 Excel 工作表中存在合并的单元格。❶ 右击"品牌"列标题，❷ 在弹出的快捷菜单中选择【填充】→【向下】命令，如图 4-51 所示。用户也可以在【转换】选项卡下的【任意列】组中单击【填充】按钮，然后在打开的菜单中选择【向下】命令来实现相同的操作。

图 4-51

Step 06 可以看到"品牌"列中的 null 值被填充了上方相邻单元格中的品牌数据，如图 4-52 所示。

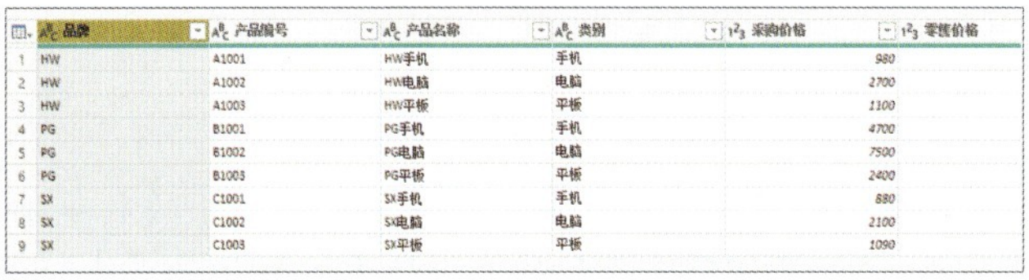

图 4-52

★ 重点 4.3.4 实战：设置列标题

当报表中的第一行数据不是需要的标题信息时，用户可以在 Power Query 编辑器中使用相应的功能将行中的内容提升为标题，具体操作步骤如下。

Step 01 打开"素材文件\第 4 章\销售表 .xlsx"，切换至"销售明细表"工作表，此时第 1 行的数据并不是列标题，正确的列标题位于第 2 行，如图 4-53 所示。

图 4-53

Step 02 启动 Power BI Desktop，应用 4.3.2 小节中讲解的方法打开【导航器】窗口，❶ 选中要连接的工作表前的复选框，这里选中"销售明细表"前的复选框，❷ 单击【加载】按钮，如图 4-54 所示。

图 4-54

Step 03 在【主页】选项卡下单击【编辑查询】按钮，打开 Power Query 编辑器，此时表中的标题内容并未正确显示，需要将第 1 行的内容设置为列标题。❶ 切换至【转换】选项卡，❷ 单击【表格】组中的【将第一行用作标题】按钮，如图 4-55 所示。

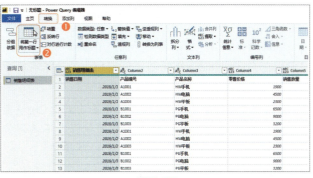

图 4-55

Step04 第 1 行的内容即会被提升为表的列标题，如图 4-56 所示。

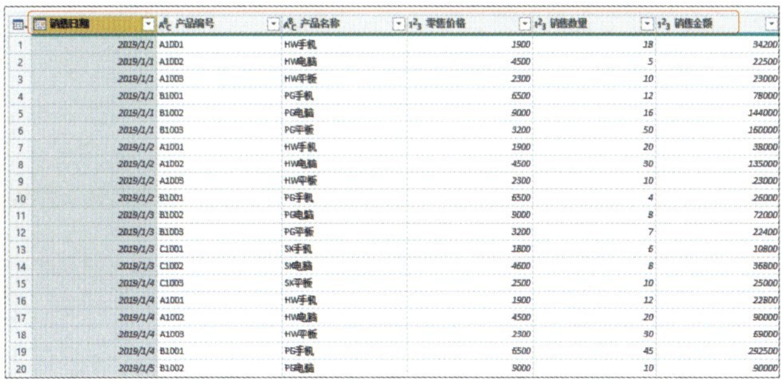

图 4-56

★重点 4.3.5 实战：转置行列和反转行

要转置报表中的行和列或将行数据反转显示，可以使用 Power Query 编辑器中的相应功能来完成，具体操作步骤如下。

Step01 打开“素材文件 \ 第 4 章 \ 年销售统计表 .xlsx”，即可看到要导入 Power BI Desktop 中的 Excel 工作簿数据，如图 4-57 所示。

产品	2011	2012	2013	2014	2015	2016	2017	2018	2019	2020
HW手机	38000	16000	59800	11400	76000	23000	83200	7600	81000	28500
HW电脑	13500	36000	19500	36000	90000	26000	5400	36000	25600	31500
HW平板	23000	13800	81000	23000	69000	72000	41400	16100	18000	18400
PG手机	26000	25000	25600	78000	351000	22400	20000	39000	69000	1300
PG电脑	72000	7600	32400	180000	567000	10800	34200	72000	10000	2700
PG平板	22400	36000	23000	96000	12800	36800	22500	32000	91200	32000
SX手机	10800	16100	25000	81000	27000	25000	23000	21600	90000	7200
SX电脑	36800	39000	22800	46000	32200	22800	78000	92000	59800	36800
SX平板	25000	72000	72000	65000	20000	90000	14400	75000	26000	17500

图 4-57

Step02 启动 Power BI Desktop，应用 4.3.2 小节中讲解的方法打开【导航器】窗口，❶ 选中要连接的工作表前的复选框，这里选中“Sheet1”前的复选框，❷ 单击【加载】按钮，如图 4-58 所示。

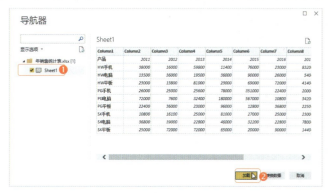

图 4-58

Step03 在【主页】选项卡下单击【编辑查询】按钮，打开 Power Query 编辑器。要将第 1 列的数据转换为列标题，❶ 可切换至【转换】选项卡，❷ 单击【表格】组中的【转置】按钮，如图 4-59 所示。

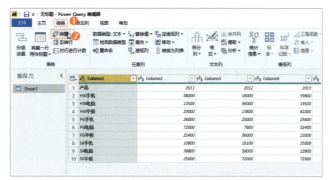

图 4-59

Step04 转置行列后，列标题没有正确显示，❶ 切换至【转换】选项卡，❷ 单击【表格】组中的【将第一行用作标题】按钮，如图 4-60 所示。完成后即可看到提升标题行后的数据效果。

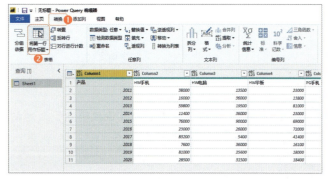

图 4-60

Step05 若还想让第 1 列的年份数据按从大到小的顺序排列，❶ 则可以切换至【转换】选项卡，❷ 单击【表格】组中的【反转行】按钮，如图 4-61 所示。

图 4-61

Step06 转置行和列、提升标题并反转行后的数据效果如图 4-62 所示。

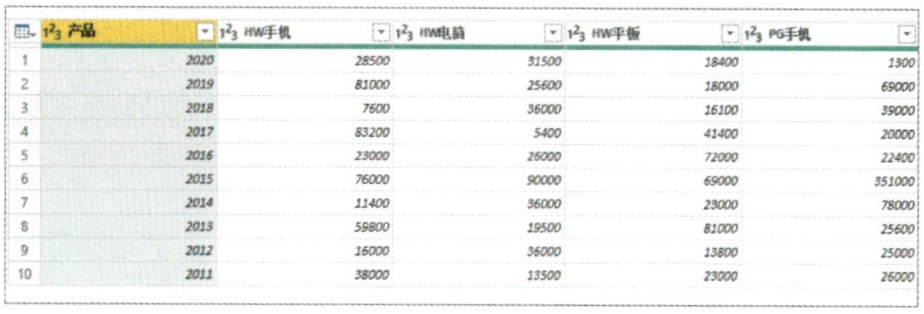

图 4-62

妙招技法

通过对本章知识的学习，相信读者朋友已经掌握了在 Power BI 中整理数据的方法。下面结合本章内容，介绍一些实用技巧。

技巧 01：删除表

如果用户要删除 Power BI Desktop 中导入的表，可以通过以下两种方法实现，具体操作步骤如下。

Step01 打开"素材文件\第 4 章\销售统计表.pbix"，❶ 在【字段】窗格中右击要删除的表名，这里右击"表1"，❷ 在弹出的快捷菜单中选择【删除】命令，如图 4-63 所示。

图 4-63

Step02 弹出【删除表】对话框，单击【删除】按钮即可删除"表1"，如图 4-64 所示。

图 4-64

Step03 用户也可以在【主页】选项卡下单击【编辑查询】按钮，打开 Power Query 编辑器。❶ 在【查询】窗格中右击要删除的表名，这里右击"表2"，❷ 在弹出的快捷菜单中选择【删除】命令，如图 4-65 所示。

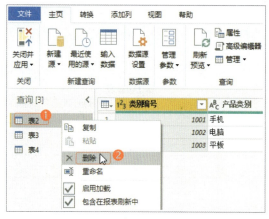

图 4-65

Step04 弹出【删除查询】对话框，单击【删除】按钮，如图 4-66 所示。在【查询】窗格中即可看到"表2"已被删除，单击【关闭并应用】按钮，完成在 Power Query 编辑器中删除表的操作。

图 4-66

技巧 02：删除重复项和错误值

要删除报表中的重复项和错误值，可以在 Power Query 编辑器中完成，具体操作步骤如下。

Step 01 启动 Power BI Desktop，使用 4.3.2 小节中讲解的方法获取"素材文件\第 4 章\销售统计表.xlsx"中的数据，然后在【主页】选项卡下单击【编辑查询】按钮，打开 Power Query 编辑器，❶ 右击要删除重复项的列标题，这里右击"产品编号"列标题，❷ 在弹出的快捷菜单中选择【删除重复项】命令，如图 4-67 所示，即可将"产品编号"列中的重复项删除，只保留唯一项。

图 4-67

Step 02 ❶ 右击含有错误值的列标题，这里右击"销售金额"列标题，❷ 在弹出的快捷菜单中选择【删除错误】命令，如图 4-68 所示，即可删除"销售金额"列中的错误值。

图 4-68

过关练习——整理员工信息表

介绍了在 Power BI 中整理数据的方法和技巧后，为了帮助读者巩固所学的知识，并加深读者对这些方法和技巧的理解，我们将通过本节的过关练习对本章知识点进行回顾和延伸。

Step 01 打开"素材文件\第 4 章\员工信息表.xlsx"，即可看到要导入 Power BI Desktop 中的 Excel 工作簿数据，如图 4-69 所示。

部门	员工编号	姓名	学历	入职时间
人事部	ht0001	张三	大专	2015/5/8
	ht0002	李四	本科	2016/7/8
	ht0003	王五	本科	2014/5/15
	ht0004	费想	本科	2019/5/20
行政部	ht0005	赵敏	大专	2011/4/7
	ht0006	王名	大专	2012/8/7
	ht0006	王名	大专	2016/7/20
	ht0007	钱力	本科	2018/4/30
	ht0008	李明	本科	2017/5/5
研发部	ht0009	孙武	大专	2016/8/4
	ht0010	周民	本科	2016/12/5
	ht0011	吴英	本科	2014/4/8
	ht0012	郑静	本科	2015/9/10
财务部	ht0013	蒋空	本科	2012/5/20
	ht0014	沈红	大专	2011/5/8
	ht0015	韩云	本科	2012/11/4
	ht0016	杨丽	本科	2010/3/22

图 4-69

Step 02 启动 Power BI Desktop，❶ 在【主页】选项卡下单击【获取数据】下拉按钮，❷ 在弹出的列表中选择【Excel】选项，如图 4-70 所示。

图 4-70

Step 03 ❶ 在弹出的【打开】对话框中找到素材文件的保存路径，❷ 双击要导入的文件，这里双击"员工信息表.xlsx"，如图 4-71 所示。

图 4-71

Step 04 ❶ 在打开的【导航器】窗口中选中要连接的工作表前的复选框，这里选中"Sheet1"前的复选框，❷ 单击【加载】按钮，如图 4-72 所示。

图 4-72

Step 05 待数据获取成功后，在【主页】选项卡下单击【编辑查询】按钮，如图 4-73 所示。

图 4-73

Step 06 打开 Power Query 编辑器，❶ 在左侧的【查询】窗格中右击要重命名的表，这里右击"Sheet1"，❷ 在弹出的快捷菜单中选择【重命名】命令，如图 4-74 所示。

图 4-74

Step 07 ❶ 输入新的表名"员工信息表"，按【Enter】键完成表的重命名操作。❷ 切换至【转换】选项卡，❸ 单击【表格】组中的【将第一行用作标题】按钮，如图 4-75 所示。

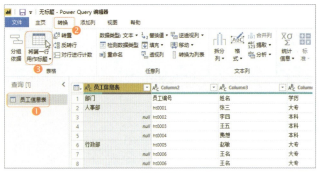

图 4-75

Step 08 ❶ 单击"部门"列的列标题以选中该列，❷ 然后单击【转换】选项卡下【任意列】组中的【填充】按钮，❸ 在打开的菜单中选择【向下】命令，如图 4-76 所示。

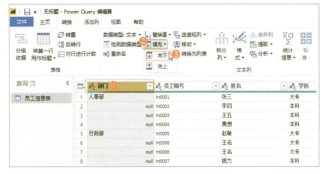

图 4-76

Step 09 ❶ 右击"员工编号"列标题，❷ 在弹出的快捷菜单中选择【删除重复项】命令，如图 4-77 所示。

图 4-77

Step⑩ ❶ 右击"员工编号"列标题，❷ 在弹出的快捷菜单中选择【转换】→【大写】命令，如图 4-78 所示。

图 4-78

Step⑪ ❶ 右击"姓名"列标题，❷ 在弹出的快捷菜单中选择【替换值】命令，如图 4-79 所示。

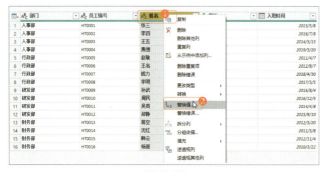

图 4-79

Step⑫ 弹出【替换值】对话框，❶ 在【要查找的值】文本框中输入"李明"，❷ 在【替换为】文本框中输入"李鸣"，❸ 在【高级选项】组中选中【单元格匹配】复选框，❹ 单击【确定】按钮，如图 4-80 所示。

图 4-80

Step⑬ 单击【主页】选项卡下的【关闭并应用】按钮，如图 4-81 所示，完成对数据的整理操作。

图 4-81

本章小结

通过对本章知识的学习，相信读者朋友已经掌握了在 Power BI 中对表进行整理的方法，包括重命名、复制、移动、分组表。本章对在 Power BI 中对数据进行整理的方法也进行了详细的介绍，如更改和转换数据类型、替换值和错误值、填充数据等。此外，读者朋友还可以在本章的妙招技法里，学习删除表、删除重复项和错误值的技巧。最后，为了加深读者对知识点的理解和掌握，笔者将本章主要的知识点应用到了过关练习的一个案例中。

第5章 Power BI 行列数据的基本操作

- ➔ 想知道第 1000 行的数据信息有哪些，该怎么查看？
- ➔ 要查看订单金额中的最大值，该怎么操作？
- ➔ 某几行和某几列的数据比较多余，该怎么删除？
- ➔ 如何从数据表中提取身份证号中的出生日期？
- ➔ 如何快速了解订单中的销售等级情况？

在对格式不规范的数据进行整理后，并不意味着数据已经符合实际的工作需要。要轻松实现数据可视化的操作，还需要对报表中的行和列进行管理。下面将介绍 Power BI 中关于行和列数据的基本操作方法。

5.1 管理行

管理行指的是对 Power BI 中的行进行保留、删除、查看、排序和筛选等操作。这些操作都比较简单，直接在 Power Query 编辑器中完成即可。

★重点 5.1.1 查看行内容

要完整地查看某行的数据信息，可以在 Power Query 编辑器中选中对应行号，具体操作步骤如下。

Step 01 打开"素材文件\第 5 章\销售统计表.pbix"，在【主页】选项卡下单击【编辑查询】按钮，如图 5-1 所示。

图 5-1

Step 02 打开 Power Query 编辑器，❶ 在【查询】窗格中切换至"销售明细表"，❷ 选择要查看行内容的行号，如选择行号【326】，❸ 在编辑区的下方即可看到该行中的详细数据信息，如图 5-2 所示。

图 5-2

Step 03 ❶ 选择其他行号，如选择行号【1070】，❷ 在编辑区的下方即可看到该行中的详细数据信息，如图 5-3 所示。

图 5-3

5.1.2 保留行

如果要在报表中只保留指定的行数据，可以通过保留行功能来实现，具体操作步骤如下。

Step 01 打开"素材文件\第 5 章\销售统计表 1.pbix"，并打开 Power Query 编辑器，❶ 在【查询】窗格中切换至"销售明细表"，❷ 在【主页】选项卡下单击【减少行】组中的【保留行】按钮，❸ 在打开的菜单中选择【保留最前面几行】命令，如图 5-4 所示。

59

图 5-4

Step 02 弹出【保留最前面几行】对话框，❶在【行数】文本框中输入保留的行数，如输入"20"，❷单击【确定】按钮，如图 5-5 所示。

图 5-5

Step 03 即可看到"销售明细表"中只保留前面 20 行的数据内容，如图 5-6 所示。

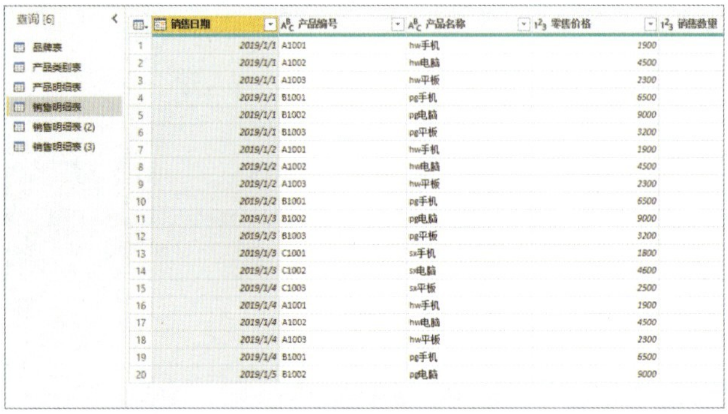

图 5-6

Step 04 ❶在【查询】窗格中切换至"销售明细表（2）"，❷在【主页】选项卡下单击【减少行】组中的【保留行】按钮，❸在打开的菜单中选择【保留最后几行】命令，如图 5-7 所示。

图 5-7

Step 05 弹出【保留最后几行】对话框，❶在【行数】文本框中输入保留的行数，如输入"10"，❷单击【确定】按钮，如图 5-8 所示。

图 5-8

Step 06 即可看到"销售明细表（2）"中只保留后面 10 行的数据内容，如图 5-9 所示。

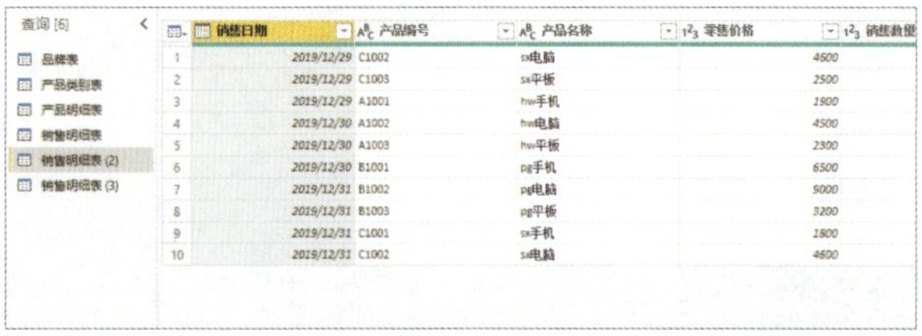

图 5-9

Step 07 ❶在【查询】窗格中切换至"销售明细表（3）"，❷在【主页】选项卡下单击【减少行】组中的【保留行】按钮，❸在打开的菜单中选择【保留行的范围】命令，如图 5-10 所示。

图 5-10

Step08 弹出【保留行的范围】对话框，❶ 在【首行】文本框中输入要保留的数据范围的第一行的行号，如输入"200"，在【行数】文本框中输入保留的行数，如输入"20"，❷ 单击【确定】按钮，如图 5-11 所示。

图 5-11

Step09 即可看到"销售明细表（3）"中从第 200 行开始保留 20 行的数据内容，如图 5-12 所示。

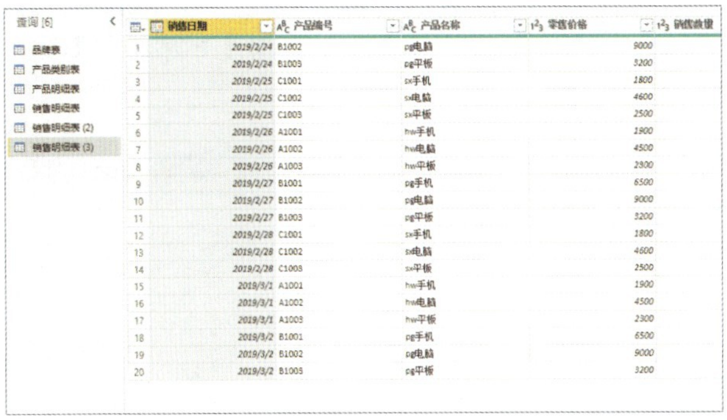

图 5-12

5.1.3 删除行

要删除报表中的部分行数据，可以通过 Power Query 编辑器中的删除行功能实现，具体操作步骤如下。

Step01 打开"素材文件\第 5 章\销售统计表 1.pbix"，并打开 Power Query 编辑器，❶ 在【查询】窗格中切换至"销售明细表"，❷ 在【主页】选项卡下单击【减少行】组中的【删除行】按钮，❸ 在打开的菜单中选择【删除最前面几行】命令，如图 5-13 所示。

图 5-13

Step02 弹出【删除最前面几行】对话框，❶ 在【行数】文本框中输入要删除的行数，如输入"200"，❷ 单击【确定】按钮，如图 5-14 所示。

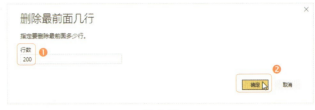

图 5-14

Step03 即可看到"销售明细表"中前面 200 行的数据内容被删除，如图 5-15 所示。

图 5-15

Step04 ❶ 在【查询】窗格中切换至"销售明细表（2）"，❷ 在【主页】选项卡下单击【减少行】组中的【删除行】按钮，❸ 在打开的菜单中选择【删除最后几行】命令，如图 5-16 所示。

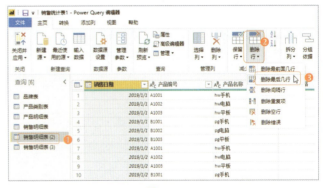

图 5-16

Step05 弹出【删除最后几行】对话框，❶ 在【行数】文本框中输入从最后开始删除的行数，如输入"1000"，❷ 单击【确定】按钮，如图 5-17 所示。随后即可看到删除最后 1000 行的效果。

图 5-17

Step06 ❶ 在【查询】窗格中切换至"销售明细表（3）"，❷ 在【主页】选项卡下单击【减少行】组中的【删除行】按钮，❸ 在打开的菜单中选择【删除间隔行】命令，如图 5-18 所示。

图 5-18

Step07 弹出【删除间隔行】对话框，❶ 在【要删除的第一行】文本框中输入"10"，在【要删除的行数】文本框中输入"1170"，在【要保留的行数】文本框中输入"5"，❷ 单击【确定】按钮，如图 5-19 所示。

图 5-19

Step08 即可看到"销售明细表（3）"中从第 10 行开始删除了 1170 行数据，并保留了后面的 5 行数据，如图 5-20 所示。

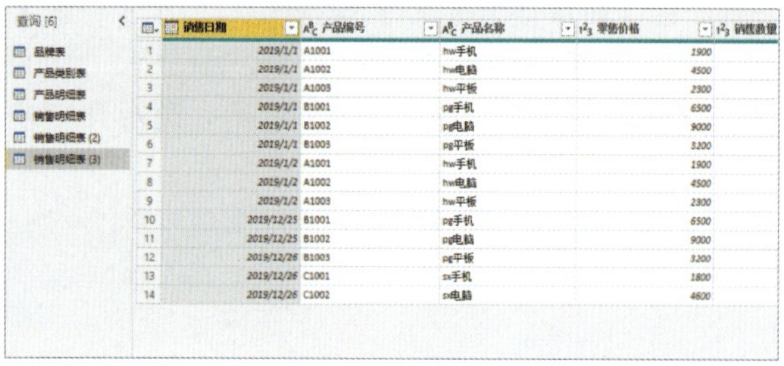

图 5-20

技术看板

如果某行含有空值，要将整行数据删除，则可以打开 Power Query 编辑器，在【查询】窗格中切换至含有空值的表，然后在【主页】选项卡下单击【减少行】组中的【删除行】按钮，在打开的菜单中选择【删除空行】命令。

★**重点 5.1.4 实战：行数据的排序**

要对报表中的数据进行升序或降序排列，可以在 Power Query 编辑器中使用排序功能来实现，具体操作步骤如下。

Step01 打开"素材文件\第 5 章\销售统计表.pbix"，并打开 Power Query 编辑器，切换至要对数据进行排序的"销售明细表"，❶ 单击"销售金额"列标题右侧的下拉按钮，❷ 在打开的下拉列表中选择【升序排序】选项，如图 5-21 所示。

图 5-21

Step02 即可看到表中的数据按照"销售金额"升序排列，如图 5-22 所示。

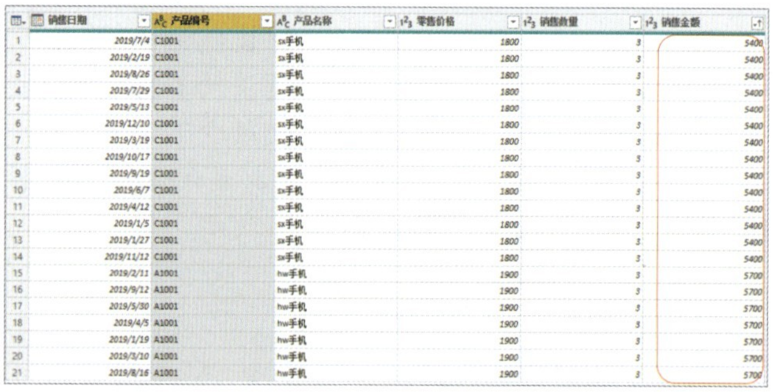

图 5-22

Step03 ❶ 单击"销售金额"列标题右侧的下拉按钮，❷ 在打开的下拉列表中选择【降序排序】选项，如图 5-23 所示。

图 5-23

Step 04 即可看到表中的数据按照"销售金额"降序排列，如图 5-24 所示。

图 5-24

★重点 5.1.5 实战：行数据的筛选

要在报表中找到需要的数据，在 Power Query 编辑器中使用筛选功能即可实现，具体操作步骤如下。

Step 01 打开"素材文件\第 5 章\销售统计表.pbix"，并打开 Power Query 编辑器，切换至要筛选数据的表，❶ 单击"产品名称"列标题右侧的下拉按钮，❷ 在打开的下拉列表中选择【文本筛选器】→【等于】选项，如图 5-25 所示。

图 5-25

Step 02 弹出【筛选行】对话框，❶ 单击【键入或选择一个值】下拉按钮，❷ 在打开的下拉列表中选择"pg平板"选项，如图 5-26 所示。

图 5-26

Step 03 ❶ 选中【或】单选按钮，然后选择"sx 平板"，❷ 单击【确定】按钮，如图 5-27 所示。

图 5-27

Step 04 即可看到表中"产品名称"列筛选出"pg平板"和"sx 平板"数据后的效果，如图 5-28 所示。

图 5-28

Step 05 ❶ 单击"销售数量"列标题右侧的下拉按钮，❷ 在打开的下拉列表中选择【数字筛选器】→【大于】选项，如图 5-29 所示。

Step 06 弹出【筛选行】对话框，❶ 在【大于】后的文本框中输入"30"，❷ 单击【确定】按钮，如图 5-30 所示。

图 5-29

Step 07 即可看到表中"销售数量"大于 30 的数据，如图 5-31 所示。

图 5-31

图 5-30

5.2 管理列

在 Power Query 编辑器中除了可以对行进行管理外，还可以对列进行管理，包括移动列、选择列、删除列、合并列、拆分列等。本节将对这些操作进行详细的介绍。

5.2.1 移动列

要将某列向左、向右移动或是将某列移到开头、末尾的位置，可以在 Power Query 编辑器中使用移动功能改变列的位置，具体操作步骤如下。

Step 01 打开"素材文件\第 5 章\销售统计表 .pbix"，并打开 Power Query 编辑器，❶ 在【查询】窗格中切换至"销售明细表"，❷ 选中"销售日期"列，❸ 切换至【转换】选项卡，❹ 单击【任意列】组中的【移动】按钮，❺ 在打开的菜单中选择【向右移动】命令，如图 5-32 所示。

Step 02 即可看到"销售日期"列移动到了"产品编号"列的右侧，如图 5-33 所示。

图 5-32

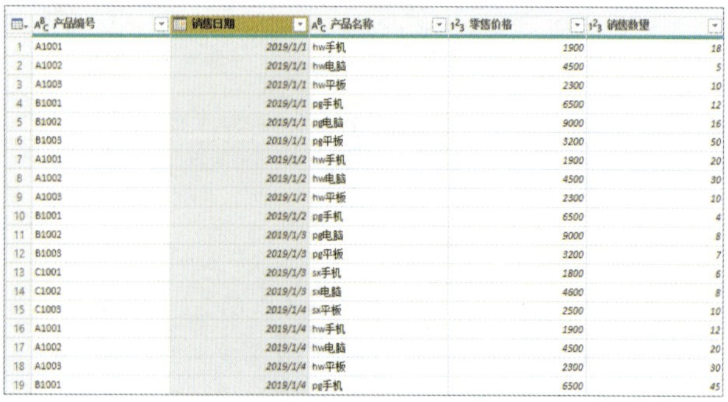

图 5-33

Step 03 ❶ 右击"销售日期"列的标题，❷ 在弹出的快捷菜单中选择【移动】→【移到末尾】命令，如图5-34所示。

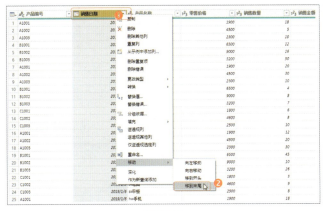

图 5-34

Step 04 即可看到"销售日期"列被移到了所有列的末尾，如图5-35所示。

图 5-35

5.2.2 转到列和选择列

要在多列中快速选中某列或查看某几列的数据，可以在 Power Query 编辑器中使用转到列和选择列功能来实现，具体操作步骤如下。

Step 01 打开"素材文件\第5章\销售统计表.pbix"，并打开 Power Query 编辑器，❶ 在【查询】窗格中切换至"销售明细表"，❷ 在【主页】选项卡下单击【管理列】组中的【选择列】下拉按钮，❸ 在打开的菜单中选择【转到列】命令，如图5-36所示。

Step 02 弹出【转到列】对话框，双击要选中的列，如"销售金额"，如图5-37所示。

Step 03 即可看到"销售明细表"中"销售金额"列被选中的效果，如图5-38所示。这个操作在因为列数较多而不便选择要操作的列时有很大的帮助，如果表中的列比较少，用户可以直接单击列标题来选中列。

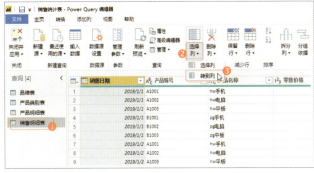

图 5-36

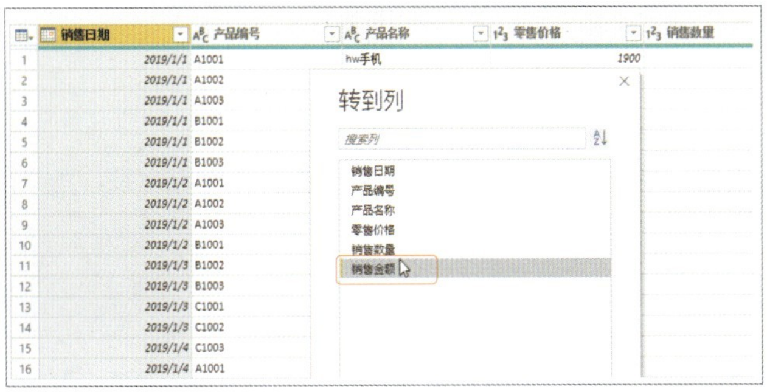

图 5-37

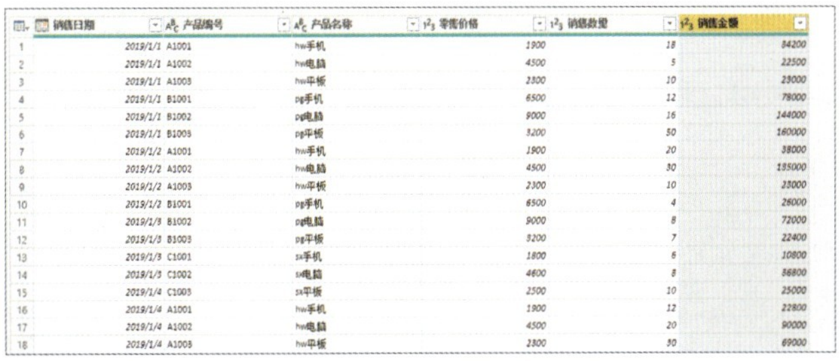

图 5-38

Step 04 ❶ 在【主页】选项卡下的【管理列】组中单击【选择列】下拉按钮，❷ 在打开的菜单中选择【选择列】命令，如图5-39所示。

图 5-39

Step 05 弹出【选择列】对话框，取消选中"销售日期""产品编号""产品名称"复选框，如图 5-40 所示，只保留要查看的列的复选框的选中状态，最后单击【确定】按钮。

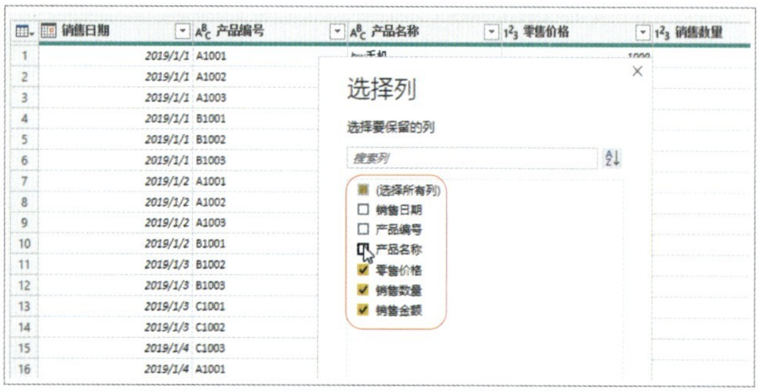

图 5-40

Step 06 即可看到只保留选中列的数据信息的效果，如图 5-41 所示。

图 5-41

5.2.3 删除列

当不再需要某列的数据时，用户可以在 Power Query 编辑器中使用删除功能删除该列，具体操作步骤如下。

Step 01 打开"素材文件\第 5 章\销售统计表.pbix"，并打开 Power Query 编辑器，❶ 在【查询】窗格中切换至"销售明细表"，❷ 右击"产品名称"列，❸ 在弹出的快捷菜单中选择【删除】命令，如图 5-42 所示。

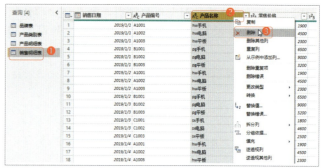

图 5-42

Step 02 即可看到删除"产品名称"列后的数据表效果，如图 5-43 所示。

图 5-43

Step 03 ❶ 按住【Ctrl】键并选择要保留的列，如选择"销售日期""产品编号""销售金额"列，❷ 在【主页】选项卡下的【管理列】组中单击【删除列】下拉按钮，❸ 在打开的菜单中选择【删除其他列】命令，如图 5-44 所示。

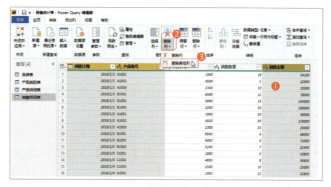

图 5-44

Step 04 即可看到数据表中只保留了"销售日期""产品编号""销售金额"列的数据信息，效果如图 5-45 所示。

第2篇 数据处理篇

图 5-45

★重点 5.2.4 实战：合并列和拆分列

如果需要将两列合并为一列，或将一列拆分为多列，可以在 Power Query 编辑器中对列进行合并或拆分操作，具体操作步骤如下。

Step01 打开"素材文件\第5章\销售统计表 2.pbix"，并打开 Power Query 编辑器，❶在【查询】窗格中切换至"销售明细表"，❷选中"销售数量"和"数量单位"列，❸切换至【转换】选项卡，❹在【文本列】组中单击【合并列】按钮，如图 5-46 所示。

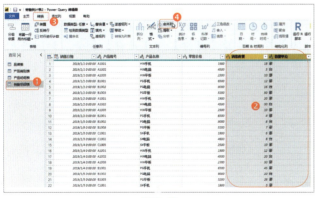

图 5-46

Step02 弹出【合并列】对话框，❶在【新列名（可选）】文本框中输入"销售数量"，❷单击【确定】按钮，如图 5-47 所示。

图 5-47

Step03 合并后的列名可能与上一步骤中设置的列名不一致，此时可以双击列标题，重命名列名，如图 5-48 所示。

图 5-48

Step04 ❶选中要拆分的列，如选中"产品名称"列，❷在【转换】选项卡下的【文本列】组中单击【拆分列】按钮，❸在打开的菜单中选择【按字符数】命令，如图 5-49 所示。

图 5-49

Step05 弹出【按字符数拆分列】对话框，❶设置【字符数】为"2"，并选中【一次，尽可能靠左】单选按钮，然后在【高级选项】组中选中【列】单选按钮，❷单击【确定】按钮，如图 5-50 所示。

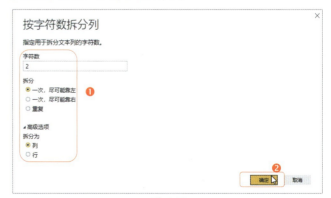

图 5-50

67

Step 06 即可看到“产品名称”列的数据根据第 2 个字符的位置被拆分为两列。分别更改列名为“品牌名称”和“产品类别”，如图 5-51 所示。

	销售日期	产品编号	品牌名称	产品类别	零售价格
1	2019/1/1 0:00:00	A1001	HW	手机	1900
2	2019/1/1 0:00:00	A1002	HW	电脑	4500
3	2019/1/1 0:00:00	A1003	HW	平板	2300
4	2019/1/1 0:00:00	B1001	PG	手机	6500
5	2019/1/1 0:00:00	B1002	PG	电脑	9000
6	2019/1/1 0:00:00	B1003	PG	平板	3200
7	2019/1/2 0:00:00	A1001	HW	手机	1900
8	2019/1/2 0:00:00	A1002	HW	电脑	4500
9	2019/1/2 0:00:00	A1003	HW	平板	2300
10	2019/1/2 0:00:00	B1001	PG	手机	6500
11	2019/1/3 0:00:00	B1002	PG	电脑	9000
12	2019/1/3 0:00:00	B1003	PG	平板	3200
13	2019/1/3 0:00:00	C1001	SX	手机	1800
14	2019/1/3 0:00:00	C1002	SX	电脑	4600
15	2019/1/4 0:00:00	C1003	SX	平板	2500
16	2019/1/4 0:00:00	A1001	HW	手机	1900
17	2019/1/4 0:00:00	A1002	HW	电脑	4500
18	2019/1/4 0:00:00	A1003	HW	平板	2300
19	2019/1/4 0:00:00	B1001	PG	手机	6500
20	2019/1/5 0:00:00	B1002	PG	电脑	9000
21	2019/1/5 0:00:00	B1003	PG	平板	3200

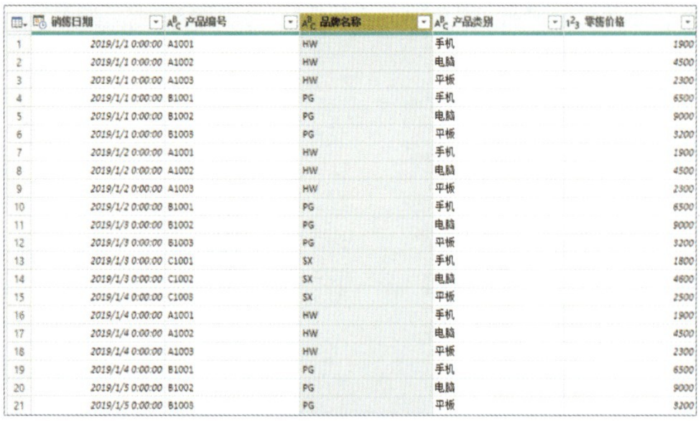

图 5-51

★重点 5.2.5 实战：提取数据

要提取某列中的部分数据，可以在 Power Query 编辑器中使用提取功能来实现，具体操作步骤如下。

Step 01 打开“素材文件\第 5 章\销售统计表 .pbix”，并打开 Power Query 编辑器，❶ 选中“销售明细表”中的“产品名称”列，❷ 在【转换】选项卡下的【文本列】组中单击【提取】按钮，❸ 在打开的菜单中选择【范围】命令，如图 5-52 所示。

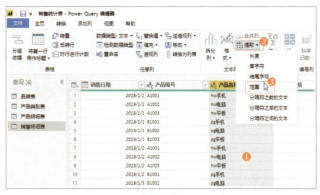

图 5-52

Step 02 弹出【提取文本范围】对话框，❶ 在【起始索引】文本框中输入“2”，在【字符数】文本框中输入“2”，❷ 单击【确定】按钮，如图 5-53 所示。

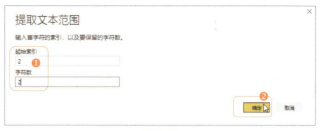

图 5-53

Step 03 即可看到“产品名称”列中从数据的第 2 个字符开始提取 2 个字符数的效果，如图 5-54 所示。

	销售日期	产品编号	产品名称	零售价格	销售数量
1	2019/1/1	A1001	手机	1900	18
2	2019/1/1	A1002	电脑	4500	5
3	2019/1/1	A1003	平板	2300	10
4	2019/1/1	B1001	手机	6500	12
5	2019/1/1	B1002	电脑	9000	16
6	2019/1/1	B1003	平板	3200	50
7	2019/1/2	A1001	手机	1900	20
8	2019/1/2	A1002	电脑	4500	30
9	2019/1/2	A1003	平板	2300	10
10	2019/1/2	B1001	手机	6500	4
11	2019/1/3	B1002	电脑	9000	8
12	2019/1/3	B1003	平板	3200	7
13	2019/1/3	C1001	手机	1800	6
14	2019/1/3	C1002	电脑	4600	5
15	2019/1/4	C1003	平板	2500	10
16	2019/1/4	A1001	手机	1900	12
17	2019/1/4	A1002	电脑	4500	20
18	2019/1/4	A1003	平板	2300	30
19	2019/1/4	B1001	手机	6500	45
20	2019/1/5	B1002	电脑	9000	10
21	2019/1/5	B1003	平板	3200	26

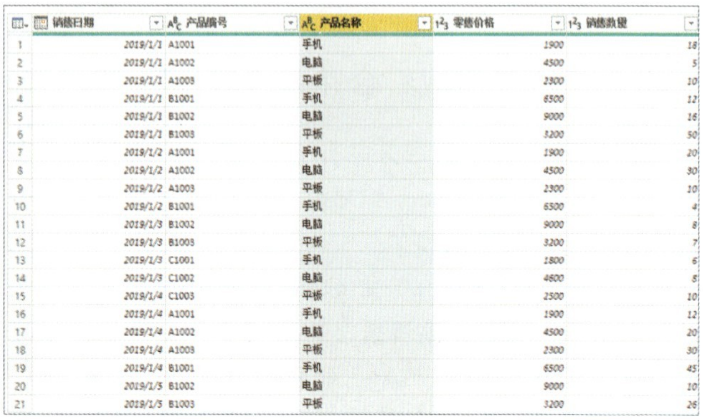

图 5-54

Step 04 ❶ 选中“销售日期”列，❷ 在【转换】选项卡下的【日期 & 时间列】组中单击【日期】按钮，❸ 在打开的菜单中选择【月份】→【月份】命令，如图 5-55 所示。

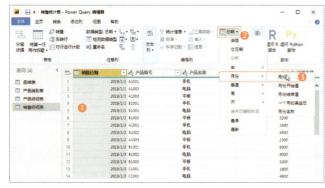

图 5-55

Step 05 即可看到“销售日期”列中的数据只保留月份数据，然后更改列名为“销售月份”，如图 5-56 所示。

图 5-56

图 5-58

Step03 转换后的"表1"变为了一个二维表,可以横向查看每个产品在每个季度的销售情况,也可以竖向查看各季度不同产品的销售数量,如图 5-59 所示。

图 5-59

Step04 ❶ 在【查询】窗格中切换至"表2",该表是一个二维表,❷ 选中"产品名称"列,❸ 在【转换】选项卡下的【任意列】组中单击【逆透视列】右侧的下拉按钮,❹ 在打开的菜单中选择【逆透视其他列】命令,如图 5-60 所示。

图 5-60

Step05 即可看到二维表转换为了一维表,此时可以纵向查看每个产品在每个季度的销售情况,如图 5-61 所示。

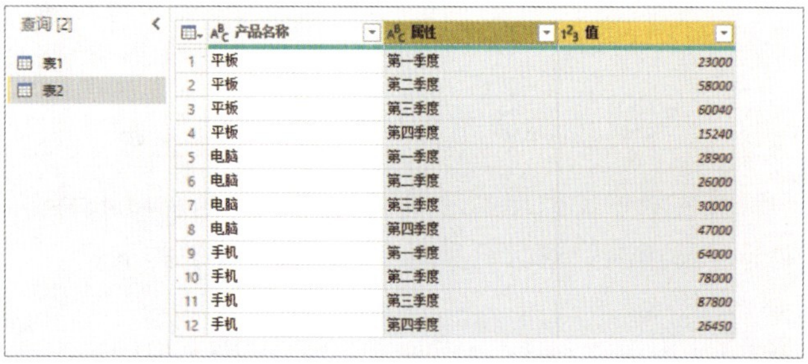

★重点 5.2.6 实战:透视列和逆透视列

要将一维表转换为二维表,或将二维表转换为一维表,可以使用 Power Query 编辑器中的透视列和逆透视列功能来实现,具体操作步骤如下。

Step01 打开"素材文件\第5章\季度统计表.pbix",并打开 Power Query 编辑器,❶ 在【查询】窗格中切换至"表1",该表是一个一维表,❷ 选中"季度"列,❸ 在【转换】选项卡下的【任意列】组中单击【透视列】按钮,如图 5-57 所示。

图 5-57

技术看板

一个表是一维表还是二维表,可以根据表中每一列的数据是否是一个独立的项目内容来判断。当表中每一列的数据都是独立的项目内容时,这个表就是一维表,例如,上一步骤中的"表1",每一列都是不相同的项目内容。当表中多列数据都是同一项目内容时,这个表就是二维表。

Step02 弹出【透视列】对话框,❶ 设置【值列】为【销售数量】,设置【聚合值函数】为【求和】,❷ 单击【确定】按钮,如图 5-58 所示。

图 5-61

5.3 添加列数据

在 Power BI 中除了可以管理行列数据，还可以添加列数据，如添加重复列、索引列、条件列及自定义列等。添加列数据为后续报表的可视化操作提供了丰富的数据基础。

5.3.1 实战：添加重复列

在 Power Query 编辑器中对表中的数据列进行操作时，为了保证原有列中的数据不被破坏，用户可以通过重复列功能为要操作的列添加重复列数据，具体操作步骤如下。

Step01 打开"素材文件\第5章\销售统计表.pbix"，并打开 Power Query 编辑器，❶在"销售明细表"中右击"产品名称"列标题，❷在弹出的快捷菜单中选择【重复列】命令，如图 5-62 所示。

图 5-62

Step02 即可看到表的末尾添加了一列标题为"产品名称 - 复制"的数据，如图 5-63 所示。

图 5-63

5.3.2 实战：添加索引列

要为表中的数据添加索引，可以在 Power Query 编辑器中使用索引列功能实现，具体操作步骤如下。

Step01 打开"素材文件\第5章\销售统计表.pbix"，并打开 Power Query 编辑器，❶在【添加列】选项卡下的【常规】组中单击【索引列】右侧的下拉按钮，❷在打开的菜单中选择【从1】命令，如图 5-64 所示。

图 5-64

Step02 即可看到表的末尾添加了一列标题为"索引"的数据，如图 5-65 所示。

图 5-65

★重点 5.3.3 实战：添加条件列

Power Query 编辑器中的条件列功能可以根据已有的列生成符合某种条件的列数据，具体操作步骤如下。

Step01 打开"素材文件\第5章\销售统计表.pbix"，并打开 Power Query 编辑器，在【添加列】选项卡下的【常规】组中单击【条件列】按钮，如图 5-66 所示。

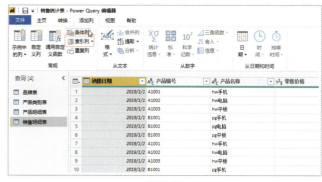

图 5-66

Step 02 弹出【添加条件列】对话框，❶在【新列名】文本框中输入"销售数量等级"，❷在【If】后设置好【列名】【运算符】参数，并在【值】和【输出】文本框中分别输入"10"和"差"，❸单击【添加子句】按钮，如图 5-67 所示。

图 5-67

Step 03 ❶在新增的【Else If】后设置好相关条件，❷在【ELSE】文本框中输入"高"，❸单击【确定】按钮，如图 5-68 所示。

图 5-68

Step 04 即可看到数据表的末尾新增了一个名为"销售数量等级"的列，该列自动根据销售数量分为了差、一般、高 3 个等级，如图 5-69 所示。

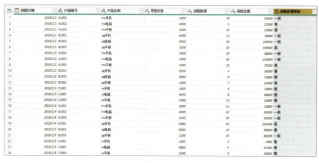

图 5-69

★重点 5.3.4 实战：添加自定义列

如果前文中添加的列数据还是不能满足实际的工作需要，用户还可以自定义要添加的列。此时就需要通过公式来添加新的列，具体操作步骤如下。

Step 01 打开"素材文件\第 5 章\销售统计表 3.pbix"，并打开 Power Query 编辑器，在【添加列】选项卡下的【常规】组中单击【自定义列】按钮，如图 5-70 所示。

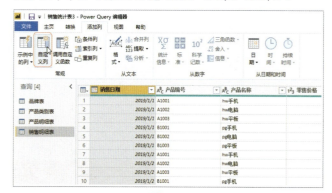

图 5-70

Step 02 弹出【自定义列】对话框，❶在【新列名】文本框中输入"销售金额"，❷在【可用列】列表框中选择"零售价格"，❸单击【插入】按钮，如图 5-71 所示。

图 5-71

Step 03 ❶ 即可看到"零售价格"列被添加到了【自定义列公式】文本框中，输入"*"后，❷ 在【可用列】列表框中选择"销售数量"，❸ 然后单击【插入】按钮，如图 5-72 所示。

图 5-72

图 5-73

Step 04 ❶ 即可在【自定义列公式】文本框中看到完整的列公式，❷ 确认后单击【确定】按钮，如图 5-73 所示。

Step 05 最终可以看到"零售价格"列的数据和"销售数量"列的数据相乘后的新增列"销售金额"的数据，该列会自动位于表的末尾列，如图 5-74 所示。

图 5-74

妙招技法

通过对本章知识的学习，相信读者朋友已经掌握了 Power BI 中关于数据表的行列数据的基本操作。下面结合本章内容，介绍一些实用技巧。

技巧 01：对行进行计数

要统计某数据表有多少行，可以对行使用计数功能，具体操作步骤如下。

Step 01 打开"素材文件\第 5 章\销售统计表.pbix"，并打开 Power Query 编辑器，❶ 在【查询】窗格中切换至要统计的"销售明细表"，❷ 在【转换】选项卡下的【表格】组中单击【对行进行计数】按钮，如图 5-75 所示。

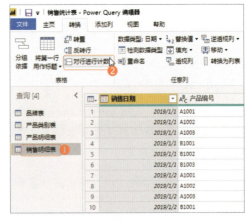

图 5-75

Step 02 表的编辑区即可显示"销售明细表"的总行数"1202",如图 5-76 所示。

图 5-76

技巧 02：统计信息

要查看表中某数值列的统计信息,如数值列的和、最小值、最大值等,也可以在 Power Query 编辑器中完成,具体操作步骤如下。

Step 01 打开"素材文件\第 5 章\销售统计表.pbix",并打开 Power Query 编辑器,❶ 选中要查看的数值列,如"销售金额"列,❷ 在【转换】选项卡下的【编号列】组中单击【统计信息】按钮,❸ 在打开的菜单中选择【求和】命令,如图 5-77 所示。

图 5-77

Step 02 表的编辑区即可显示"销售金额"列的总金额"88201500",如图 5-78 所示。

图 5-78

技巧 03：将列转换为表

要将表中的某列单独转换为一个表,在 Power Query 编辑器中也可以实现,具体操作步骤如下。

Step 01 打开"素材文件\第 5 章\销售统计表.pbix",并打开 Power Query 编辑器,❶ 右击"产品名称"列标题,❷ 在弹出的快捷菜单中选择【作为新查询添加】命令,如图 5-79 所示。

图 5-79

Step 02 ❶ 在【查询】窗格中即可看到一个名为"产品名称"的表,❷ 切换至【列表工具】→【转换】选项卡,❸ 单击【到表】按钮,如图 5-80 所示。

图 5-80

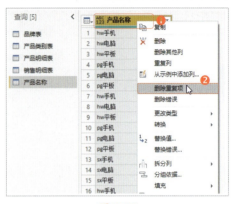

图 5-82

Step 03 弹出【到表】对话框，单击【确定】按钮，如图 5-81 所示。

图 5-81

Step 05 将列转换为表后的效果如图 5-83 所示。

图 5-83

Step 04 转换完成后，❶ 更改"产品名称"表中的列标题为"产品名称"，然后右击该列，❷ 在弹出的快捷菜单中选择【删除重复项】命令，如图 5-82 所示。

过关练习——整理客户订单记录表

介绍了在 Power BI 中对行列数据进行管理的方法后，为了帮助读者巩固本章所学的知识，并加强读者对这些方法的掌握，我们将通过本节的过关练习对本章知识点进行回顾和延伸。

Step 01 打开"素材文件\第 5 章\客户订单记录表 .pbix"，在【主页】选项卡下单击【编辑查询】按钮，如图 5-84 所示。

图 5-84

Step 02 打开 Power Query 编辑器后即可看到客户订单记录表中的详细数据，如图 5-85 所示。

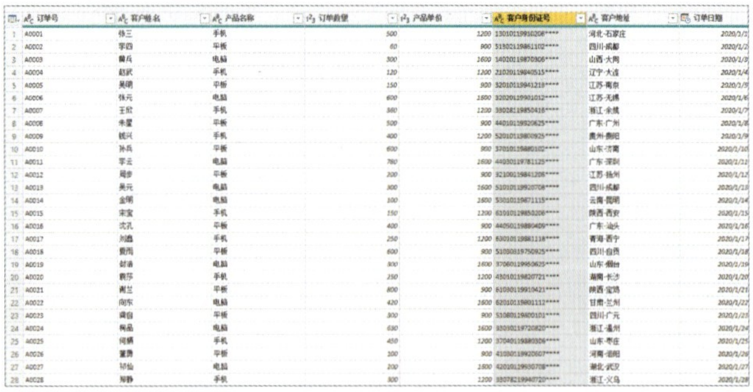

图 5-85

Step 03 ❶ 右击"客户身份证号"列标题，❷ 在弹出的快捷菜单中选择"重复列"命令，如图 5-86 所示。

图 5-86

Step 04 ❶ 选中"客户身份证号"列，❷ 在【转换】选项卡下的【文本列】组中单击【提取】按钮，❸ 在打开的菜单中选择【范围】命令，如图 5-87 所示。

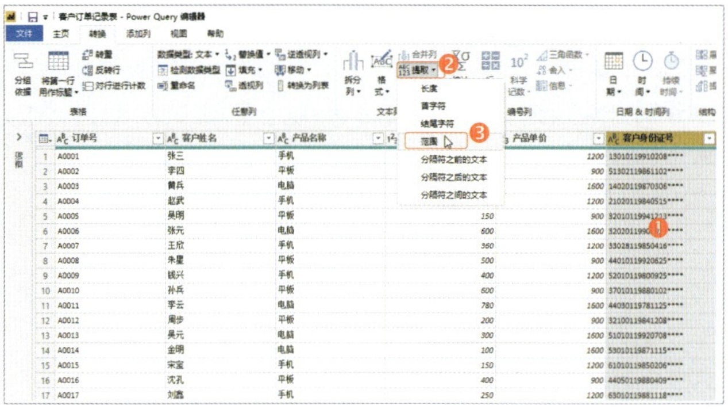

图 5-87

Step 05 弹出【提取文本范围】对话框，❶ 在【起始索引】文本框中输入"6"，在【字符数】文本框中输入"8"，❷ 单击【确定】按钮，如图 5-88 所示。

图 5-88

Step 06 即可看到提取"客户身份证号"列中客户生日数据的效果。将提取出客户生日的列名修改为"客户生日"，如图 5-89 所示。

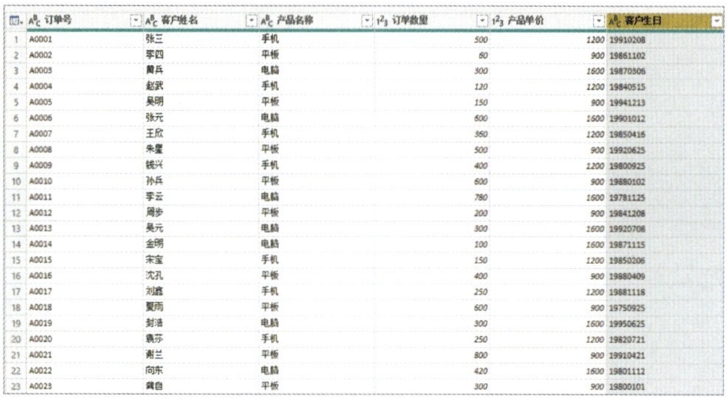

图 5-89

Step 07 ❶ 选中要拆分的列，这里选中"客户地址"列，❷ 在【转换】选项卡下的【文本列】组中单击【拆分列】按钮，❸ 在打开的菜单中选择【按分隔符】命令，如图 5-90 所示。

图 5-90

Step 08 弹出【按分隔符拆分列】对话框，❶ 设置好分隔符后，选中【拆分位置】组中的【最左侧的分隔符】单选按钮和【高级选项】组中的【列】单选按钮，❷ 单击【确定】按钮，如图 5-91 所示。

图 5-91

Step⑨ 即可看到"客户地址"列按照分隔符分为两列的效果，分别更改两列的列名为"客户所在省份"和"客户所在城市"，如图5-92所示。

图5-92

Step⑩ 在【添加列】选项卡下的【常规】组中单击【自定义列】按钮，如图5-93所示。

图5-93

Step⑪ 弹出【自定义列】对话框，❶在【新列名】文本框中输入"订单金额"，❷在【自定义列公式】文本框中设置公式为"=[订单数量]*[产品单价]"，❸单击【确定】按钮，如图5-94所示。

图5-94

Step⑫ ❶右击"订单金额"列标题，❷在弹出的快捷菜单中选择【移动】→【向左移动】命令，如图5-95所示。使用相同的方法继续将"订单金额"列向左移动，直至该列位于"产品单价"列的右侧。

图5-95

Step⑬ ❶单击"订单金额"列标题右侧的下拉按钮，❷在打开的下拉列表中选择【降序排序】选项，如图5-96所示。

图5-96

Step⑭ 即可看到表中数据按照"订单金额"降序排序的效果，如图5-97所示。

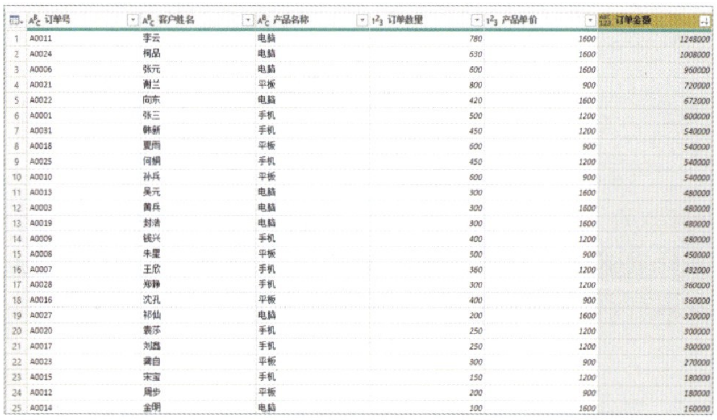

图5-97

Step 15 ❶ 单击“订单金额”列标题右侧的下拉按钮，❷ 在打开的列表中选择【数字筛选器】→【大于或等于】选项，如图 5-98 所示。

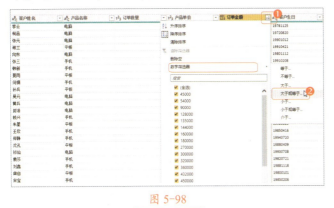

图 5-98

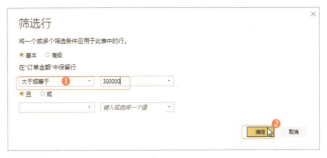

Step 16 弹出【筛选行】对话框，❶ 在【大于或等于】后的文本框中输入“300000”，❷ 单击【确定】按钮，如图 5-99 所示。

图 5-99

Step 17 即可筛选出订单金额大于或等于 300000 的数据，效果如图 5-100 所示。

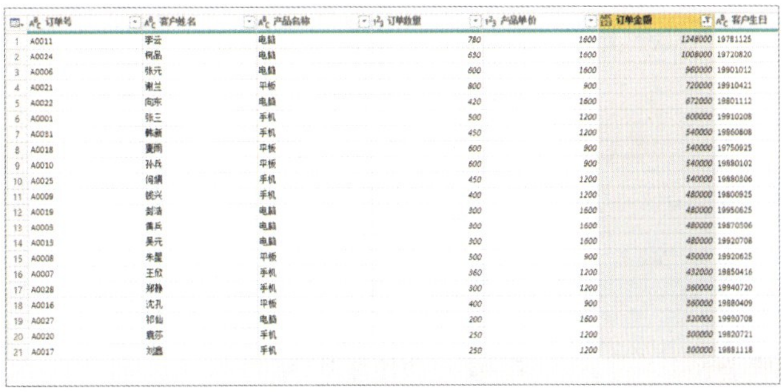

	订单号	客户姓名	产品名称	订单数量	产品单价	订单金额	客户生日
1	A0011	李云	电脑	780	1600	1248000	19781125
2	A0024	柯品	电脑	630	1600	1008000	19720820
3	A0006	张元	电脑	600	1600	960000	19901012
4	A0021	谢兰	平板	800	900	720000	19910421
5	A0022	向东	电脑	420	1600	672000	19801112
6	A0001	张三	手机	500	1200	600000	19910208
7	A0031	韩新	手机	450	1200	540000	19860808
8	A0018	夏雨	平板	600	900	540000	19750925
9	A0010	孙兵	平板	600	900	540000	19880102
10	A0025	何娟	手机	450	1200	540000	19880306
11	A0009	钱兴	手机	400	1200	480000	19800925
12	A0019	封浩	电脑	300	1600	480000	19950625
13	A0005	黄兵	电脑	300	1600	480000	19870506
14	A0013	吴元	电脑	300	1600	480000	19920708
15	A0008	朱星	平板	500	900	450000	19920625
16	A0007	王欣	手机	360	1200	432000	19850416
17	A0028	郑静	手机	300	1200	360000	19940720
18	A0016	沈孔	平板	400	900	360000	19880409
19	A0027	祁仙	电脑	200	1600	320000	19930708
20	A0020	龚莎	手机	250	1200	300000	19820721
21	A0017	刘鑫	手机	250	1200	300000	19881118

图 5-100

本章小结

通过对本章知识的学习，相信读者朋友已经掌握了在 Power BI 中对表中行列数据进行管理的方法，如查看行内容、保留行数据、排序和筛选行数据、移动列、合并和拆分列、提取列数据等。我们还可以通过添加重复列、条件列或自定义列，为数据表添加辅助信息。读者朋友还可以在本章的妙招技法里，学习其他管理行列数据的技巧。最后，为了加深读者朋友对本章知识点的理解和掌握，笔者将本章主要的知识点应用到了过关练习的案例中。

第6章 Power BI 数据的高级处理

- 数据太分散了，怎么根据某一列对数据进行分类汇总？
- 如何将表中某一列的数据添加到另一个表中？
- 如何将多个月的数据合并到一个表中？
- 怎么快速删除数据表中的重复项、空值和错误值？
- 使用函数可以对数据进行灵活的处理么？操作是否复杂？

Power Query 编辑器中还提供了一些高级的数据处理工具，下面将介绍这些工具的具体操作方法。

6.1 行列数据的高级应用

分组、合并和追加数据，是 Power Query 编辑器中常用的一些行列数据的高级处理工具，这些工具各有特色，且都可以用于对大量数据进行快速操作。

★重点 6.1.1 实战：分组数据

要对 Power BI 中的数据进行分类汇总，使用 Power Query 编辑器中的分组依据功能是一个不错的选择。该功能可以以某列为依据对指定的列进行汇总，具体操作步骤如下。

Step 01 打开"素材文件\第6章\销售统计表.pbix"，并打开Power Query 编辑器，❶ 右击【查询】窗格中的"销售明细表"，❷ 在弹出的快捷菜单中选择【复制】命令，如图 6-1 所示。

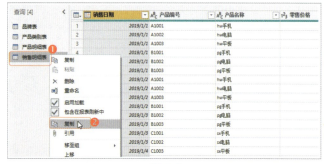

图 6-1

Step 02 即可看到【查询】窗格中新增了一个与"销售明细表"内容完全相同的表。❶ 切换至"销售明细表"，❷ 在【转换】选项卡下的【表格】组中单击【分组依据】按钮，如图 6-2 所示。

图 6-2

Step 03 弹出【分组依据】对话框，❶ 选中【基本】单选按钮，❷ 单击分组列表框右侧的下拉按钮，❸ 在打开的下拉列表中选择"产品编号"，如图 6-3 所示。

图 6-3

Step 04 ❶ 在【新列名】文本框中输入"产品数量"，❷ 单击【操作】下拉按钮，❸ 在打开的下拉列表中选择【求和】选项，如图 6-4 所示。

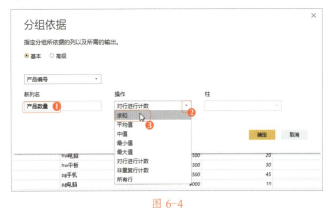

图 6-4

Step05 ❶ 单击【柱】下拉按钮，❷ 在打开的下拉列表中选择【销售数量】选项，如图 6-5 所示，然后单击【确定】按钮。

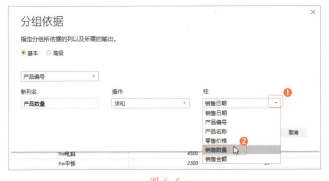

图 6-5

Step06 即可看到“销售明细表”中的数据会自动根据“产品编号”分组，并且编号相同的产品的销售数量会被求和统计，如图 6-6 所示。

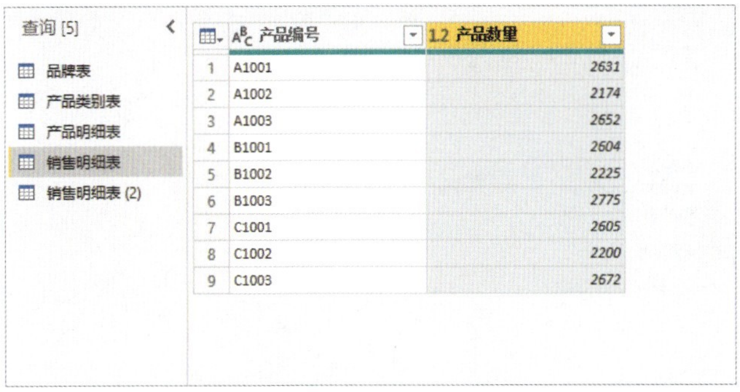

	产品编号	产品数量
1	A1001	2631
2	A1002	2174
3	A1003	2652
4	B1001	2604
5	B1002	2225
6	B1003	2775
7	C1001	2605
8	C1002	2200
9	C1003	2672

图 6-6

Step07 ❶ 切换至“销售明细表（2）”，❷ 在【转换】选项卡下单击【分组依据】按钮，如图 6-7 所示。

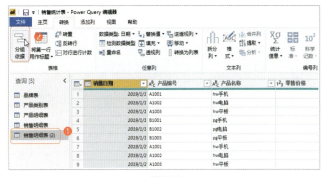

图 6-7

Step08 弹出【分组依据】对话框，❶ 选中【高级】单选按钮，❷ 设置要分组的列，这里选择“产品名称”，❸ 设置【新列名】【操作】和【柱】的参数。❹ 如果要对多列数据进行汇总，则单击【添加聚合】按钮，如图 6-8 所示。

图 6-8

Step09 ❶ 继续设置【新列名】【操作】和【柱】的参数，❷ 完成后单击【确定】按钮，如图 6-9 所示。

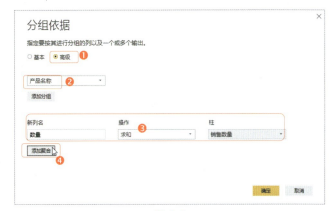

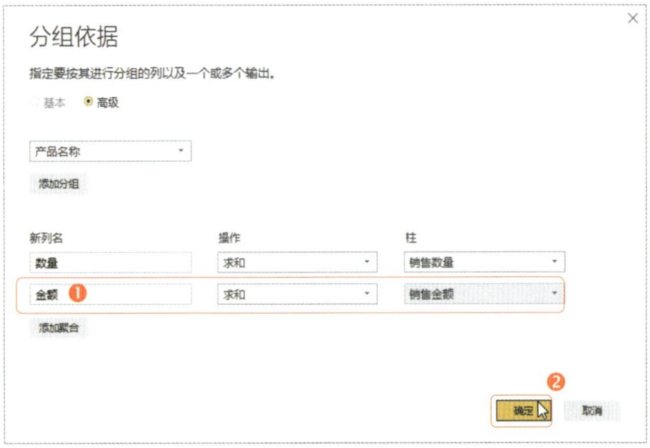

图 6-9

Power BI 商业数据分析 完全自学教程

Step⑩ 返回 Power Query 编辑器，可以看到"销售明细表（2）"中的数据自动根据"产品名称"分类，并且销售数量和销售金额已被求和，如图 6-10 所示。

图 6-10

★重点 6.1.2　实战：合并查询

要将数据表中的某列数据添加到另外一个数据表中，可以通过合并查询功能实现。需要注意的是，这两个表的格式虽然可以不相同，但是至少需要有一列相同的列名称和列数据，具体操作步骤如下。

Step① 打开"素材文件\第 6 章\销售统计表.pbix"，并打开 Power Query 编辑器，❶切换至"销售明细表"，❷在【主页】选项卡下的【组合】组中单击【合并查询】下拉按钮，在打开的菜单中选择【合并查询】命令，如图 6-11 所示。如果要在新的表中合并数据，则选择【将查询合并为新查询】命令。

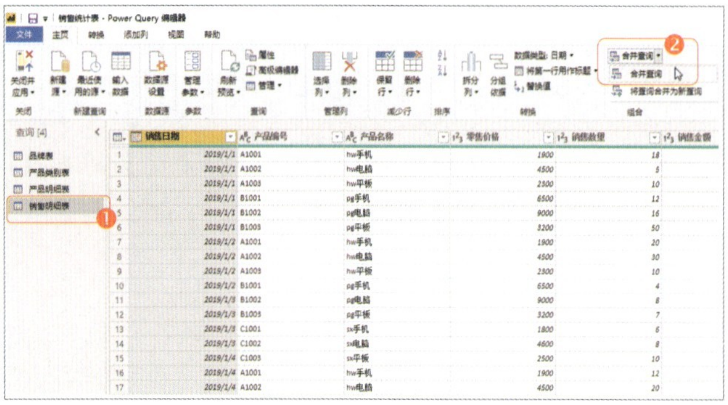

图 6-12

Step② 弹出【合并】对话框，❶单击表名右侧的下拉按钮，❷在打开的下拉列表中选择"产品明细表"，如图 6-12 所示。

Step③ ❶选中"销售明细表"中的"产品编号"列，❷再选中"产品明细表"中的"产品编号"列，❸单击【确定】按钮，如图 6-13 所示。

图 6-11

图 6-13

Step④ 即可看到"销售明细表"的最右侧新增一列标题为"产品明细表"的数据。❶单击新增列列标题右侧的下拉按钮，❷在打开的下拉列表中取消选中【（选择所有列）】复选框，如图 6-14 所示。

80

据表，❷在【主页】选项卡下的【组合】组中单击【追加查询】右侧的下拉按钮，在打开的菜单中选择【将查询追加为新查询】命令，如图6-17所示。

图6-14

图6-17

Step 05 ❶选中【品牌】和【类别】复选框，❷单击【确定】按钮，如图6-15所示。

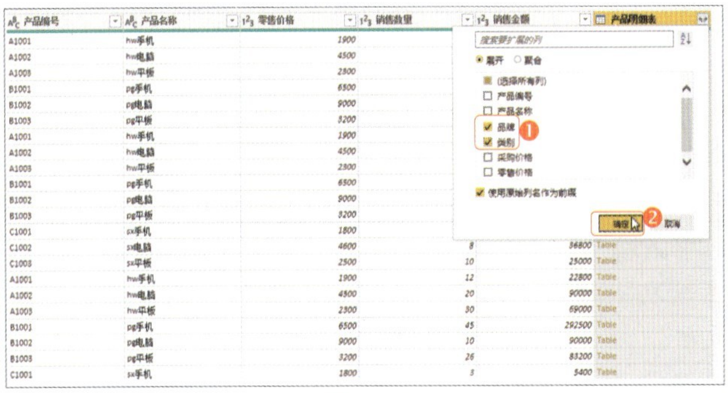

Step 02 弹出【追加】对话框，❶选中【三个或更多表】单选按钮，❷【要追加的表】列表框中已经存在数据表"上海分公司"，❸此时只需要在【可用表】列表框中选择需要追加数据的表，如"北京分公司"表，❹单击【添加】按钮，如图6-18所示。

图6-15

图6-18

Step 06 即可看到"销售明细表"的最右侧新增了两列数据，这两列数据会自动与产品的品牌和类别匹配，如图6-16所示。

Step 03 ❶【要追加的表】列表框中新添加了"北京分公司"表，❷在【可用表】列表框中继续选择表，如"成都分公司"表，❸然后单击【添加】按钮，如图6-19所示。

图6-16

★重点 6.1.3 实战：追加查询

运用 Power Query 编辑器中的追加查询功能，可以在一个数据表中添加一个或多个其他表中的行数据。需要注意的是，追加查询的多个表结构必须完全相同。追加查询的具体操作步骤如下。

Step 01 打开"素材文件\第6章\员工信息表.pbix"，并打开 Power Query 编辑器，❶切换至"上海分公司"数

图6-19

Step 04 如果用户添加了重复的表，❶则可以在【要追加的表】列表框中选中要删除的表，❷单击【删除】按钮，如图6-20所示。

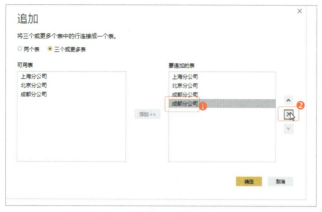

图6-20

Step 05 如果要调整表的追加位置，❶可在【要追加的表】列表框中选中要调整位置的表，这里选择"成都分公司"表，❷单击【上移】或【下移】按钮，这里单击【上移】按钮，如图6-21所示。

图6-21

Step 06 ❶即可看到"成都分公司"表被移到了"北京分公司"表的上面，这样在追加数据后的数据表中，成都分公司的数据也会位于北京分公司的数据上面。❷完成后单击【确定】按钮，如图6-22所示。

图6-22

Step 07 返回Power Query编辑器，❶可看到【查询】窗格中新增了一个数据表，更改表名为"员工信息总表"，❷该表中的数据为三个表数据合并的效果，如图6-23所示。

图6-23

6.2 列分析

在Power BI中导入或获取的数据中有可能存在一些问题，如数据中含有重复项、空值或错误值等。前面的章节中已经对处理这类数据的技巧分别进行了详细的介绍，但是如果要一次性查看这类数据问题，并对这些问题快速进行处理，则可以运用Power Query编辑器中的列分发和列质量功能来实现，具体操作步骤如下。

Step 01 启动Power BI Desktop，❶单击【主页】选项卡下【获取数据】下拉按钮，❷在打开的列表中单击【Excel】选项，如图6-24所示。

Step 02 弹出【打开】对话框，❶选择要获取的工作簿，这里选择"销售统计表1.xlsx"工作簿，❷单击【打开】按钮，如图6-25所示。

第2篇 数据处理篇

图 6-24

图 6-25

Step 03 打开【导航器】窗口，❶ 选中"销售明细表"复选框，❷ 单击【加载】按钮，如图 6-26 所示。

图 6-26

Step 04 工作簿中存在错误值，因此会弹出【加载】对话框，直接单击【关闭】按钮即可，如图 6-27 所示。

图 6-27

Step 05 打开 Power Query 编辑器，❶ 切换至【视图】选项卡，❷ 在【数据预览】组中选中【列质量】复选框，❸ 可看到数据表中的每个列标题下方会出现一个区域，区域中显示对应列中含有的有效、错误和空数据的占比情况，如图 6-28 所示。

图 6-28

Step 06 ❶ 在【视图】选项卡的【数据预览】组中选中【列分发】复选框，❷ 可看到列质量区域的下方会出现迷你柱形图，用户可通过该图直观地查看各列非重复值的分布情况，如图 6-29 所示。

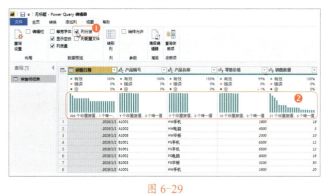

图 6-29

Step 07 ❶ 将鼠标指针移动到"零售价格"列的列分析区域，❷ 在显示的提示框中单击右下角的按钮，❸ 在打开的快捷菜单中选择【删除空】命令，如图 6-30 所示。

图 6-30

83

Step 08 "零售价格"列中含有空值的行数据被删除后的效果如图6-31所示。

图 6-31

Step 09 ❶将鼠标指针移动到"销售金额"列下的列分析区域，❷在显示的提示框中单击【删除错误】按钮，如图6-32所示。

图 6-32

Step 10 "销售金额"列中含有错误数据的行被删除后的效果如图6-33所示。

图 6-33

6.3 使用 M 函数处理数据

在学习 Excel 时，掌握一些常用函数是很有必要的。利用函数，用户在处理大量数据时可以节约工作时间，提高工作效率。Power BI 中也存在一种可以处理数据的函数，也就是本节将要介绍的 M 函数。

★重点 6.3.1 认识 M 函数

M 函数是一种介于函数和编程语言之间的语言，可以说是一种编程式函数。借助 M 函数的内置函数或内置函数的组合，用户可以更轻松地处理数据。在 Power BI 中，Power Query 编辑器中的高级编辑器功能将 M 函数灵活地封装成了"自定义的函数"，用户可以利用它快速完成复杂的操作，使工作变得简洁、高效。

在学习前文介绍的数据处理方法时，读者就已经接触过 M 函数了。例如，打开"素材文件\第6章\销售统计表.pbix"，进入 Power Query 编辑器，❶切换至要查看 M 函数的数据表，这里选择"销售明细表"，❷在【主页】选项卡下的【查询】组中单击【高级编辑器】按钮，如图6-34所示。

图 6-34

在【高级编辑器】窗口中，可看到"销售明细表"中已经操作过的步骤，如提取的日期、小写的文本、更改的类型等。每一个步骤都对应一定的代码，这些代码是由 let...in 语句构成的，如图 6-35 所示。一般情况下，let...in 语句中，let 后面的内容是操作，而且 let 中如果有多个操作，就必须以逗号分隔，在这部分，= 前面的是操作名称，= 后面的是操作的具体内容，也就是 M 函数，in 后面的内容是输出结果。

图 6-35

M 函数在数据处理方面具有很强的可读性和可移植性，如果用户不想一步一步地利用鼠标来处理数据，则可以直接在【高级编辑器】窗口中编写代码，也能得到相同的结果。

如果用户既能熟练掌握使用鼠标处理数据的方法，又能灵活应用 M 函数来处理数据，就能在 Power BI 的数据处理方面"所向披靡"了。拥有 Power BI 中的 M 函数这个利器，用户就能用最短的时间来处理数据，从而留下更多的时间去分析数据背后的信息，发现数据信息的规律。

★重点 6.3.2　M 函数的基本规范和语法格式

M 函数的每一个字母都必须按函数规范书写，且一般情况下，第一个字母都是大写。M 函数对大小写很敏感，也就是说，如果有两个函数，一个是大写的，一个是小写的，那么这两个函数的语法和用法都不相同。

M 函数的结构可以表示为"函数类型.函数功能"。以 Table.TransformColumns 函数为例，该函数中的 Table 是函数的类型，说明该函数作用的对象是表；TransformColumns 是函数的功能，说明该函数用于转换列的数据类型或格式。同理可得，Table.RenameColumns 函数作用的对象也是表，作用为重命名列。

下面以 Table.RenameColumns 函数为例，简单介绍 M 函数的语法和参数含义，如表 6-1 所示。

Table.RenameColumns(table as table，renames as list，optional missingField as nullable MissingField.Type)as table

表 6-1　Table.RenameColumns 函数的参数介绍

函数参数	必选 / 可选	参数说明
table	必选	指定要操作的表名
renames	必选	指定原列名和新列名
missingField	可选	指定备用值，可以省略，也可以为空值

6.3.3　常用的 M 函数及分类

虽然 M 函数可以帮助用户高效、灵活地完成许多数据处理工作，但是用户并不需要掌握全部 M 函数。Power BI 中有 800 多个 M 函数，对于没有接触过编程的用户来说，没有必要掌握全部 M 函数，且大部分 M 函数并不常用，用户只需掌握常用的 M 函数即可，如表 6-2 所示。

表 6-2　常用 M 函数的功能介绍

函数	函数功能	函数类型
List.Sum	求和	聚合函数
List.Min	求最小值	聚合函数
List.Max	求最大值	聚合函数
List.Average	求平均值	聚合函数
Text.Length	求文本长度	文本函数
Text.Trim	求文本空格	文本函数
Text.Start	提取前 n 个字符	文本函数
Text.End	提取后 n 个字符	文本函数
Excel.Workbook	从 Excel 工作簿中提取数据	提取数据函数
Csv.Document	从 CSV/TXT 中提取数据	提取数据函数
If Else Then	相当于 Excel 中的 IF 函数	条件函数
Table.Max	筛选最大值行	筛选函数
Table.Min	筛选最小值行	筛选函数
Table.MaxN	筛选前 n 行最大值	筛选函数
Table.MinN	筛选前 n 行最小值	筛选函数
Table.FirstN	保留数据表的前 n 行	筛选函数
Table.SelectRows	筛选数据表	筛选函数

续表

函数	函数功能	函数类型
Table.TransformColumns.Types	转换列的数据类型	通用函数
Table.RenameColumns	重命名列	
Table.RemoveColumns	删除列	
Table.AddColumn	添加列	
Table.RowCount	统计数据表的行数	
Table.ColumnCount	统计数据表的列数	
Table.Distnct	删除数据表中的重复项	

★重点 6.3.4　M 函数的查询方法

要了解 Power BI 中有哪些 M 函数及函数的语法格式和参数含义，可以在 Power Query 编辑器中查找 Power BI 中的全部函数及各个函数的功能介绍，具体操作步骤如下。

Step01 启动 Power BI Desktop，❶ 在【主页】选项卡下单击【获取数据】下拉按钮，❷ 在打开的列表中选择【空查询】选项，如图 6-36 所示。

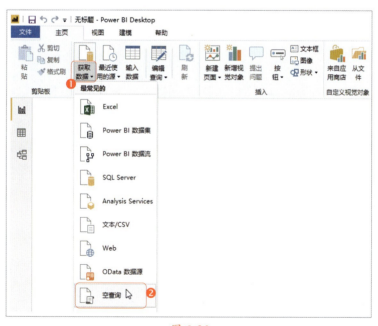

图 6-36

Step02 打开 Power Query 编辑器，❶ 在公式编辑栏中输入"=#shared"，按【Enter】键确认，❷ 可以看到编辑器中显示 Power BI 中的所有 M 函数，如图 6-37 所示。

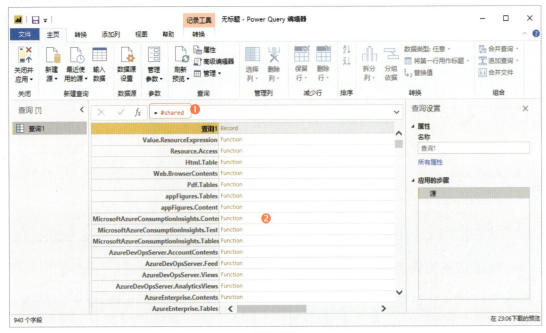

图 6-37

Step 04 如果要查看某个函数的语法格式和参数含义，❶ 则单击该函数，❷ 在编辑器窗口的最下方即可看到该函数的语法格式、参数含义及功能和示例等信息，如图 6-38 所示。

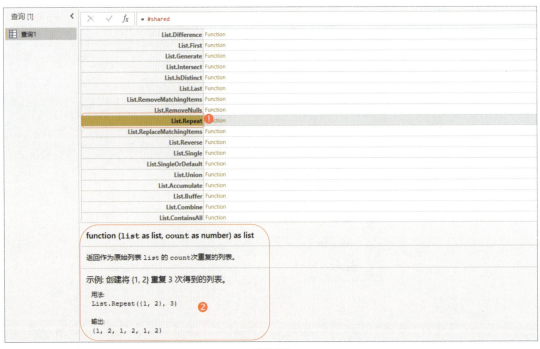

图 6-38

Step 05 ❶ 用户也可以直接在公式编辑栏中输入要查询的函数名，然后按【Enter】键，❷ 该函数的语法格式、参数含义及功能和示例等信息即会显示出来，如图 6-39 所示。

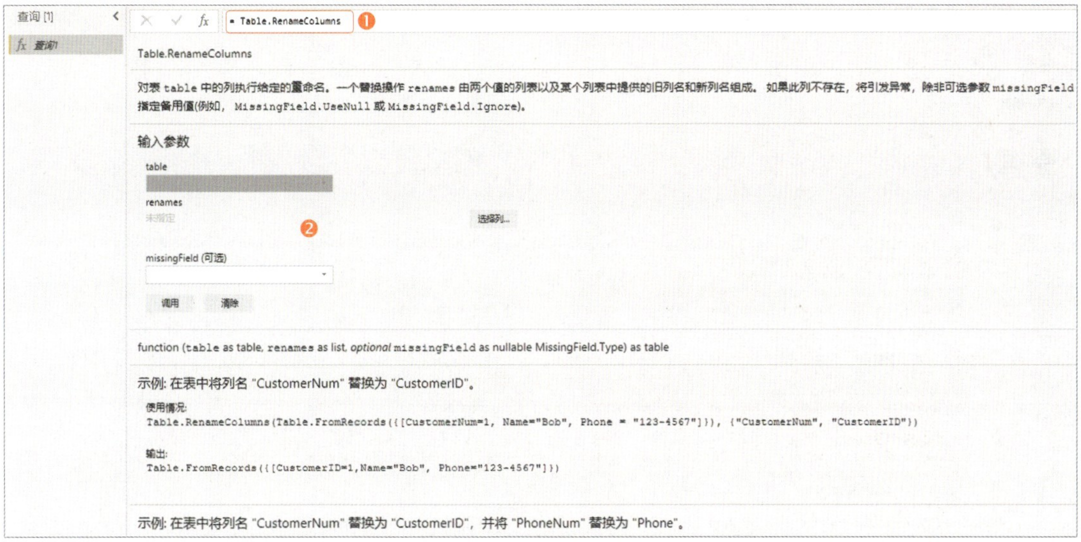

图 6-39

★重点 6.3.5 实战：使用 M 函数创建日期表

用户可以使用 M 函数来制作适合自己的日期表，具体操作步骤如下。

Step01 启动 Power BI Desktop，打开 Power Query 编辑器，❶在【查询】窗格的空白处右击，❷在弹出的快捷菜单中选择【新建查询】→【空查询】命令，如图 6-40 所示。

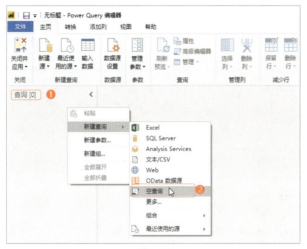

图 6-40

Step02 在【主页】选项卡下【查询】组中单击【高级编辑器】按钮，如图 6-41 所示。

图 6-41

Step 03 在【高级编辑器】窗口中,将【查询1】里的所有内容清空,❶ 然后输入下图中的代码,❷ 完成后单击【完成】按钮,如图 6-42 所示。

图 6-42

Step 04 ❶ 在 Power Query 编辑器的【输入参数】区域下的文本框中输入开始年份、结束年份、定义一周开始日及指定日期表显示的语言等参数,❷ 单击【调用】按钮,如图 6-43 所示。

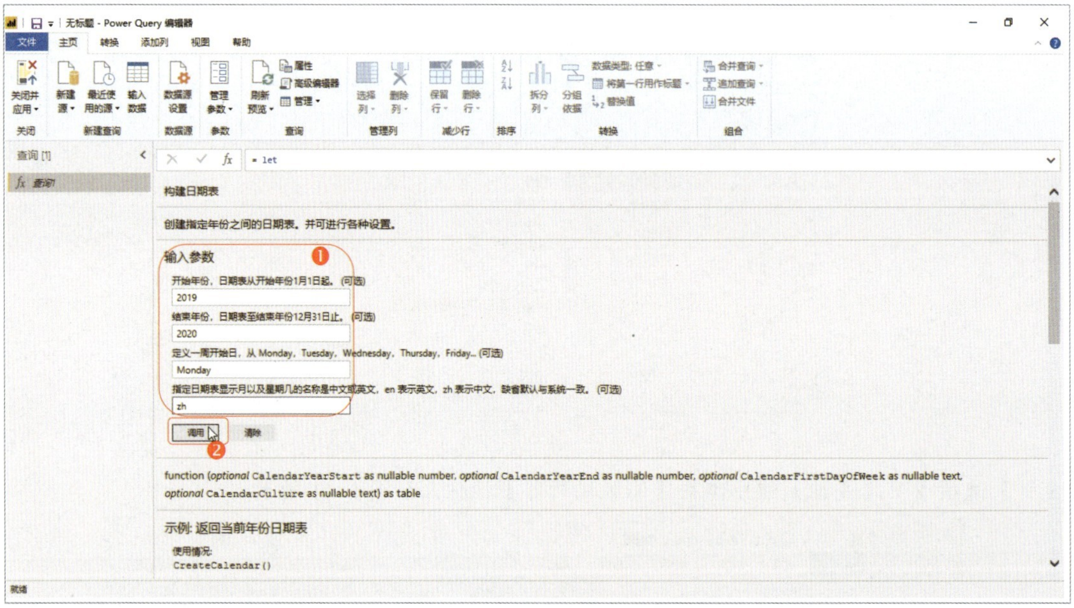

图 6-43

Step 05 即可生成一个显示中文月份和星期的日期表,在编辑器窗口的左下角可看到该表的列数为 20,行数为 731,如图 6-44 所示。

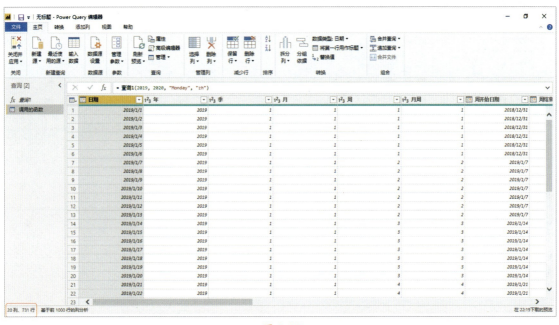

图 6-44

妙招技法

通过对本章知识的学习，相信读者朋友已经掌握了在 Power BI 中处理数据的高级方法。下面结合本章内容，介绍一些实用技巧。

技巧 01：显示等宽字体

要在 Power Query 编辑器中使用等宽字体预览数据内容，可以通过以下操作实现。

Step 01 打开“素材文件 \ 第 6 章 \ 销售统计表 .pbix”，并打开 Power Query 编辑器，❶ 切换至“销售明细表”，❷ 在【视图】选项卡下的【数据预览】组中选中【等宽字体】复选框，如图 6-45 所示。

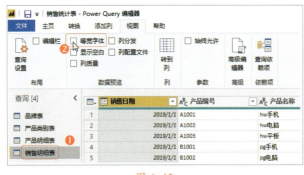

图 6-45

Step 02 即可看到报表中的列显示为相同宽度的效果，如图 6-46 所示。

	销售日期	产品编号	产品名称	零售价格	销售数量	销售金额
1	2019/1/1	A1001	hw手机	1900	18	34200
2	2019/1/1	A1002	hw电脑	4500	5	22500
3	2019/1/1	A1003	hw平板	2300	10	23000
4	2019/1/1	B1001	pg手机	6500	12	78000
5	2019/1/1	B1002	pg电脑	9000	16	144000
6	2019/1/1	B1003	pg平板	3200	50	160000
7	2019/1/2	A1001	hw手机	1900	20	38000
8	2019/1/2	A1002	hw电脑	4500	30	135000
9	2019/1/2	A1003	hw平板	2300	10	23000
10	2019/1/2	B1001	pg手机	6500	4	26000
11	2019/1/3	B1002	pg电脑	9000	8	72000
12	2019/1/3	B1003	pg平板	3200	7	22400
13	2019/1/3	C1001	ax手机	1800	6	10800
14	2019/1/3	C1002	ax电脑	4600	8	36800

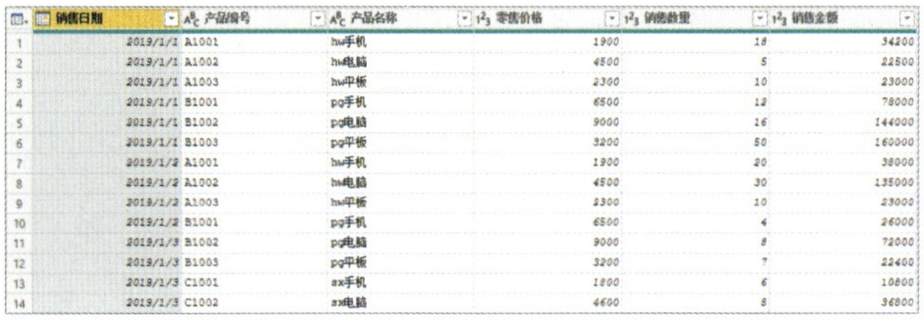

图 6-46

技巧 02：查看数据统计信息和值分布情况

在 Power Query 编辑器中，我们既可以对各列数据的信息（如错误值、空值、最大值、最小值等）进行统计，也可以查看列中数据的分布情况，具体操作步骤如下。

Step 01 打开“素材文件 \ 第 6 章 \ 销售统计表 .pbix”，并打开 Power Query 编辑器，❶ 切换至“销售明细表”，❷ 选中“销售日期”列，❸ 在【视图】选项卡下的【数据预览】组中选中【列配置文件】复选框，如图 6-47 所示。

图 6-47

图 6-48

Step 02 可看到数据区域的下方显示【列统计信息】和【值分布】区域。在这两个区域中可以查看"销售日期"列中数据的计数、错误、空值及值的分布情况等信息，如图 6-48 所示。

Step 03 ❶ 选中"销售数量"列，❷ 即可在【列统计信息】和【值分布】区域中查看该列中数据的计数、错误、空值及值的分布情况等信息，如图 6-49 所示。

图 6-49

过关练习——整理门店营业额统计表

介绍了 Power BI 中数据的高级处理方法后，为了帮助读者巩固所学的知识，并加强读者对这些知识的理解，我们将通过本节的过关练习对本章知识点进行回顾和延伸。

Step 01 打开"素材文件\第6章\门店营业额统计表.pbix"，并打开 Power Query 编辑器，❶ 切换至"门店1"查询表，❷ 在【主页】选项卡下的【组合】组中单击【追加查询】按钮，如图 6-50 所示。

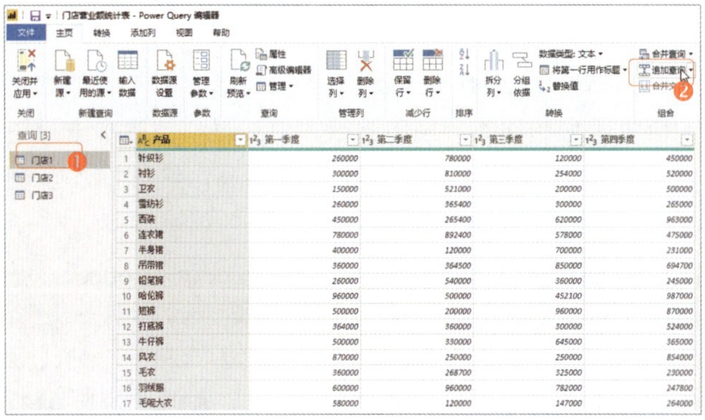

单选按钮，❷ 在【可用表】列表框中选择需要追加的表，❸ 单击【添加】按钮，❹ 即可将表添加到【要追加的表】列表框中。❺ 完成表的添加后单击【确定】按钮，如图 6-51 所示。

图 6-50

Step 02 弹出【追加】对话框，❶ 选中【三个或更多表】

图 6-51

Step 03 返回"门店1"查询表，可看到该表中共有51行数据。也就是说，"门店2"查询表和"门店3"查询表中的数据被追加到了"门店1"查询表中，如图6-52所示。

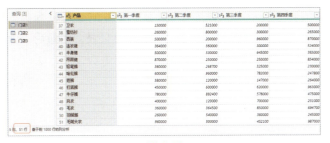

图 6-52

Step 04 在【转换】选项卡下的【表格】组中单击【分组依据】按钮，如图6-53所示。

图 6-53

Step 05 弹出【分组依据】对话框，❶选中【高级】单选按钮，❷设置要分组的依据，也就是列，这里选择"产品"列，❸在下方设置【新列名】【操作】和【柱】参数，如果有多个新列名，则单击【添加聚合】按钮来添加新列。❹设置完成后单击【确定】按钮，如图6-54所示。

图 6-54

Step 06 将"门店1"查询表的表名更改为"全部门店营业额统计表"，在该表中可以看到各产品在每个季度的数据统计结果，如图6-55所示。

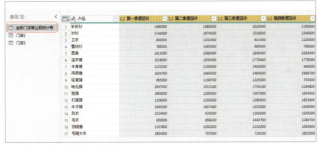

图 6-55

Step 07 如果要查看统计后的数据表的质量，可在【视图】选项卡下的【数据预览】组中选中【列质量】和【列分发】复选框，如图6-56所示。

图 6-56

Step 08 在数据表列标题下方的区域中即可看到对应列中含有的有效数据、错误数据和空数据的占比情况。可以看出，该表数据质量很好，每列都没有错误值、空值等，无需进行列数据的删除操作，如图6-57所示。

图 6-57

本章小结

通过对本章知识的学习，相信读者朋友已经掌握了在 Power BI 中处理数据的一些高级方法，如分组数据、合并和追加数据，以及快速处理 Power BI 报表中的错误值、空值的方法。读者朋友也可以了解利用 M 函数处理数据的方法，让数据处理更加灵活。此外，读者朋友还可以在本章的妙招技法里，学习处理数据的其他技巧。最后，为了加深读者朋友对本章知识点的理解和掌握，笔者将本章主要的知识点应用到了过关练习的案例中。

第3篇 数据分析篇

在 Power BI Desktop 中输入数据并利用 Power Query 工具对数据表或表中的数据进行处理后，我们可以利用软件中的其他工具对这些数据进行分析，如新建度量值、新建列和新建表等。此外，我们还可以使用 DAX 语言中的函数对报表数据进行高级分析。本篇主要讲解 Power BI 数据分析方面的知识。

第7章 Power BI 数据的建模

- 数据表之间是否有内在联系？如果有内在联系，如何创建直观的数据关系？
- 连接数据关系的列不准确，该如何更改？
- 如何在报表中新建列？
- 要在报表中合并多个表，该怎么操作？
- 如何新建一个日期表？

在 Power BI 中，我们可以对多个表进行多角度的分析。但是在分析前，我们需要为这些表建立数据关系，也就是建立数据模型。下面将介绍在 Power BI 中进行数据建模的过程。

7.1 了解关系

在 Power BI Desktop 中分析数据时，为了在多个表中执行一些复杂的分析操作，需要让多个表之间存在一定的关系。而要创建关系，就需要了解关系。

打开"素材文件\第 7 章\了解关系.pbix"报表，切换至模型视图。在该视图下可看到多个数据块，其中每个数据块中包含了对应表中的列标题，各数据块之间使用了不同的线连接。这表示各数据块，也就是各表之间存在一定的关系，如图 7-1 所示。

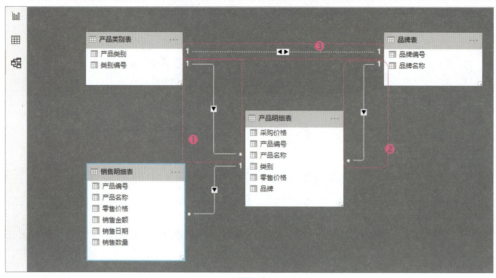

图 7-1

如图 7-1 所示的模型视图中展示了 Power BI Desktop 中的几种关系，各关系所代表的含义如表 7-1 所示。

表 7-1 Power BI Desktop 中的关系

序号	关系	说明
❶	多对一	表示一个表（引用表）中的列具有一个值的多个实例，而另一个表（查找表）仅具有一个值的一个实例。如表 a 和表 b 之间的关系为多对一，那么表 b 是表 a 的查找表。在查找表中，查找列的值是唯一的，不允许存在重复值；而在引用表中，查找列的值不唯一
❷	一对多	这种关系是多对一关系的反向关系。如表 a 和表 b 之间存在一对多的数据关系，那么表 a 是表 b 的查找表
❸	一对一	表示一个表中的列仅具有特定值的一个实例，而另一个表也是一样

在第 3 种数据关系中，连接数据块的线为虚线，这是一种比较特殊的数据关系，表示此关系不可用，一般情况下，这种数据关系都不会被使用，读者只做了解即可。此外，在图 7-1 中，每条关系线都有一个方向符号，这个符号被称为交叉筛选方向，表示数据的流向。该方向符号有两种类型，一种是双向，表示两个表之间可以相互筛选；另一种是单向，表示只能由一个表对另一个表进行筛选，而不能反向筛选。

7.2 管理关系

了解了关系的意义后，我们就可以创建关系了。创建关系的方法主要有两种，一种是自动创建，另一种是手动创建。创建好关系后，我们还可以对关系进行编辑，使其更加符合我们的工作需要。

★重点 7.2.1 自动检测关系

要快速创建关系，可以使用自动检测功能。虽然这个功能不一定能找出所有的数据关系，但可以让我们的工作更加高效，具体操作步骤如下。

Step 01 打开"素材文件\第 7 章\销售统计表.pbix"，❶ 单击【模型】视图按钮，❷ 切换至【建模】选项卡，❸ 单击【关系】组中的【管理关系】按钮，如图 7-2 所示。

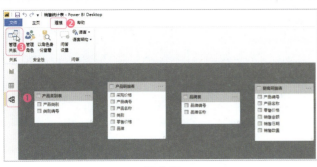

图 7-2

Step02 弹出【管理关系】对话框，可看到报表中还没有任何数据关系，单击【自动检测】按钮，如图 7-3 所示。

图 7-3

Step03 弹出【自动检测】对话框，❶ 提示"找到 1 个新关系"，❷ 直接单击【关闭】按钮，如图 7-4 所示。

图 7-4

Step04 ❶ 在【管理关系】对话框中可以看到自动检测出关系的两个表及建立关系的列，❷ 确认后单击【关闭】按钮，如图 7-5 所示。

图 7-5

Step05 返回报表即可看到建立关系的两个表之间被一条关系线连接。将鼠标指针移动到关系线上，建立关系的列会突出显示，如图 7-6 所示。

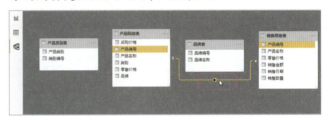

图 7-6

Step06 如果用户觉得建立关系的两个表之间的距离太远，或者被其他数据块遮挡，可以将鼠标指针移至数据块上，然后按住鼠标左键并拖曳，移动数据块。移动数据块后的数据关系效果如图 7-7 所示。

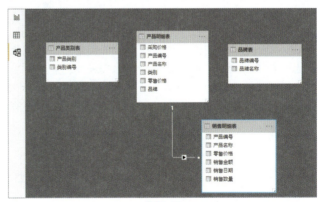

图 7-7

★重点 7.2.2 实战：手动创建关系

除了通过自动检测创建关系，用户也可以通过 Power BI Desktop 中的新建关系功能手动创建数据关系，具体操作步骤如下。

Step 01 打开"素材文件\第7章\销售统计表.pbix"，❶ 单击【模型】视图按钮，❷ 切换至【建模】选项卡，❸ 单击【关系】组中的【管理关系】按钮，如图7-8所示。

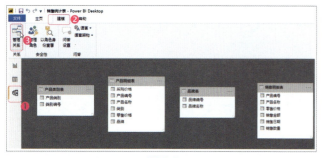

图 7-8

Step 02 弹出【管理关系】对话框，单击【新建】按钮，如图7-9所示。

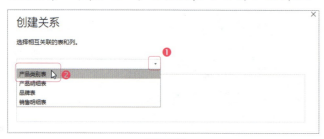

图 7-9

Step 03 弹出【创建关系】对话框，❶ 单击空白下拉列表框右侧的下拉按钮，❷ 在打开的下拉列表中选择要创建关系的第一个表，如"产品类别表"，如图7-10所示。

图 7-10

Step 04 ❶ 继续在【创建关系】对话框中单击空白下拉列表框右侧的下拉按钮，❷ 在打开的下拉列表中选择"产品明细表"，如图7-11所示。

图 7-11

Step 05 ❶ 在"产品类别表"中选中"产品类别"列，❷ 在"产品明细表"中选中"类别"列，❸ 此时【基数】和【交叉筛选器方向】下拉列表框中会自动设置好关系，❹ 单击【确定】按钮即可，如图7-12所示。

图 7-12

Step 06 ❶ 返回【管理关系】对话框即可看到手动创建的关系。❷ 如果要继续创建关系，则在对话框中继续单击【新建】按钮，如图7-13所示。

Step 07 弹出【创建关系】对话框，❶ 设置好要创建关系的表和列及关系类型等，❷ 然后单击【确定】按钮，如图7-14所示。

Step 08 ❶ 返回【管理关系】对话框即可看到新建的关系，❷ 确认后单击【关闭】按钮，如图7-15所示。

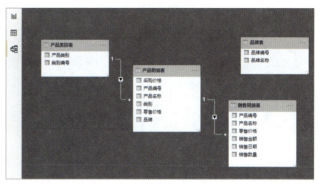

Step 09 在模型视图中可以看到手动创建关系的表之间已被关系线连接，如图 7-16 所示。

图 7-16

图 7-13

★重点 7.2.3 实战：编辑关系

完成了关系的创建后，有可能会发现个别关系不符合实际的工作需求，这时就需要对关系进行编辑，如更改连接表之间关系的列，删除不需要的关系等，具体操作步骤如下。

Step 01 打开"素材文件\第 7 章\编辑关系.pbix"，❶ 单击【模型】视图按钮，❷ 将鼠标指针移动到关系线上，可看到连接"产品明细表"和"品牌表"之间关系的列为"品牌"和"品牌编号"，不符合实际需要，如图 7-17 所示。

图 7-14

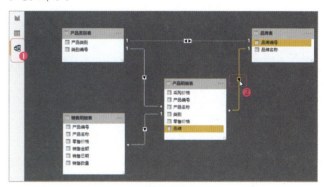

图 7-17

Step 02 ❶ 在该关系线上右击，❷ 在弹出的快捷菜单中选择【属性】选项，如图 7-18 所示。

图 7-15

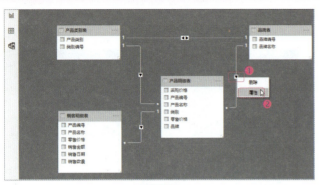

图 7-18

Step 03 弹出【编辑关系】对话框，❶ 在"品牌表"中选择"品牌名称"列，这样两个表之间才存在能够连接表的相同列，❷ 完成后单击【确定】按钮，如图 7-19 所示。

图 7-19

Step 04 返回模型视图，将鼠标指针移动到"产品明细表"和"品牌表"之间的关系线上，可看到连接表的列变为了上一步骤中设置的列，如图 7-20 所示。

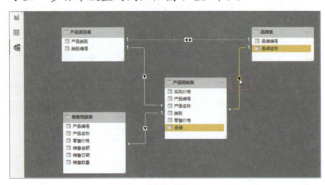

图 7-20

Step 05 在【建模】选项卡下单击【管理关系】按钮，如图 7-21 所示。

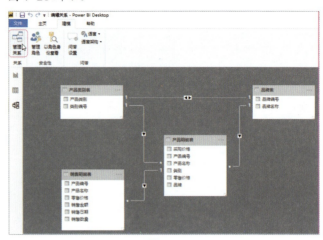

图 7-21

Step 06 弹出【管理关系】对话框，❶ 选中第一个关系，即"产品类别表"和"品牌表"之间的关系，❷ 然后单击【删除】按钮，如图 7-22 所示。

图 7-22

Step 07 弹出【删除关系】对话框，提示用户是否要删除这个关系，直接单击【删除】按钮即可，如图 7-23 所示。

图 7-23

Step 08 返回【管理关系】对话框，即可看到第一个关系已被删除，单击【关闭】按钮，如图 7-24 所示。

图 7-24

Step 09 返回模型视图，即可看到连接"产品类别表"和"品牌表"之间的关系线已被删除，如图 7-25 所示。

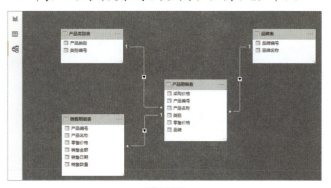

图 7-25

7.3 新建度量值和列

在 Power BI Desktop 中总会存在已有的数据无法实现需要的数据分析效果的情况，此时用户便可以通过新建度量值和新建列功能在报表中创建需要的数据。

★重点 7.3.1 实战：新建度量值

通过新建度量值功能，用户可以在 Power BI Desktop 中创建一个只有名称而无实际数据的列，这个列不会占用内存，但可以在创建其他度量值及数据可视化时使用，具体操作步骤如下。

Step 01 打开"素材文件\第 7 章\销售统计表 .pbix"，❶切换至数据视图，❷在【建模】选项卡下的【计算】组中单击【新建度量值】按钮，如图 7-26 所示。

图 7-26

Step 02 ❶在公式编辑栏中输入新建的度量值的名称"年销售总额"，然后在等号"="后输入函数 SUM 及英文状态下的"("，❷在自动打开的列表中双击要计算的表名及对应的列标题，这里双击"'销售明细表'[销售金额]"，如图 7-27 所示。

图 7-27

Step 03 按【Enter】键完成度量值的新建操作。如果要继续新建度量值，则继续在【建模】选项卡下单击【新建度量值】按钮，如图 7-28 所示。

图 7-28

Step 04 ❶ 在公式编辑栏中输入度量值的名称及函数和符号，❷ 然后在自动打开的列表中双击要计算的表名及对应的列标题，如图7-29所示。

图 7-29

Step 05 按【Enter】键完成度量值的创建，在【字段】窗格的"销售明细表"中即可看到新建的两个度量值，如图7-30所示。

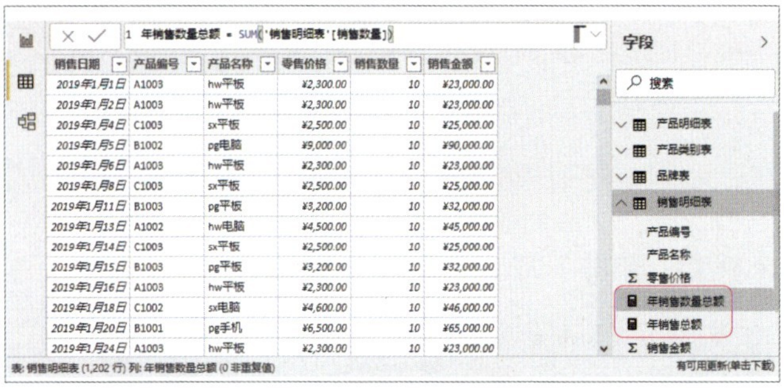

图 7-30

★重点 7.3.2 实战：新建列

通过Power BI Desktop的新建列功能，用户还可以使用报表中已经存在的列来创建新的列，具体操作步骤如下。

Step 01 打开"素材文件\第7章\销售统计表.pbix"，❶ 单击【数据】视图按钮，❷ 然后切换至"销售明细表"，❸ 在【建模】选项卡下的【计算】组中单击【新建列】按钮，如图7-31所示。

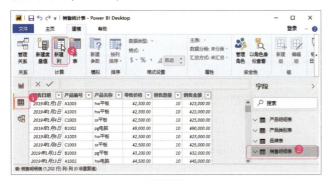

图 7-31

Step 02 ❶ 在公式编辑栏中输入新建的列名"销售等级"，然后在等号后输入函数IF及英文状态下的小括号和中括号，❷ 在自动打开的列表中双击"[销售金额]"，如图7-32所示。

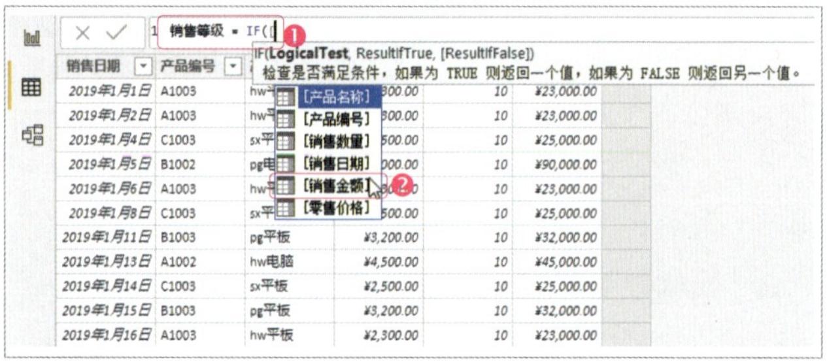

图 7-32

Step 03 在公式编辑栏中继续输入完整的公式"销售等级 =IF([销售金额] >=50000," 优 ",IF([销售金额] >=30000," 良 "," 差 "))"，如图7-33所示。

图 7-33

Step 04 按【Enter】键即可看到"销售明细表"的最后新建的一个列，这个列中的数据会自动根据销售金额的大小进行等级划分，如图7-34所示。

图 7-34

7.4 新建表

使用 Power BI Desktop 中的新表功能，不仅可以实现表的合并、连接、提取等操作，还可以实现空表的创建及生成日期表。

★重点 7.4.1 实战：合并表

在 Power BI Desktop 中使用新表功能可以合并两个或多个表，但前提是要合并的表的数据结构必须相同。这个功能相当于 Power Query 编辑器中的追加查询功能，具体操作步骤如下。

Step 01 打开"素材文件\第7章\员工信息表.pbix"，❶单击【数据】视图按钮，❷然后在【建模】选项卡下的【计算】组中单击【新表】按钮，如图7-35所示。

图 7-35

Step 02 新建的表即会出现在【字段】窗格中，此时该表中没有任何数据，需要用户在公式编辑栏中输入公式来作为新建表的数据，如图7-36所示。

图 7-36

Step 03 ❶在公式编辑栏中输入表名"员工信息总表"，在等号后输入函数的前几个字母"UNI"，❷在打开的列表中双击函数【UNION】，如图7-37所示。

图 7-37

Step 04 ❶输入英文状态下的"("，❷在自动打开的列表中双击要合并的表，如"'上海分公司'"，如图7-38所示。

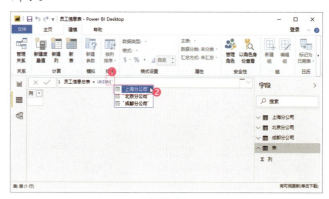

图 7-38

Step 05 ❶输入英文状态下的逗号和单引号，❷在自动打开的列表中双击"'北京分公司'"，如图7-39所示。

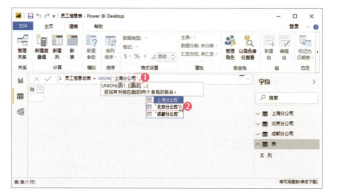

图 7-39

Step 06 ❶ 继续在公式编辑栏中输入英文状态下的逗号和单引号，❷ 在自动打开的列表中双击"'成都分公司'"，如图 7-40 所示。

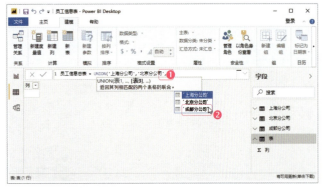

图 7-40

Step 07 ❶ 按【Enter】键即可在【字段】窗格中看到新建的表"员工信息总表"，❷ 该表中包含 3 个表的合并数据，如图 7-41 所示。

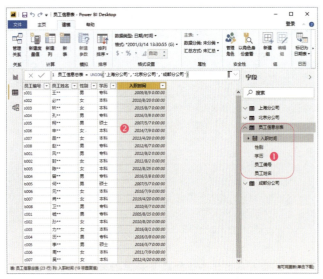

图 7-41

★重点 7.4.2 实战：连接表

在 Power BI Desktop 中使用新表功能还能让两个表根据某个共同列连接起来，这两个表之间的数据结构不必相同。要连接两个表，首先必须得为这两个表建立关系。这个功能相当于 Power Query 编辑器中的合并查询功能，具体操作步骤如下。

Step 01 打开"素材文件\第 7 章\连接表.pbix"，❶ 单击【模型】视图按钮，❷ 在【建模】选项卡下单击【管理关系】按钮，如图 7-42 所示。

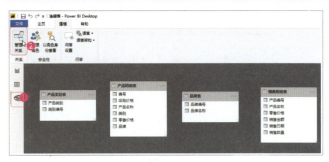

图 7-42

Step 02 弹出【管理关系】对话框，单击【新建】按钮，如图 7-43 所示。

图 7-43

Step 03 弹出【创建关系】对话框，❶ 设置要建立关系的表和列，以及【基数】和【交叉筛选器方向】参数，❷ 完成后单击【确定】按钮，如图 7-44 所示。

图 7-44

Step 04 ❶ 返回【管理关系】对话框即可看到建立的关系，❷ 单击【关闭】按钮，如图 7-45 所示。

图 7-45

Step 05 在模型视图中可看到建立关系的表与表之间被一条线连接起来了，如图 7-46 所示。建立关系后即可开始连接表操作。

图 7-46

Step 06 ❶ 单击【数据】视图按钮，❷ 在【建模】选项卡下单击【新表】按钮，如图 7-47 所示。

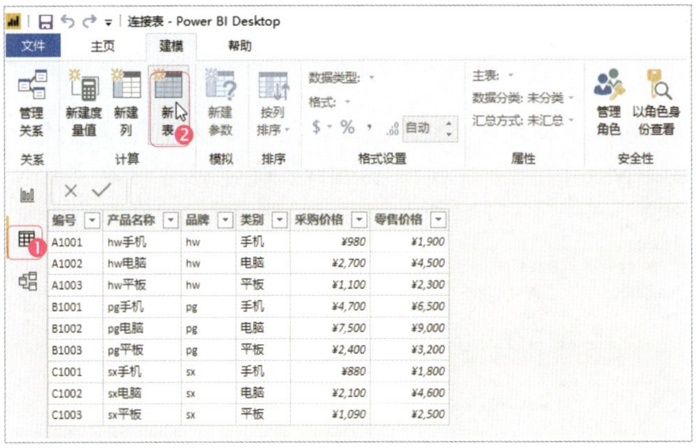

图 7-47

Step 07 ❶ 在公式编辑栏中输入表名和部分函数名，❷ 然后在自动打开的列表中双击函数【NATURALINNERJOIN】，如图 7-48 所示。

图 7-48

Step 08 ❶ 在英文状态下输入"('"，❷ 在打开的列表中双击"'产品明细表'"，如图 7-49 所示。

图 7-49

Step 09 ❶ 在英文状态下输入逗号和单引号，❷ 在打开的列表中双击"'品牌表'"，如图 7-50 所示。

图 7-50

Step 10 按【Enter】键即可看到"产品明细表"和"品牌表"连接后新建的表的数据效果，如图 7-51 所示。

图 7-51

★重点 7.4.3 实战：提取表

要根据已有的表数据提取一个列作为新表，也可以使用新表功能实现，具体操作步骤如下。

Step01 打开"素材文件\第7章\销售统计表.pbix"，❶单击【数据】视图按钮，❷在【建模】选项卡下单击【新表】按钮，如图7-52所示。

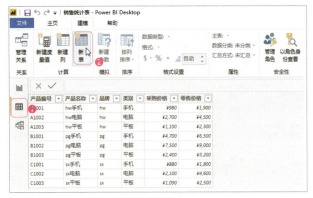

图 7-52

Step02 ❶在公式编辑栏中输入表名及"DIS"，❷然后在自动打开的列表中双击函数【DISTINCT】，如图7-53所示。

图 7-53

Step03 ❶输入英文状态下的"("，❷在自动打开的列表中双击"'产品明细表'[产品名称]"，如图7-54所示。

图 7-54

Step04 ❶在【字段】窗格中即可看到新建的名为"产品名称"的表，❷该表中只有一列数据，即"产品名称"，如图7-55所示。

图 7-55

★重点 7.4.4 实战：新增空表

当报表中有多个度量值时，为了方便管理，用户可以建立一个空白表来专门放置这些度量值，具体操作步骤如下。

Step01 打开"素材文件\第7章\新增空表.pbix"，❶单击【数据】视图按钮，❷在【建模】选项卡下单击【新表】按钮，如图7-56所示。

图 7-56

Step02 ❶在公式编辑栏中输入公式"表=ROW("度量值",BLANK())"，❷然后按【Enter】键即可看到建立的空白表，如图7-57所示。

图 7-57

Step 03 ❶ 在【字段】窗格中选中度量值"年销售数量总额",❷ 然后在【建模】选项卡下的【属性】组中单击【主表】按钮,❸ 在打开的列表中选择新建的空白表"表",如图 7-58 所示。

图 7-58

Step 04 应用相同的方法将度量值"年销售总额"移动到表"表"中,效果如图 7-59 所示。

图 7-59

★重点 7.4.5 实战：生成日期表

使用新表功能还可以创建日期表,具体操作步骤如下。

Step 01 打开"素材文件\第 7 章\销售统计表.pbix",❶ 单击【数据】视图按钮,❷ 在【建模】选项卡下单击【新表】按钮,如图 7-60 所示。

图 7-60

Step 02 在公式编辑栏中输入公式"日期表=ADDCOLUMNS(CALENDAR (DATE (2019,1,1), DATE (2019,12,31)),"年度", YEAR ([Date])," 月份 ", FORMAT ([Date], "MM")," 年月 ", FORMAT ([Date], "YYYY/MM")," 星期 ", WEEKDAY ([Date]) & "-" & FORMAT ([Date], "ddd")," 季度 ","Q" & FORMAT ([Date], "Q")," 年份季度 ", FORMAT ([Date], "YYYY") & "/Q" & FORMAT ([Date], "Q"))"。由于公式较长,为了便于理解和浏览,用户可以使用【Alt+Enter】组合键在合适的位置换行,如图 7-61 所示。

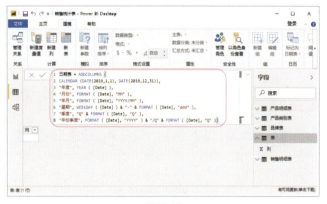

图 7-61

> **技术看板**
>
> 上一步骤中的公式看起来很难,其实拆分后很容易理解。CALENDAR 函数用于生成一个包含连续日期数据的表。DATE 函数用于将括号里的参数转化为一个日期。YEAR 函数用于从日期数据中提取年份。FORMAT 函数用于将日期数据转换为指定格式。ADDCOLUMNS 函数用于返回一个日期表。

Step 03 按【Enter】键即可看到创建的日期表的效果。在该表中,用户可以查看从 2019 年 1 月 1 日起,到 2019 年 12 月 31 日结束的日期数据,如图 7-62 所示。

图 7-62

Power BI 商业数据分析 完全自学教程

Step04 创建的日期数据在首行显示的不是 2019/1/1，❶ 因此单击"Date"列右侧的下拉按钮，❷ 在打开的下拉列表中选择【以升序排序】选项，如图 7-63 所示。

Step05 表中的数据顺序即会从 2019 年 1 月 1 日起，至 2019 年 12 月 31 日结束，如图 7-64 所示。

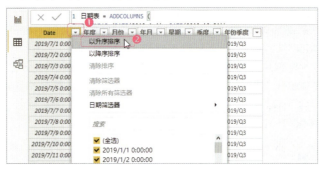

图 7-63

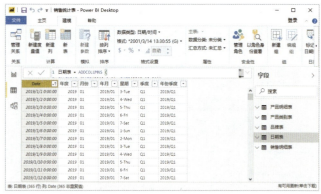

图 7-64

妙招技法

通过对本章知识的学习，相信读者朋友已经掌握了 Power BI 中与数据建模有关的技巧。下面结合本章内容，介绍一些实用技巧。

技巧 01：从模型中删除数据块

要删除 Power BI Desktop 中的数据块，可以通过以下方法实现。

Step01 打开"素材文件\第 7 章\销售统计表 1.pbix"，❶ 在模型视图中右击要删除的数据块，如"品牌表"所代表的数据块，❷ 在弹出的快捷菜单中选择【从模型中删除】命令，如图 7-65 所示。

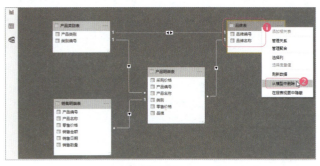

图 7-65

Step02 弹出【删除表】对话框，提示用户是否确定要删除，单击【删除】按钮即可，如图 7-66 所示。

图 7-66

Step03 即可看到模型视图中"品牌表"数据块被删除了，如图 7-67 所示。需要注意的是，数据块被删除后，报表中该表的数据也会被删除。

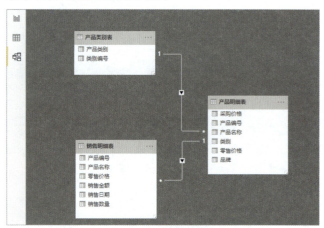

图 7-67

技巧 02：在报表视图中隐藏数据块

如果只是想隐藏 Power BI Desktop 中的数据块，则可以通过下面的方法实现。

Step01 打开"素材文件\第 7 章\销售统计表 1.pbix"，❶ 右击要隐藏的数据块，❷ 在弹出的快捷菜单中选择【在报表视图中隐藏】命令，如图 7-68 所示。

第3篇 数据分析篇

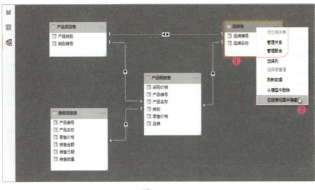

图 7-68　　　　　　　　　　　　　　　　图 7-69

Step 02 隐藏后的数据块呈灰色，如图 7-69 所示。

过关练习——为统计表中无关系的表建立关系

介绍了 Power BI Desktop 中的数据建模方法及值、列和表的建立方法后，为了帮助读者巩固所学的知识，并加深读者对这些方法的理解，我们将通过本节的过关练习对本章知识点进行回顾和延伸。

Step 01 打开"素材文件\第 7 章\统计表 .pbix"，单击【模型】视图按钮，可看到"产品明细表"和"销售明细表"之间无建立关系的列，如图 7-70 所示。

图 7-70

Step 02 ❶ 单击【数据】视图按钮，❷ 然后切换至"产品明细表"，❸ 在【建模】选项卡下的【计算】组中单击【新建列】按钮，如图 7-71 所示。

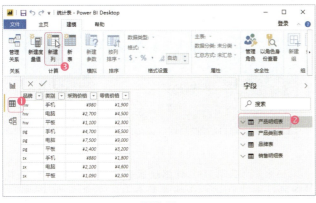

图 7-71

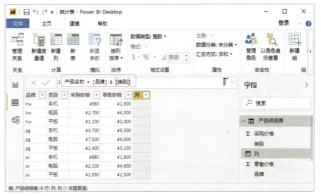

图 7-72

Step 04 ❶ 按【Enter】键即可看到"产品明细表"中新建的"产品名称"列，❷ 然后在【建模】选项卡下单击【管理关系】按钮，如图 7-73 所示。

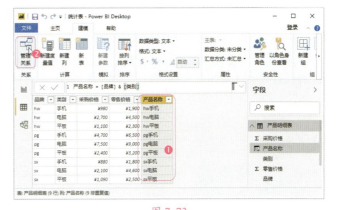

Step 03 在公式编辑栏中输入公式"产品名称 = [品牌] & [类别]"，如图 7-72 所示。

图 7-73

109

Step 05 弹出【管理关系】对话框，单击【新建】按钮，如图 7-74 所示。

图 7-74

Step 06 弹出【创建关系】对话框，❶ 设置表和列，以及【基数】和【交叉筛选器方向】参数，❷ 然后单击【确定】按钮，如图 7-75 所示。

图 7-75

Step 07 ❶ 返回【管理关系】对话框即可看到新建的关系，❷ 确认后单击【关闭】按钮，如图 7-76 所示。

图 7-76

Step 08 此时"产品明细表"和"销售明细表"之间被一条线连接起来了，将鼠标指针移动到关系线上，可看到连接表的列为"产品名称"，如图 7-77 所示。

图 7-77

Step 09 如果要移动数据块，则将鼠标指针移动到对应数据块上，然后按住鼠标左键并拖曳即可，如图 7-78 所示。

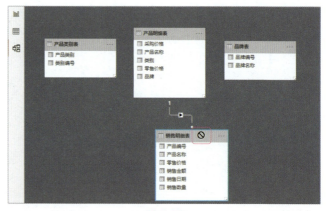

图 7-78

Step 10 ❶ 在"品牌表"数据块上右击，❷ 在弹出的快捷菜单中选择【从模型中删除】命令，如图 7-79 所示。

图 7-79

图 7-80

Step11 弹出【删除表】对话框,确定删除则单击【删除】按钮,如图 7-80 所示。

Step12 返回模型视图,应用相同的方法删除"产品类别表"数据块,然后移动"销售明细表"数据块至合适位置,得到如图 7-81 所示的效果。

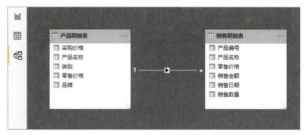

图 7-81

本章小结

通过对本章知识的学习,相信读者朋友已经掌握了 Power BI 中数据建模的相关功能,如自动和手动建立数据关系、对关系进行编辑等操作。如果报表中的值、列和表不符合实际的工作需求,读者朋友还可以通过新建度量值、新建列和新建表功能在报表中创建模型需要的值、列和表。此外,读者朋友还可以在本章的妙招技法里,学习关于数据建模的一些技巧。最后,为了加深读者朋友对本章知识点的理解和掌握,笔者将本章主要的知识点应用到了过关练习的一个案例中。

第8章 DAX 语言入门

- 如何通过报表中已有的数据生成新的信息？
- 要跨多个产品类别分析销售数据，该怎么办？
- 要针对不同日期范围分析关键的销售数据，该怎么办？
- 要组合来自不同数据源的若干表中的重要库存数据，该怎么操作？
- 获得所需的信息后，是否可以解决影响利润的实际业务问题？

前文中介绍过 Power BI 中的一种语言——M 语言，该语言主要用于数据的高级处理。本章将介绍 Power BI 中的另一种重要的、用于数据分析的语言——DAX 语言。

8.1 DAX 语言基础

本节将主要从 DAX 语言的含义、语法结构、编辑时的技巧、编辑时的常见问题及分类这几个方面介绍 DAX 语言，为后文介绍并使用该语言中包含的多个函数做准备。

8.1.1 认识 DAX 语言

DAX 是 Data Analysis Expressions 的缩写，意思是"数据分析表达式"，是 Power BI 中专门用于分析数据的公式语言，能够帮助用户充分利用数据来创建新的信息或关系，常用于解决实际的商业智能问题。

DAX 语言中包含多个函数，这些函数与运算符、常量等组成了 DAX 公式。大多数用户在使用 DAX 函数时，很容易将其与 Excel 函数混淆。虽然这两种函数有很多相似之处，但是 DAX 函数引用的始终是完整的列或表，而 Excel 函数可以引用单元格或单元格区域。另外，大多数 DAX 函数返回的结果是表，而不是像 Excel 函数一样返回值。

★重点 8.1.2 DAX 公式的语法结构

Excel 中的公式是由运算符、函数、常量等组成的，DAX 公式也一样。在使用 DAX 函数解决报表问题前，我们需要了解 DAX 公式的语法结构。如下所示为 Power BI 中一个比较简单的 DAX 公式，该公式使用了 CALCULATE 函数来引用报表中的度量值和列。

产品金额 =CALCULATE([销售金额],
'销售明细表'[品牌类别]="hw")

公式中第一个等号左边为计算结果的字段名称，这个名称是用户自定义的，而且该计算字段既可以是度量值，也可以是计算出的列。第一个等号右边为公式引用的函数，括号里为函数的参数，每个参数由英文逗号隔开。第一个参数是"[销售金额]"，这里使用中括号将该参数包含起来，表示该参数引用的是一个度量值或表中的列字段。逗号后的"'销售明细表'[品牌类别]="hw""为该函数的第二个参数，参数中的"品牌类别"表示要引用的列名称，单引号里的"销售明细表"表示引用的"品牌类别"列的表名称。也就是说，这个参数引用了"销售明细表"中"品牌类别"列中值为"hw"的数据。

上面的公式是根据 CALCULATE 函数的语法和参数含义来编辑的，不同的函数有不同的含义和参数，编辑的公式也有区别。这里只是以该函数为例来介绍 DAX 公式的语法结构。

★重点 8.1.3 DAX 公式的编辑技巧

前文只是介绍了一个简单的 DAX 公式的语法结构，在实际工作中，我们会遇到各种类别的函数及由多个函数组成的组合公式，这时函数的公式可能会很长，不仅不便于浏览，还不便于用户理解。例如，如下所示的公式就很长，层次也比较复杂，当用户在公式编辑栏中直接输入时，很难理解该公式最终想实现什么样的效果。

```
日期表 = ADDCOLUMNS(CALENDAR (DATE (2019,1,1), DATE (2019,12,31)),"年度", YEAR ( [Date] ),"月份", FORMAT ( [Date], "MM" ),"年月", FORMAT ( [Date], "YYYY/MM" ),"星期", WEEKDAY ( [Date] ) & "-" & FORMAT ( [Date], "ddd" ),"季度","Q" & FORMAT ( [Date], "Q" ),"年份季度", FORMAT ( [Date], "YYYY" ) & "/Q" & FORMAT ( [Date], "Q" ))
```

此时我们可以对该公式进行调整，如适当地换行和缩进，使公式中的多个函数有层次，从而方便我们清晰地查看各个函数的参数，如下所示。

```
日期表 =
ADDCOLUMNS (
    CALENDAR (
        DATE(2019,1,1),
        DATE(2019,12,31)
    ),
    "年度", YEAR ( [Date] ),
    "月份", FORMAT ( [Date], "MM" ),
    "年月", FORMAT ( [Date], "YYYY/MM" ),
    "星期", WEEKDAY ( [Date] ) & "-"
    & FORMAT ( [Date], "ddd" ),
    "季度", "Q" & FORMAT ( [Date], "Q" ),
    "年份季度", FORMAT ( [Date], "YYYY" )
    & "/Q" & FORMAT ( [Date], "Q" )
)
```

这样就比较容易理解这个长公式了。换行和缩进并不会对公式的计算结果产生影响，用户无须担心。在公式编辑栏中使用【Shift+Enter】组合键可以实现换行并自动缩进，使用【Alt+Enter】组合键则可以实现换行后不缩进，用户根据自己的需求选择换行方式即可。

★重点 8.1.4 编辑 DAX 公式时的常见错误

初学者在编辑 DAX 公式的过程中，经常会出现两种错误，一种是公式书写错误，一种是公式中函数参数使用错误。下面介绍这两种错误的产生原因和更正方法。

1. DAX 公式书写错误

在编辑 DAX 公式时，最容易出现的错误就是书写错误。出现这类错误，通常是因为公式中的括号、逗号和单引号不是在英文状态下输入的，或者公式中的括号、单引号和双引号不成对。此外，当缺少必要的符号时，也会出现公式错误。如图 8-1 所示，公式中出现了红色的波浪线，表示公式中存在错误，且公式的最下方提示了出错原因。

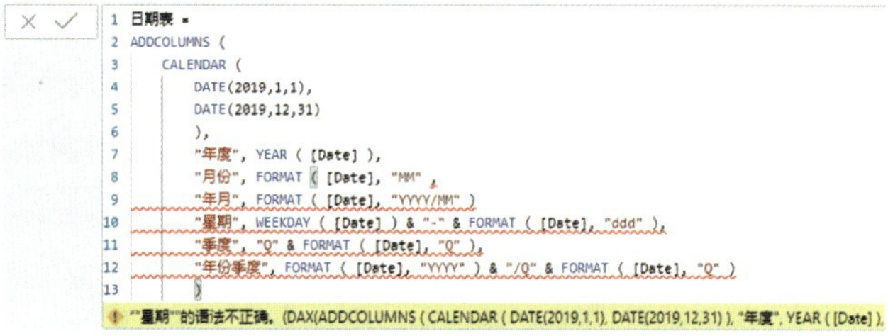

图 8-1

检查发现，公式的第 8 行缺少必要的括号，第 9 行缺少逗号。更正以上错误后，会得到一个正确的公式，如图 8-2 所示。

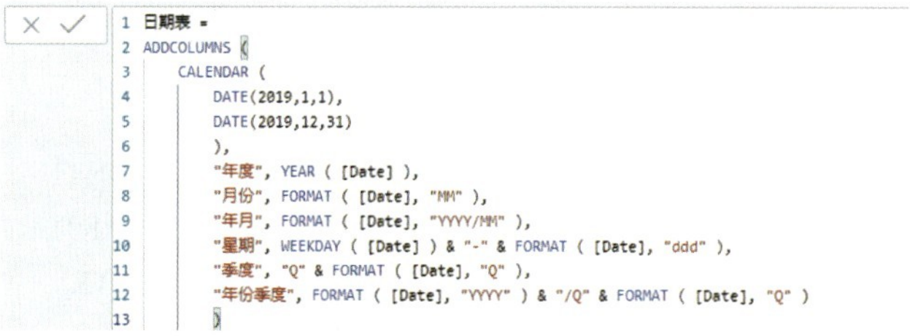

图 8-2

2. DAX 函数参数使用错误

图 8-1 所示的公式的问题很容易更正，而且只要用户熟练使用 DAX 公式，这类问题都可以避免。在实际使用 DAX 函数解决问题的过程中，还有一种错误很难被发现，即 DAX 函数的参数使用不正确。

在 DAX 函数中，参数可以是列，也可以是表，但是当函数的参数应该是一个列，却使用了一个表时，就会对公式的运行结果产生影响，或者会在公式编辑栏下反复提示公式有误。如果检查确认不是 DAX 公式的书写错误，就要查看该函数对参数的要求了。

8.1.5 DAX 函数的分类

DAX 语言中有上百个函数，使用这些函数可以满足几乎所有的数据分析需求。为了方便用户使用，Power BI 根据函数的不同功能，将这些函数分成了几大类，如日期和时间函数、统计函数、筛选器函数等。

DAX 函数的类别、说明及常用的函数如表 8-1 所示。

表 8-1 各类别的常用 DAX 函数介绍

类别	说明	函数
日期和时间函数	这类函数有助于创建基于日期和时间的计算。DAX 函数中的很多日期和时间函数都与 Excel 中的日期和时间函数类似。不过 DAX 函数引用日期或时间数据时，可以将列中的值用作参数	CALENDAR DATE DATEDIFF DATEVALUE DAY HOUR MINUTE MONTH NOW QUARTER SECOND TIME TIMEVALUE TODAY WEEKDAY WEEKNUM YEAR
时间智能函数	这类函数通过使用时间段，包括日、月、季度和年，使用户能够对数据进行操作，然后生成和比较针对这些时段的计算	COLSINGBALANCEMONTH COLSINGBALANCEQUARTER CLOSINGBALANCEYEAR DATEADD DATESMTD DATESQTD DATESYTD ENDOFQUARTER ENDOFYEAR FIRSTDATE FIRSTNONBLANK LASTDATE LASTNONBLANK NEXTDAY NEXTMONTH NEXTQUARTER NEXTYEAR PREVIOUSYEAR STARTOFMONTH TOTALMTD TOTALQTD TOTALYTD

续表

类别	说明	函数
筛选器函数	DAX 函数中的筛选器函数是最复杂且功能强大的函数，并且与 Excel 函数有很大不同。这类函数用于返回特定的数据类型，在相关表中查找值，然后按相关值进行筛选	ALL ALLEXCEPT ALLNOBLANKROW ALLSELECTED CALCULATE CALCULATETABLE CROSSFILTER DISTINCT EARLIER EARLIEST FILTER FILTERS HASONEFILTER HASONEVALUE ISFILTERED RELATED RELATEDTABLE REMOVEFILTERS SELECTEDVALUE VALUES
信息函数	这类函数用于查看作为参数提供的单元格或行，并告诉用户此值是否与预期类型匹配	CONTAINS CUSTOMDATA ISBLANK ISERROR ISEVEN ISINSCOPE ISLOGICAL ISNONTEXT ISNUMBER ISTEXT LOOKUPVALUE USERNAME
逻辑函数	这类函数对表达式有效，用于返回表达式中值或集的信息。例如，用户可以使用 IF 函数检查表达式的结果并生成条件结果	AND COALESCE FALSE IF IFERROR NOT OR SWITCH TRUE

续表

类别	说明	函数
数学和三角函数	这类函数类似于Excel中的数学和三角函数	ABS ACOT ASIN ATAN CEILING COMBIN COS CURRENCY DIVIDE EVEN FACT FLOOR INT LOG MROUND POWER PRODUCT PRODUCTX RAND ROUND SUM SUMX
父函数和子函数	这类函数用于管理以父/子层次结构显示的数据	PATH PATHCONTAINS PATHITEM PATHITEMREVERSE PATHLENGTH
统计函数	这类函数提供了许多用于创建聚合（如求和、计数和平均值）的函数	ADDCOLUMNS AVERAGE AVERAGEA AVERAGEX COUNT COUNTA COUNTAX COUNTBLANK COUNTROWS COUNTX MAX MAXA MAXX

续表

类别	说明	函数
统计函数	这类函数提供了许多用于创建聚合（如求和、计数和平均值）的函数	MIN MINA MINX RANK.EQ RANKX ROW SAMPLE SUMMARIZE TOPN
文本函数	这类函数可以返回字符串的一部分、搜索字符串中的文本或连接字符串值	BLANK CODE CONCATENATE EXACT FIND FIXED FORMAT LEFT LEN LOWER MID REPLACE RIGHT SEARCH SUBSTITUTE TRIM UNICHAR UNICODE UPPER VALUE
其他函数	这类函数用于执行上面介绍的多类函数无法实现的操作	DATATABLE ERROR EXCEPT GROUPBY NATURALINNERJOIN SELECTMEASURE SUMMARIZECOLUMNS TREATAS UNION

8.2 数学和三角函数

数学和三角函数是 Power BI 中最简单也是最常用的函数，与 Excel 中的数学和三角函数虽然有一些差异，但是功能大同小异。本节将介绍 Power BI 中几个常用的数学和三角函数，如 SUM 函数、SUMX 函数和 DIVIDE 函数。

★重点 8.2.1 实战：SUM 函数和 SUMX 函数

SUM 函数和 SUMX 函数是 Power BI 中常用的数学和三角函数。其中 SUM 函数用于将指定的单个列中的所有值相加；而 SUMX 函数则用于对列进行逐行求和，该函数具有逐行工作的能力，既可以在单个列上运行，也可以在多个列上运行。这两个函数的语法如下：

```
SUM(<column>)
SUMX(<table>,<expression>)
```

其中，SUMX 函数中的参数 table 是要进行运算的表，参数 expression 是对表中每一行进行运算的表达式。

这两个函数可以用于新建相同的度量值，下面介绍这两个函数的使用方法。

Step 01 打开"素材文件\第 8 章\销售统计表.pbix"，先使用 SUMX 函数计算销售金额。❶在数据视图中切换至"销售明细表"，❷在【建模】选项卡下单击【新建度量值】按钮，如图 8-3 所示。

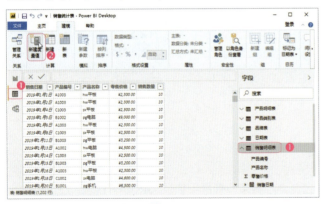

图 8-3

Step 02 在公式编辑栏中输入公式"销售金额 1' = SUMX('销售明细表',[销售数量]*[零售价格])"，如图 8-4 所示。

Step 03 ❶按【Enter】键即可看到创建的度量值"销售金额 1"。然后使用 SUM 函数，❷在【建模】选项卡下单击【新建列】按钮，如图 8-5 所示。

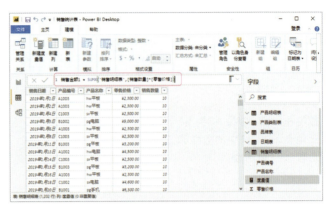

图 8-4

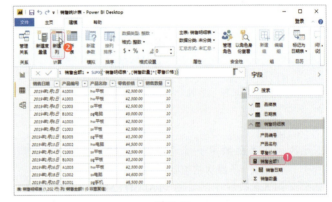

图 8-5

Step 04 ❶在公式编辑栏中输入公式"销售金额 = [销售数量]*[零售价格]"，❷按【Enter】键即可看到新建的列"销售金额"，如图 8-6 所示。

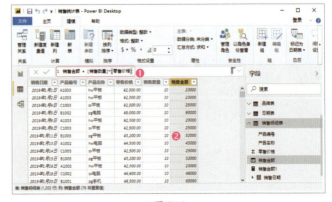

图 8-6

Step 05 ❶ 再次启动【新建度量值】功能，❷ 在公式编辑栏中输入公式"销售金额 2 = SUM('销售明细表'[销售金额])"，❸ 按【Enter】键即可看到新建的度量值"销售金额 2"，如图 8-7 所示。

图 8-7

Step 06 使用以上方法新建度量值，是看不出来这两个函数的具体区别的，此时需要在报表视图中创建表来查看这两个度量值的区别。❶ 在【可视化】窗格中选择【表】对象，❷ 然后在【字段】窗格中的"销售明细表"中选中"产品名称""销售金额 1"和"销售金额 2"复选框，如图 8-8 所示。

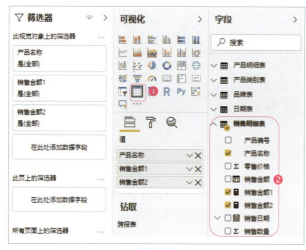

图 8-8

Step 07 可以得到如图 8-9 所示的效果。

通过该表可以发现，通过 SUMX 函数和 SUM 函数创建的度量值的计算结果没有差别。但是对比使用 SUMX 函数创建的度量值"销售金额 1"和使用 SUM 函数创建的度量值"销售金额 2"，在创建度量值的步骤上，SUM 函数会更复杂一些。因为通过 SUM 函数创建度量值时需要先新建列，再创建度量值；而通过 SUMX 函数

数则可以直接创建度量值。因此，当需要求和时，使用 SUMX 函数更加方便。

产品名称	销售金额1	销售金额2
hw电脑	9783000	9783000
hw平板	6099600	6099600
hw手机	4998900	4998900
pg电脑	20025000	20025000
pg平板	8880000	8880000
pg手机	16926000	16926000
sx电脑	10120000	10120000
sx平板	6680000	6680000
sx手机	4689000	4689000
总计	88201500	88201500

图 8-9

8.2.2 实战：DIVIDE 函数

我们在工作中经常需要计算任务量的完成度、销售占比等数据，此时可以使用 Power BI 中的 DIVIDE 函数来实现除法计算。该函数也叫安全除法函数，可以在分母为 0 时预防出现报错信息。DIVIDE 函数的语法如下：

```
DIVIDE(<numerator>,<denomimator>
[,<alternateresult>])
```

其中，参数 numerator 为被除数，是必须参数；参数 denomimator 是除数，也是必须参数；参数 alternateresult 为可选参数，是备用值，当除数为 0 导致计算错误时就会返回这个参数值，如果没有这个参数，则表示在计算错误时以空白值代替。

下面介绍这个函数在工作中的使用方法。

Step 01 打开"素材文件\第 8 章\销售表 .pbix"，❶ 在数据视图中单击【建模】选项卡下的【新建列】按钮，如图 8-10 所示。

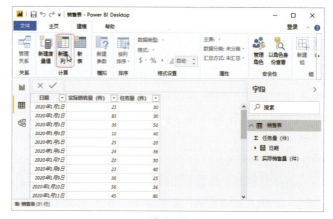

图 8-10

Step 02 ❶ 在公式编辑栏中输入公式"任务量完成度 = DIVIDE(' 销售表 '[实际销售量（件）],' 销售表 '[任务量（件）])"，❷ 按【Enter】键即可得到实际销售量与任务量的比例情况，如图 8-11 所示。

根据新建的列数据可以发现，本例中 DIVIDE 函数的功能相当于"任务量完成度 = ' 销售表 '[实际销售量（件）]/' 销售表 '[任务量（件）]"。但是如果任务量（列）中的某个数据为 0，也就是某个分母为 0，直接通过公式"任务量完成度 = ' 销售表 '[实际销售量（件）]/' 销售表 '[任务量（件）]"计算出的任务量完成度就会报错，但是使用 DIVIDE 函数计算则不会报错，这也是 DIVIDE 函数的优势。

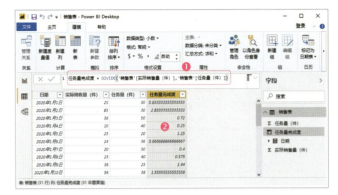

图 8-11

8.3 统计函数

统计函数也是 Power BI 中比较常用的一类函数，本节将对这类函数中的 TOPN 函数和 SUMMARIZE 函数的使用方法进行详细介绍。

★重点 8.3.1 实战：TOPN 函数

在使用 Power BI 时，用户经常需要按照一定要求对数据进行排序，然后根据排序结果获取前 n 个数据。例如，求总成绩排名前 10 的学生，计算销量最多的 3 个产品等。此时就可以使用 TOPN 函数来实现。但需要注意的是，TOPN 函数返回的是表，不能直接用来创建度量值，而是常常作为其他函数的参数间接地创建度量值。另外，如果第 n 名有多个相等值，最终返回的结果可能不止 n 行。TOPN 函数的语法如下：

```
TOPN(<n_value>,<table>,<orderBy_expression>,[<order>[,<orderBy_expression>,[<order>]]…])
```

其中，参数 n_value 为要返回的行数，也就是要获取前多少个数据，即 n 值。这个参数可以是一个数字，也可以是一个返回单一数字的表达式。参数 table 用于指定从哪个表中获取前 n 个数据。参数 orderBy_expression 为排序的依据。参数 order 为要排序的类型，是一个可选参数，如果为 0 或省略，则降序排序；如果为 1，则升序排序。

下面介绍这个函数在工作中的使用方法。

Step 01 打开"素材文件\第 8 章\销售统计表 1.pbix"，❶ 切换至数据视图，❷ 在【建模】选项卡下单击【新建度量值】按钮，如图 8-12 所示。

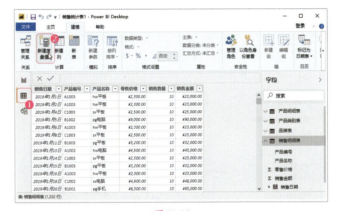

图 8-12

Step 02 在公式编辑栏中输入公式"销售总额 = SUM(' 销售明细表 '[销售金额])"，按【Enter】键即可完成度量值"销售总额"的创建，如图 8-13 所示。此处创建的度量值是为后期度量值的创建做准备的。

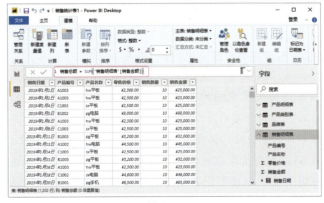

图 8-13

Step 03 ❶ 在【建模】选项卡下再次单击【新建度量值】，❷ 然后在公式编辑栏中输入公式"前 3 名的销售总额 = CALCULATE([销售总额],TOPN(3,ALL(' 销售明细表 '),[销售总额]))"，❸ 按【Enter】键即可看到创建的度量值"前 3 名的销售总额"，如图 8-14 所示。

此处不仅用到了 TOPN 函数，还用到了 CALCULATE 函数和 ALL 函数，这是因为单独使用 TOPN 函数的意义不大。关于 CALCULATE 函数和 ALL 函数，将在第 9 章中进行详细介绍，此处只需要了解用法即可。

图 8-16

图 8-14

Step 04 切换至报表视图，❶ 在【可视化】窗格中选择【表】对象，❷ 然后在【字段】窗格中的"销售明细表"中选中"产品名称""前 3 名的销售总额"和"销售总额"复选框，如图 8-15 所示。

Step 06 ❶ 在数据视图中再次启动【新建度量值】功能，❷ 然后在公式编辑栏中输入公式"前 3 名的销售总额占比 = DIVIDE([前 3 名的销售总额],CALCULATE([销售总额],ALL(' 销售明细表 '[产品名称])))"，❸ 按【Enter】键完成"前 3 名的销售总额占比"度量值的创建，如图 8-17 所示。

图 8-17

Step 07 切换至报表视图，❶ 在【可视化】窗格中选择【折线图】对象，❷ 然后在【字段】窗格中的"销售明细表"中选中"前 3 名的销售总额占比"和"销售日期"复选框，如图 8-18 所示。

图 8-15

Step 05 可以得到如图 8-16 所示的表效果。通过该表可以发现，"前 3 名的销售总额"列中的数据是相同的，对于本案例意义不大。此时为了让创建的度量值变得有价值，可以创建一个新的度量值。

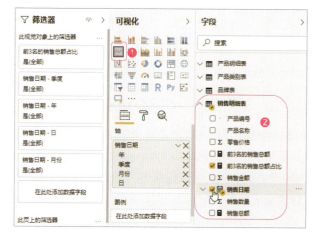

图 8-18

Step 08 切换至【可视化】窗格的【字段】选项卡，在【轴】列表框中单击【年】【季度】和【日】后的删除按钮，如图8-19所示。此处只保留【月份】，以在制作的折线图中查看各月份前3名的产品的销售总额占比情况。

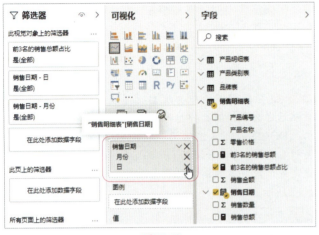

图 8-19

Step 09 从创建的折线图中可以发现，4月和11月的前3名的产品的销售总额占比会较高一些，其他月份相对平稳，如图8-20所示。至于为什么前3名的产品的销售总额占比会在这两个月份高一些，就需要工作人员自己去分析了。

图 8-20

从本案例中可以发现，TOPN函数只有和其他函数结合使用才能发挥作用，该函数在数据中单独使用的意义不大，不能体现它的作用。如果读者觉得本案例中的公式较长且较为复杂，难以理解，可以在熟练掌握第9章中的函数后再来了解本小节中的TOPN函数。

★重点 8.3.2 实战：SUMMARIZE 函数

SUMMARIZE 函数功能非常强大，可以用于新建表，更常用于在度量值中作为中间表，对数据进行分组汇总，然后对汇总后的数据进行分析。SUMMARIZE 函数的语法如下：

SUMMARIZE(<table>,<groupBy_columnName>[,<groupBy_columnName>]…[,<name>,<expression>]…)

其中，参数 table 是要进行汇总的表；参数 groupBy_columnName 是一个可选参数，为要提取不重复数据的列；参数 name 是汇总后的列名；参数 expression 是汇总的表达式。该语法中还可以有更多的参数，功能和类型与第3、4个参数类似，用于同时返回多个汇总值。

下面介绍这个函数在工作中的使用方法。

Step 01 打开"素材文件\第8章\销售明细表.pbix"，❶切换至数据视图，❷然后在【建模】选项卡下单击【新表】按钮，如图8-21所示。

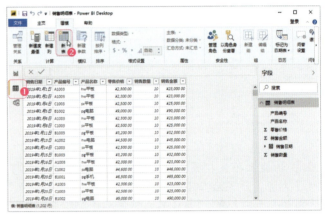

图 8-21

Step 02 ❶在公式编辑栏中输入公式"表 = SUMMARIZE('销售明细表','销售明细表'[产品名称])"，❷按【Enter】键即可看到新建的表中提取出的不重复的产品名称，如图8-22所示。

图 8-22

Step 03 如果要同时提取不重复的产品名称和产品编号，❶则再次启动【新表】功能，❷然后在公式编辑栏中输入公式"表 2 = SUMMARIZE('销售明细表','销售明细表'[产品名称],'销售明细表'[产品编号])",❸按【Enter】键即可看到提取出的数据表效果,如图 8-23 所示。

图 8-23

Step 04 如果想要计算出各个产品和编号对应的销售金额合计值,❶则再次启动【新表】功能,❷然后在公式编辑栏中输入公式"表 3 = SUMMARIZE('销售明细表',

'销售明细表'[产品名称],'销售明细表'[产品编号],"销售金额合计值",SUM('销售明细表'[销售金额]))",❸按【Enter】键即可看到计算出销售金额合计值的效果,如图 8-24 所示。在计算合计值时,公式中的第 4 个参数为合计列的列名,这个列名必须被双引号引起来,需注意这里不能是单引号。

图 8-24

妙招技法

通过对本章知识的学习,相信读者朋友已经掌握了 Power BI 中一些简单函数的使用方法。下面将介绍一些其他函数的使用方法。

技巧 01:使用 ADDCOLUMNS 函数汇总数据

ADDCOLUMNS 函数可以将计算列添加到给定的表或表的表达式中。这个函数通常与其他函数结合使用,为表添加计算列或汇总数据。该函数的具体使用方法如下。

Step 01 打开"素材文件\第 8 章\销售明细表.pbix",❶切换至数据视图,❷然后在【建模】选项卡下单击【新建度量值】按钮,如图 8-25 所示。

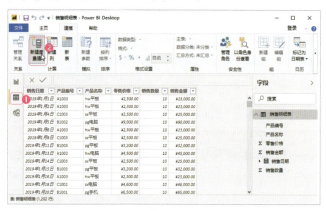

图 8-25

Step 02 ❶在公式编辑栏中输入公式"总销量 = SUM('销售明细表'[销售数量])",❷按【Enter】键即可看到创建的度量值"总销量",如图 8-26 所示。

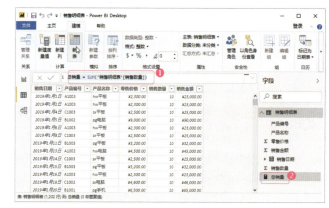

图 8-26

Step 03 ❶在【建模】选项卡下单击【新表】按钮,❷然后在公式编辑栏中输入公式"各产品销量 = ADDCOLUMNS (ALL('销售明细表'[产品名称]),"销量",[总销量])",❸按【Enter】键即可看到新建的表,该表中显示了各

121

个产品整年的销量情况，如图8-27所示。

图 8-27

图 8-28

技巧 02：使用 SELECTCOLUMNS 函数汇总数据

SELECTCOLUMNS 函数用于将计算列添加到空白表中。这个函数通常也是与其他函数结合使用，为表添加计算列或汇总数据。计算产品的销量时，除了可以使用上例中的 ADDCOLUMNS 函数外，还可以使用 SELECTCOLUMNS 函数，具体使用方法如下。

Step 01 打开"素材文件\第8章\销售明细表.pbix"，❶切换至数据视图，❷然后在【建模】选项卡下单击【新表】按钮，如图8-28所示。

Step 02 ❶在公式编辑栏中输入公式"表 = DISTINCT(SELECTCOLUMNS('销售明细表',"产品名称",'销售明细表'[产品名称],"销量",CALCULATE(SUM('销售明细表'[销售数量]),ALLEXCEPT('销售明细表','销售明细表'[产品名称]))))"，❷按【Enter】键即可得到一个新表，且该表中显示了各个产品的销量，如图8-29所示。可以发现，该表中的数据与技巧01中新建的表中的数据相同。

图 8-29

过关练习——查看服装的销售金额排名

介绍了 Power BI 中一些简单的函数后，为了让读者掌握更多的函数，我们将在本节的过关练习中介绍 RANKX 函数，并对服装的销售金额排名情况进行查看。

Step 01 打开"素材文件\第8章\服装销售表.pbix"，❶切换至数据视图，❷在【建模】选项卡下单击【新建度量值】按钮，如图8-30所示。

Step 02 ❶在公式编辑栏中输入公式"销售总量 = SUM('产品表'[销售价])*SUM('销售明细'[销售数量])"，❷按【Enter】键即可完成"销售总量"度量值的创建，如图8-31所示。

图 8-30

图 8-31

Step 03 切换至报表视图，❶ 在【可视化】窗格中选择【表】对象，❷ 然后在【字段】窗格中选中"商品分类""商品名称"和"销售总量"复选框，如图 8-32 所示。

图 8-32

Step 04 得到的表的效果如图 8-33 所示，通过该表可以查看各个商品的销售总量。

商品分类	商品名称	销售总量
服饰配件	单肩包	607959
服饰配件	领带	552690
服饰配件	领结	515844
服饰配件	墨镜	276345
服饰配件	小饰品	153525
服饰配件	腰带	368460
服装	衬衫	773766
服装	吊带	153525
服装	风衣	1351020
服装	皮夹克	221076
服装	西服	2210760
服装	西裤	2118645
服装	罩衣	343896
婴儿类	宝宝服	368460
婴儿类	开裆裤	221076
婴儿类	老虎帽	178089
婴儿类	奶粉	1584378
婴儿类	奶瓶	675510
婴儿类	腰凳	478998
婴儿类	婴儿半袖	276345
婴儿类	婴儿裤	276345
婴儿类	纸尿裤	736920
总计		14443632

图 8-33

Step 05 要了解各个产品的绝对排名，❶ 则再次启动【新建度量值】功能，❷ 在公式编辑栏中输入公式"绝对排名 = RANKX(ALL(' 产品表 '),[销售总量])"，❸ 按【Enter】键完成"绝对排名"度量值的创建，如图 8-34 所示。

图 8-34

技术看板

RANKX 函数常用于对某些指标进行排名。该函数的语法格式如下。

RANKX(＜table＞,＜expression＞[,＜value＞[,＜order＞[,＜ties＞]]])

参数 table 可以直接为一个表，也可以是函数生成的表。参数 expression 可以是一个表达式，也可以是一个编写好的度量值。参数 value 与参数 expression 值相同，是一个可选参数，通常为空。参数 order 也是一个可选参数，定义如何对参数 value 排名，如果为 0 或省略，则按降序排名；如果为1，则按升序排名。参数ties定义如何在出现等同值时确定排名，也是一个可选参数。ties参数有两个选项：当参数为Skip时，表示相同排名按照个数增加，也就是下一排名等于上一排名加上相同排名的个数；当参数为Dense时，则表示相同排名不计个数，下一排名等于上一排名加1。

Step06 切换至报表视图，❶在【可视化】窗格中选择【表】对象，❷在【字段】窗格中选中"绝对排名"度量值前的复选框，如图8-35所示。

此处不做赘述。

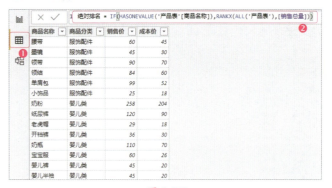

图 8-37

Step09 切换至报表视图，可看到创建的【表】对象中，"总计"行中的排名"1"被删除了，如图8-38所示。

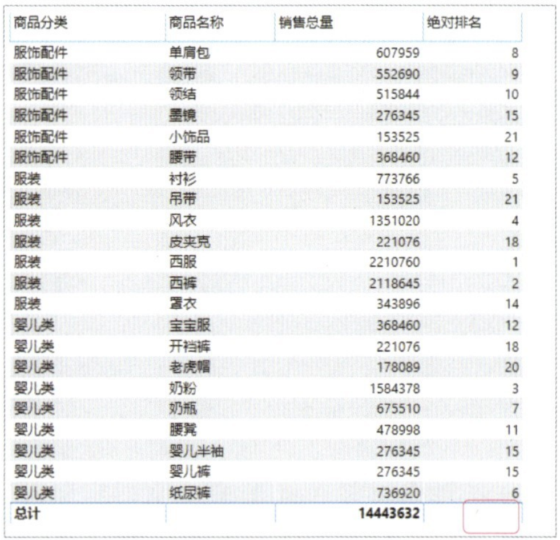

图 8-35

Step07 可以看到各个产品的绝对排名数据，但是最后的"总计"行中有一个排名为"1"的数据，需要将该数据删除，如图8-36所示。

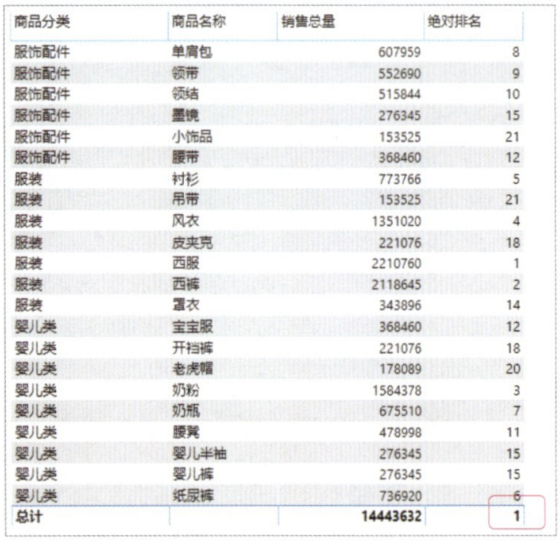

图 8-36

Step08 ❶返回数据视图，❷选中之前创建的度量值"绝对排名"，然后在公式编辑栏中将该度量值的公式更改为"绝对排名 = IF(HASONEVALUE('产品表'[商品名称]),RANKX(ALL('产品表'),[销售总量]))"，按【Enter】键完成对度量值公式的更改，如图8-37所示。这里用到的HASONEVALUE函数将在第9章中进行详细介绍。

图 8-38

Step10 如果想知道各个类别的销量排名，❶则再次启动【新建度量值】功能，❷在公式编辑栏中输入公式"类别绝对排名 =IF(HASONEVALUE('产品表'[商品名称]),RANKX(ALL('产品表'[商品名称]),[销售总量]))"，❸按【Enter】键完成度量值的创建，如图8-39所示。

图 8-39

Step⑪ 切换至报表视图，❶在【可视化】窗格中选中【表】对象，❷在【字段】窗格中选中度量值"类别绝对排名"前的复选框，如图8-40所示。

Step⑫ 即可看到各个商品在对应类别中的排名数据，如图8-41所示。

商品分类	商品名称	销售总量	绝对排名	类别绝对排名
服饰配件	单肩包	607959	8	1
服饰配件	领带	552690	9	2
服饰配件	领结	515844	10	3
服饰配件	墨镜	276345	15	5
服饰配件	小饰品	153525	21	6
服饰配件	腰带	368460	12	4
服装	衬衫	773766	5	4
服装	吊带	153525	21	7
服装	风衣	1351020	4	3
服装	皮夹克	221076	18	6
服装	西服	2210760	1	1
服装	西裤	2118645	2	2
服装	罩衣	343896	14	5
婴儿类	宝宝服	368460	12	5
婴儿类	开裆裤	221076	18	8
婴儿类	老虎帽	178089	20	9
婴儿类	奶粉	1584378	3	1
婴儿类	奶瓶	675510	7	3
婴儿类	腰凳	478998	11	4
婴儿类	婴儿半袖	276345	15	6
婴儿类	婴儿裤	276345	15	6
婴儿类	纸尿裤	736920	6	2
总计		14443632		

图8-40　　　　　　　　　　　　　　　　图8-41

本章小结

通过对本章知识的学习，相信读者朋友已经掌握了Power BI中一些简单函数的使用方法，如使用数学和三角函数中的SUM函数、SUMX函数、DIVIDE函数对数据进行求和运算，以及安全地进行除法运算等。此外，本章对Power BI中的统计函数，如TOPN函数和SUMMARIZE函数也进行了详细的介绍。读者朋友还可以在本章的妙招技法里，学习其他数学和三角函数及统计函数的用法，如学习使用ADDCOLUMNS函数和SELECTCOLUMNS函数汇总数据。最后，为了加深读者朋友对本章知识点的理解和掌握，笔者将Power BI中比较重要的函数（如RANKX函数）应用到了过关练习的案例中。

第 9 章 DAX 语言进阶

- 在报表中使用哪个函数可以筛选数据？
- 是否有 DAX 函数可以匹配两个表之间的数据？
- 要在没有数据关系的两个表之间实现数据的匹配，该如何操作？
- 如何根据多个条件对数据分级？
- 要得到年初至今的累计销售额，该使用哪个 DAX 函数？

学习并掌握了 DAX 语言中的一些简单函数后，为了完成更深入的数据分析工作，我们还需要学习 DAX 语言中的高级函数。

9.1 筛选器函数

筛选器函数是 DAX 语言中最复杂且功能最强大的函数，与 Excel 函数有很大的不同。本节将以 CALCULATE 函数、FILTER 函数和 EARLIER 函数等几个比较典型的函数为例，介绍筛选器函数在工作中的应用方法。

★重点 9.1.1 实战：CALCULATE 函数

CALCULATE 函数是 DAX 语言中功能最强大的函数，这个函数是实现 DAX 功能的引擎。CALCULATE 函数在功能上可以说是 Excel 中的 SUMIF 函数的增强版，能够在特定筛选条件下对数据进行计算，经常与 SUM、MAX、MIN、AVERAGE 等函数结合使用。CALCULATE 函数的语法如下：

```
CALCULATE(<expression>[,<filter1>[,<filter2>[…]]])
```

其中，参数 expression 是必选参数，表示要进行计算的表达式，可以执行各种运算。参数 filter1、filter2……为可选参数，是一系列的筛选条件，这个条件可以为空。如果有多个筛选条件，则需要用逗号分隔这些筛选条件，然后由全部筛选条件的交集形成最终的筛选数据的集合，随后根据筛选出的数据集合执行第一个参数的聚合运算并返回运算结果。

下面介绍这个函数在工作中的使用方法。

假设用户想查看各个产品在整年的销售总量、某个产品的销售总量，或计算各个产品的销售总量占全部产品的销售总量的比例，就可以使用 CALCULATE 函数来实现。

Step 01 打开"素材文件\第 9 章\销售统计表 .pbix"，❶切换至数据视图，❷在【建模】选项卡下单击【新建度量值】按钮，如图 9-1 所示。

图 9-1

Step 02 ❶在公式编辑栏中输入公式"各个产品的销售总量 = SUM('销售明细表'[销售数量])"，❷按【Enter】键即可完成度量值"各个产品的销售总量"的创建，如图 9-2 所示。此处创建的度量值是为后期度量值的创建和对比做准备的。

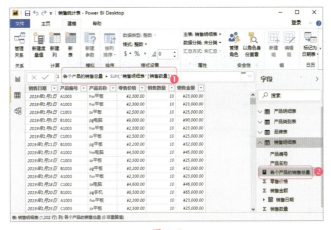

图 9-2

Step 03 切换至报表视图，❶ 在【可视化】窗格中选择【表】对象，❷ 然后在【字段】窗格中的"销售明细表"中选中"产品名称"字段和"各个产品的销售总量"度量值前的复选框，如图 9-3 所示。

图 9-3

Step 04 得到的表效果如图 9-4 所示。通过该表可以发现，"各个产品的销售总量"列的数据展示了各个产品在 2019 年整年的销售总量。

产品名称	各个产品的销售总量
hw电脑	2174
hw平板	2652
hw手机	2631
pg电脑	2225
pg平板	2775
pg手机	2604
sx电脑	2200
sx平板	2672
sx手机	2605
总计	22538

图 9-4

Step 05 使用 CALCULATE 函数再创建一个筛选条件为空的度量值。❶ 在【建模】选项卡下单击【新建度量值】按钮，❷ 在公式编辑栏中输入公式"各个产品的销售总量1 = CALCULATE(SUM('销售明细表'[销售数量]))"，❸ 按【Enter】键即可完成度量值"各个产品的销售总量1"的创建，如图 9-5 所示。

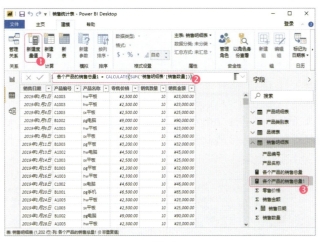

图 9-5

Step 06 再次切换至报表视图，在【可视化】窗格中选择【表】对象。在【字段】窗格中的"销售明细表"中选中"各个产品的销售总量1"度量值前的复选框，如图 9-6 所示。

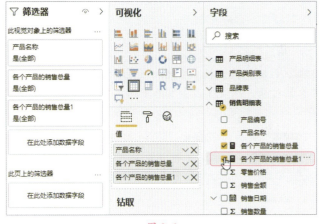

图 9-6

Step 07 得到的表效果如图 9-7 所示。在该表中我们可以看到，"各个产品的销售总量1"列的数据与"各个产品的销售总量"列的数据完全相同，这是因为在编辑度量值"各个产品的销售总量1"的公式时，在 CALCULATE 函数中只输入了第一个参数，没有给出筛选条件，所以函数只会对唯一的参数，也就是"SUM('销售明细表'[销售数量])"进行计算。

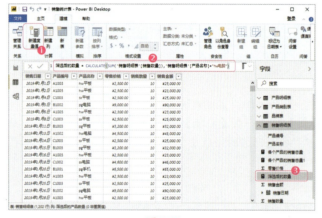

图 9-7

Step08 ❶ 在【建模】选项卡下单击【新建度量值】按钮，❷ 在公式编辑栏中输入公式"筛选后的数量 = CALCULATE(SUM('销售明细表'[销售数量]),'销售明细表'[产品名称]="hw电脑")"，❸ 按【Enter】键即可完成度量值"筛选后的数量"的创建，如图 9-8 所示。这个度量值可用于筛选产品 hw 电脑的销售总量。

图 9-8

Step09 再次切换至报表视图，在【可视化】窗格中选择【表】对象。在【字段】窗格中的"销售明细表"中选中"筛选后的数量"复选框，如图 9-9 所示。

图 9-9

Step10 得到的表效果如图 9-10 所示。在该表中，"筛选后的数量"列将只显示产品 hw 电脑的年销售总量。

图 9-10

Step11 ❶ 在【建模】选项卡下再次单击【新建度量值】按钮，❷ 在公式编辑栏中输入公式"全部产品的销售总量 = CALCULATE(SUM('销售明细表'[销售数量]),ALL('销售明细表'))"，❸ 按【Enter】键即可完成度量值"全部产品的销售总量"的创建，如图 9-11 所示。

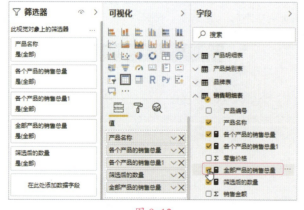

图 9-11

Step12 切换至报表视图，在【可视化】窗格中选择【表】对象。在【字段】窗格中的"销售明细表"中选中"全部产品的销售总量"复选框，如图 9-12 所示。

图 9-12

Step⑬ 在"全部产品的销售总量"列中可看到统计出的所有产品的销售总量，如图9-13所示。这里只显示了总量数据，是因为在CALCULATE函数中添加了一个筛选参数，这个参数中使用了ALL函数，使得"销售明细表"中的所有筛选条件都不再起作用，从而得到了所有产品的销售总量数据。ALL函数的具体使用方法将在9.1.4小节进行详细介绍。

产品名称	各个产品的销售总量	各个产品的销售总量1	筛选后的数量	全部产品的销售总量
hw电脑	2174	2174	2174	22538
hw平板	2652	2652	2174	22538
hw手机	2631	2631	2174	22538
pg电脑	2225	2225	2174	22538
pg平板	2775	2775	2174	22538
pg手机	2604	2604	2174	22538
sx电脑	2200	2200	2174	22538
sx平板	2672	2672	2174	22538
sx手机	2605	2605	2174	22538
总计	22538	22538	2174	22538

图9-13

Step⑭ 创建了度量值"全部产品的销售总量"后，为了突出它的作用，我们需要再新建一个度量值。❶在【建模】选项卡下再次单击【新建度量值】按钮，❷然后在公式编辑栏中输入公式"占比 = [各个产品的销售总量]/[全部产品的销售总量]"，❸按【Enter】键即可完成度量值"占比"的创建，如图9-14所示。

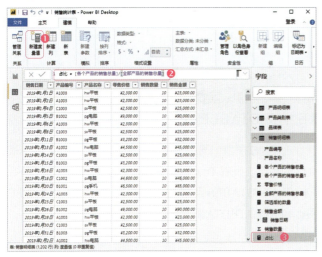

图9-14

Step⑮ 切换至报表视图，在【可视化】窗格中选择【表】对象。然后在【字段】窗格中的"销售明细表"中选中"占比"复选框，如图9-15所示。

图9-15

Step⑯ 各个产品的销售总量占总的销售数量比例的表效果如图9-16所示。

产品名称	各个产品的销售总量	各个产品的销售总量1	筛选后的数量	全部产品的销售总量	占比
hw电脑	2174	2174	2174	22538	0.10
hw平板	2652	2652	2174	22538	0.12
hw手机	2631	2631	2174	22538	0.12
pg电脑	2225	2225	2174	22538	0.10
pg平板	2775	2775	2174	22538	0.12
pg手机	2604	2604	2174	22538	0.12
sx电脑	2200	2200	2174	22538	0.10
sx平板	2672	2672	2174	22538	0.12
sx手机	2605	2605	2174	22538	0.12
总计	22538	22538	2174	22538	1.00

图9-16

★重点 9.1.2 实战：COUNTROWS函数和FILTER函数

在Power BI中，COUNTROWS函数用于计算指定表中的行数，是一个统计函数。FILTER函数则是一个用于筛选的函数，它经常和CALCULATE函数搭配使用，但是该函数返回的并不是一个数值，而是一张表，单独使用该函数创建度量值或计算列时，有可能会出现报错信息。因此在实际工作中，该函数通常需要与其他DAX函数结合使用来筛选表数据。COUNTROWS函数和FILTER函数的语法如下：

```
COUNTROWS([<table>])
FILTER(<table>,<filter>)
```

其中，COUNTROWS函数中的参数table为要计算行数的表。FILTER函数中的参数table为要筛选的表；参数filter为筛选条件。

下面介绍这两个函数在工作中的使用方法。

假设用户想获得表中每个月销售数量大于 30 的日期数，就可以使用 COUNTROWS 函数来计算指定表中的行数并使用 FILTER 函数来完成过滤。

Step 01 打开"素材文件\第 9 章\销售统计表 .pbix"，❶ 切换至数据视图，❷ 在【建模】选项卡下单击【新建度量值】按钮，❸ 然后在公式编辑栏中输入公式"统计日销售数量大于 30 = COUNTROWS(FILTER(' 销售明细表 ',' 销售明细表 '[销售数量] > 30))"，❹ 按【Enter】键即可完成度量值"统计日销售数量大于 30"的创建，如图 9-17 所示。

图 9-17

Step 02 切换至报表视图，❶ 在【可视化】窗格中选择【表】对象，❷ 在【字段】窗格中的"销售明细表"中选中"统计日销售数量大于 30"和"销售日期"复选框，如图 9-18 所示。

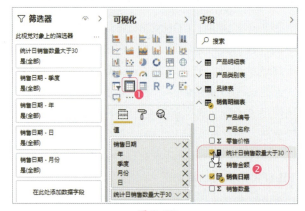

图 9-18

Step 03 在【可视化】窗格中【字段】选项卡下的【值】列表框中单击【年】【季度】和【日】后的删除按钮，只保留"销售日期"值字段中的【月份】，如图 9-19 所示。

图 9-19

Step 04 创建的表对象如图 9-20 所示。在该表中可以看到各个月份销售数量大于 30 的天数，各月销售数量大于 30 的天数差别不大，但 3 月的销售情况最好。

图 9-20

★重点 9.1.3 实战：RELATED 函数和 RELATEDTABLE 函数

在 Excel 中我们可以使用 VLOOKUP 函数匹配两个表之间的数据，而在 Power BI 中则可以使用 RELATED 函数和 RELATEDTABLE 函数来实现相同的操作。RELATED 函数和 RELATEDTABLE 函数的语法如下：

```
RELATED(<column>)
RELATEDTABLE(<tableName>)
```

其中，参数 column 是两个表之间要匹配的列，在匹配前，两个表之间必须建立关系。参数 tableName 是要匹配的表的名称。需要注意的是，RELATEDTABLE 函数返回的是一个表，它常常会被与其他函数结合使用来新建列。

下面介绍这两个函数在工作中的使用方法。

Step 01 打开"素材文件\第 9 章\销售统计表 .pbix"，❶ 切换至模型视图,可看到几个表之间不存在关系,在使用以上两个函数匹配数据时,首先需要为表与表建立关系。❷单击"产品明细表"数据块右上角的按钮,❸在打开的列表中选择【管理关系】选项,如图9-21所示。

图 9-21

Step 02 弹出【管理关系】对话框,单击【新建】按钮,如图9-22所示。

图 9-22

Step 03 弹出【创建关系】对话框,❶根据第7章介绍的方法,通过"产品名称"列为"产品明细表"和"销售明细表"创建一对多的关系,❷设置完成后单击【确定】按钮,如图9-23所示。

图 9-23

Step 04 ❶返回【管理关系】对话框即可看到创建的关系,❷单击【关闭】按钮,如图9-24所示。

图 9-24

Step 05 在模型视图中即可看到建立关系的两个表之间被一条关系线连接,将鼠标指针移动到关系线上,建立关系的列会自动突出显示,如图9-25所示。

图 9-25

Step 06 ❶切换至数据视图,❷选择"销售明细表",❸在【建模】选项卡下单击【新建列】按钮,如图9-26所示。

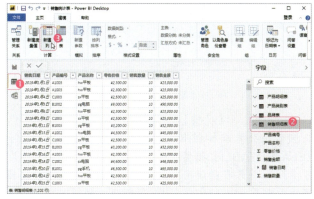

图 9-26

Step 07 ❶在公式编辑栏中输入公式"品牌 = RELATED ('产品明细表'[品牌])",❷按【Enter】键即可在"销售明细表"中看到新增的"品牌"列,如图9-27所示。该列会自动根据产品名称匹配对应的品牌。这里需要注

131

意的是，RELATED 函数只能用于新建列，而且只能沿着关系线的多端查找一端的值。例如，这里就只能将"产品明细表"中的数据匹配到"销售明细表"中，而不能将"销售明细表"中的数据匹配到"产品明细表"中。

图 9-27

Step08 ❶在【建模】选项卡下单击【新表】按钮，❷然后在公式编辑栏中输入公式"产品名称表 = DISTINCT(' 产品明细表 '[产品名称])"，❸按【Enter】键即可在报表中新增一个名为"产品名称表"的新表，该表提取出了"产品明细表"中的"产品名称"列，如图 9-28 所示。

图 9-28

Step09 ❶再次在【建模】选项卡下单击【新建列】按钮，❷然后在公式编辑栏中输入公式"整年的销售天数 = RELATEDTABLE(' 销售明细表 ')"，❸按【Enter】键即可得到一个只有错误值的列，如图 9-29 所示。出现错误的原因是 RELATEDTABLE 函数返回的是一个表，而无法新建列。当要使用该函数新建列时，需要和其他函数组合使用。

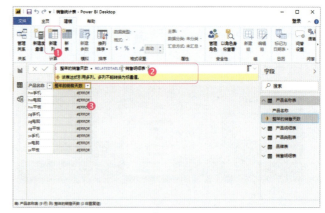

图 9-29

Step10 ❶将上一步骤中的公式重新编辑，修改为"整年的销售天数 = COUNTROWS(RELATEDTABLE(' 销售明细表 '))"，❷按【Enter】键即可得到各个产品整年的销售天数，如图 9-30 所示。但是可以发现，每个产品的销售天数是一样的，且数据大小也不正确。此处没有计算出正确的结果是因为"销售明细表"和"产品名称表"之间没有建立数据关系。

图 9-30

Step11 ❶切换至模型视图，❷为"产品名称表"和"销售明细表"之间建立数据关系，建立关系的相同字段为"产品名称"，如图 9-31 所示。

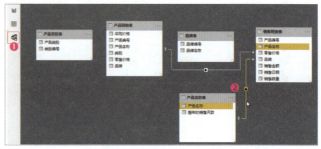

图 9-31

Step 12 ❶返回数据视图,❷可看到"产品名称表"中"整年的销售天数"列中的数据有所改变,如图9-32所示。

图9-32

★重点 9.1.4 实战:ALL 函数和 ALLSELECTED 函数

ALL 函数用于清除表或列的筛选条件,常与 CALCULATE 函数结合使用。ALLSELECTED 函数是 ALL 函数的衍生函数,用于从当前查询的行和列中删除上下文筛选器,同时保留其他上下文筛选器或显示筛选器。ALL 函数和 ALLSELECTED 函数的语法如下:

```
ALL([<table>|<column>[,<column>
[,<column>[,…]]]])
ALLSELECTED([<tableName>|<columnName>
[,<columnName>[,<columnName>[,…]]]])
```

其中,ALL 函数中的参数 table 为要清除筛选的表,参数 column 为要清除筛选的列。ALLSELECTED 函数中的参数 tableName 为表名,为可选参数;参数 columnName 为列名,也为可选参数。

下面介绍这两个函数在工作中的使用方法。

假设要计算某个个体占总体的比例,则可以使用 ALL 函数和 ALLSELECTED 函数。

Step 01 打开"素材文件\第9章\销售统计表.pbix",❶切换至模型视图,❷为"销售明细表"和"产品明细表"建立数据关系,这个关系是以"产品名称"列建立的,如图9-33所示。

图9-33

Step 02 首先使用函数建立一个空白表,用于放置本小节将要创建的度量值。❶切换至数据视图,❷在【建模】选项卡下单击【新表】按钮,❸然后在公式编辑栏中输入公式"表 = ROW(" 空白列 ",BLANK())",❹按【Enter】键新增一个名为"表"的空白表,如图9-34所示。公式中的"空白列"是列名,用户可以随便命名,对后期建立的度量值没有影响。

图9-34

Step 03 ❶在【建模】选项卡下单击【新建度量值】按钮,❷然后在公式编辑栏中输入公式"产品的销售总额 = SUM('销售明细表'[销售金额])",❸按【Enter】键即可看到新建的度量值"产品的销售总额",如图9-35所示。

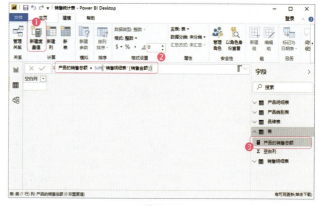

图9-35

Step 04 切换至报表视图,❶在【可视化】窗格中选择【矩阵】对象,❷在【字段】窗格中的"产品明细表"中选中"类别"和"产品名称"字段前的复选框,并在"表"中选中"产品的销售总额"度量值前的复选框,如图9-36所示。

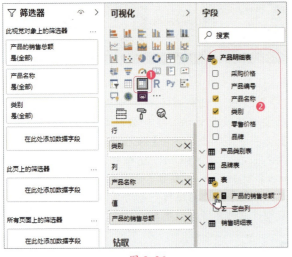

图9-36

Step 05 创建的视觉对象效果如图9-37所示，在视觉对象中可看到各个类别下的产品销售金额数据，但是产品名称位于各列中，不便于查看，需要调整。

图9-37

Step 06 ❶在【可视化】窗格的【字段】选项卡下的【列】列表框中右击"产品名称"字段，❷在弹出的快捷菜单中选择【移到】→【行】命令，如图9-38所示。

图9-38

Step 07 移动后"产品名称"字段和"类别"字段都位于【行】中，而"产品的销售总额"字段位置不变，如图9-39所示。

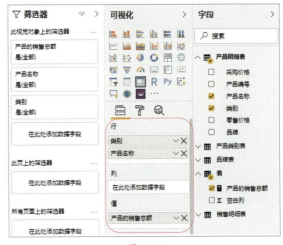

图9-39

Step 08 即可看到移动字段后的矩阵效果，此时矩阵对象中只显示了各类别的销售总额，如果要查看各个产品的销售总额，❶则在矩阵对象的空白处右击，❷在弹出的快捷菜单中选择【扩展至下一级别】命令，如图9-40所示。

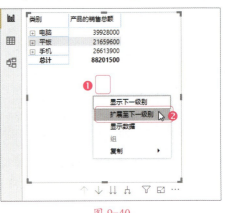

图9-40

Step 09 即可看到各个类别及各个产品的销售总额数据，如图9-41所示。

图9-41

Step⑩ ❶切换至数据视图，❷启动【新建度量值】功能，❸然后在公式编辑栏中输入公式"产品的销售总额合计 = CALCULATE([产品的销售总额],ALL('产品明细表'))"，❹按【Enter】键即可创建一个名为"产品的销售总额合计"的度量值，如图9-42所示。

图 9-42

Step⑪ ❶再次启动【新建度量值】功能，❷然后在公式编辑栏中输入公式"占比 = DIVIDE([产品的销售总额],[产品的销售总额合计])"，❸按【Enter】键得到一个名为"占比"的度量值，如图9-43所示。

图 9-43

Step⑫ 切换至报表视图，选择【矩阵】视觉对象，然后在【字段】窗格中选中"产品的销售总额合计"和"占比"度量值前的复选框，如图9-44所示。

Step⑬ 即可在视觉对象中查看所有产品的销售总额合计及各个产品的销售额占总销售额的比例，如图9-45所示。

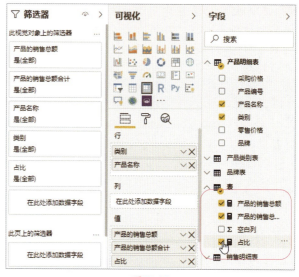

图 9-44

图 9-45

Step⑭ 返回数据视图，❶再次启动【新建度量值】功能，❷然后在公式编辑栏中输入公式"产品的销售总额分类合计 = CALCULATE([产品的销售总额],ALL('产品明细表'[产品名称]))"，❸按【Enter】键即可得到一个名为"产品的销售总额分类合计"的度量值，如图9-46所示。

图 9-46

Step15 ❶ 再次启动【新建度量值】功能，❷ 然后在公式编辑栏中输入公式“分类占比 = DIVIDE([产品的销售总额],[产品的销售总额分类合计])”，❸ 按【Enter】键即可得到一个名为“分类占比”的度量值，如图 9-47 所示。

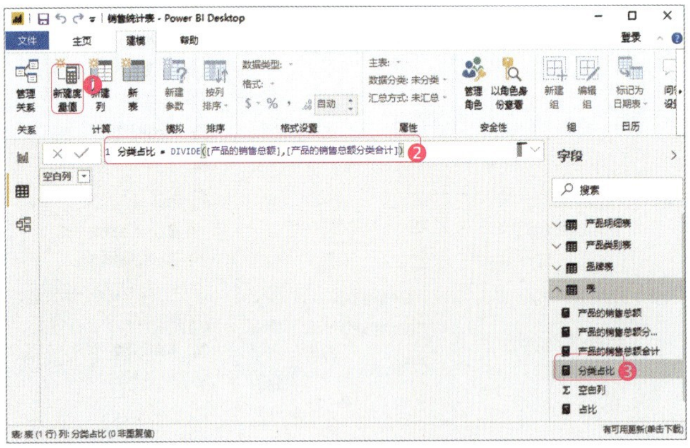

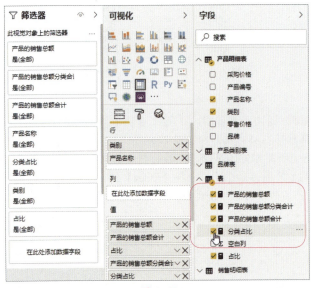

图 9-47

Step16 切换至报表视图，选择【矩阵】视觉对象。在【字段】窗格中选中“产品的销售总额分类合计”和“分类占比”度量值前的复选框，如图 9-48 所示。

图 9-48

Step17 在矩阵的“产品的销售总额分类合计”列中可以看到每个产品的销售总额都是所属分类的销售总额。在“分类占比”列中可以看到每个产品的销售总额占所属类别销售总额的比例，如图 9-49 所示。

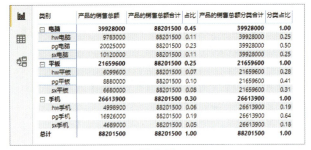

类别	产品的销售总额	产品的销售总额合计	占比	产品的销售总额分类合计	分类占比
⊟ 电脑	39928000	88201500	0.45	39928000	1.00
hw电脑	9783000	88201500	0.11	39928000	0.25
pg电脑	20025000	88201500	0.23	39928000	0.50
sx电脑	10120000	88201500	0.11	39928000	0.25
⊟ 平板	21659600	88201500	0.25	21659600	1.00
hw平板	6099600	88201500	0.07	21659600	0.28
pg平板	8880000	88201500	0.10	21659600	0.41
sx平板	6680000	88201500	0.08	21659600	0.31
⊟ 手机	26613900	88201500	0.30	26613900	1.00
hw手机	4998900	88201500	0.06	26613900	0.19
pg手机	16926000	88201500	0.19	26613900	0.64
sx手机	4689000	88201500	0.05	26613900	0.18
总计	88201500	88201500	1.00	88201500	1.00

图 9-49

Step18 ❶ 在【可视化】窗格中选择【切片器】对象，❷ 在【字段】窗格中选中“产品明细表”中的“产品名称”字段前的复选框，如图 9-50 所示。

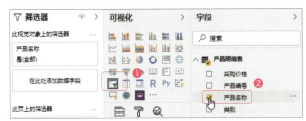

图 9-50

Step19 在页面中拖曳鼠标绘制切片器后，选中该视觉对象，❶ 切换至【可视化】窗格中的【格式】选项卡，❷ 单击【常规】左侧的折叠按钮，❸ 然后单击【方向】下拉按钮，❹ 在打开的下拉列表中选择【水平】选项，如图 9-51 所示。

图 9-51

Step20 ❶ 单击【项目】左侧的折叠按钮，❷ 设置【文本大小】为“15 磅”，如图 9-52 所示。

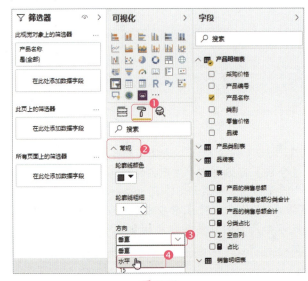

第3篇 数据分析篇

图 9-52

Step21 调整切片器的高度和宽度，得到如图 9-53 所示的效果。

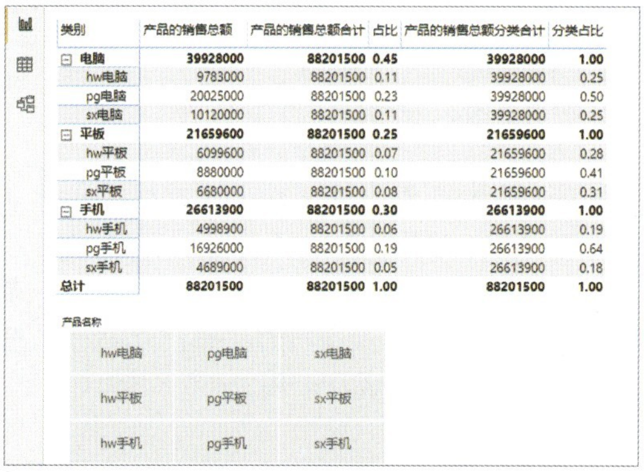

图 9-53

Step22 ❶ 在切片器中单击要查看的产品名称，如"pg 平板"，❷ 即可看到矩阵视觉对象中只显示所选产品的销售金额数据和占比数据，如图 9-54 所示。

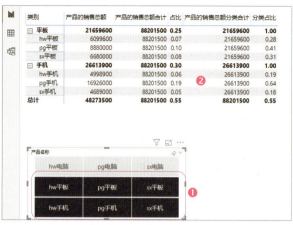

图 9-54

Step23 ❶ 按住【Ctrl】键，在切片器中选择更多要查看的产品，❷ 即可看到对应产品的销售金额数据和占比数据，如图 9-55 所示。虽然通过以上方法可以筛选产品的销售金额数据，但是与占比有关的数据并没有随之发生改变。如果要将所选产品作为一个整体来分析每个产品的占比，就需要使用 ALLSELECTED 函数。

图 9-55

Step24 ❶ 切换至数据视图，❷ 启动【新建度量值】功能，❸ 然后在公式编辑栏中输入公式"筛选后的产品销售总额合计 = CALCULATE([产品的销售总额],ALLSELECTED('产品明细表'))"，按【Enter】键完成度量值的创建，如图 9-56 所示。继续启动【新建度量值】功能，分别创建"筛选后的占比""筛选后的产品销售总额分类合计"和"筛选后的分类占比"3 个度量值。这 3 个度量值的创建公式分别为"筛选后的占比 = DIVIDE([产品的销售总额],[筛选后的产品销售总额合计])""筛选后的产品销售总额分类合计 = CALCULATE([产品的销售总额],ALLSELECTED('产品明细表'[产品名称]))""筛选后的分类占比 = DIVIDE([产品的销售总额],[筛选后的产品销售总额分类合计])"。

图 9-56

Step25 切换至报表视图,在【字段】窗格中根据新建度量值的顺序依次选中上一步骤中新建的 4 个度量值前的复选框,如图 9-57 所示。

其中,参数 column 为列名;参数 number 为可选参数,一般省略。下面介绍这个函数在工作中的使用方法。

Step01 打开"素材文件\第 9 章\销售统计表.pbix",❶ 切换至数据视图,❷ 在【字段】窗格中选择"销售明细表",❸ 在【建模】选项卡下单击【新建列】按钮,❹ 然后在公式编辑栏中输入公式"累计销售金额 = SUMX(FILTER(' 销售明细表 ',' 销售明细表 '[销售日期] < =EARLIER(' 销售明细表 '[销售日期])),' 销售明细表 '[销售金额])",❺ 按【Enter】键即可在"销售明细表"中看到新增的列,该列展示了累计销售金额数据,如图 9-59 所示。

图 9-57

图 9-59

Step26 即可得到如图 9-58 所示的矩阵效果,通过新添加的度量值可在"筛选后的产品销售总额合计"列中看到所选产品的销售总额数据;在"筛选后的占比"列中看到无论切片器中筛选何种产品,总计的比例都为 1.00,每种产品被筛选后的占比为该产品占所选产品的比例;在"筛选后的产品销售总额分类合计"列中看到筛选后各种产品的销售总额为该产品所属类别的销售总额;在"筛选后的分类占比"列中看到所选产品中各种产品占其所属产品类别的比例。

Step02 插入"累计销售金额"列后可以发现,该列数据并没有直观展示销售金额数据的累计效果,这是因为"销售日期"列的数据没有按一定的顺序排列。此时可以单击"销售日期"列名右侧的按钮,在打开的列表中选择【以升序排序】选项,如图 9-60 所示。

图 9-58

图 9-60

★重点 9.1.5 实战:EARLIER 函数

在 Power BI 中,EARLIER 函数能打破行的限制,进行不同级别的数据汇总计算。该函数可以按行分析,如分析每一行的数据,提取某一行数据等。EARLIER 函数的语法如下:

Step03 "销售日期"列的数据升序排序后的表效果如图 9-61 所示。排序后由于有多个相同的销售日期,对应日期的累计销售金额相同,不符合我们的实际工作需求。这时可以在数据中添加索引列来辅助实现需要的效果。

```
EARLIER(<column>,<number>)
```

图 9-61

Step 04 ❶ 切换至报表视图，❷ 在【主页】选项卡下单击【编辑查询】按钮，如图 9-62 所示。

图 9-62

Step 05 打开 Power Query 编辑器，❶ 在【查询】窗格中选中"销售明细表"，❷ 然后切换至【添加列】选项卡，❸ 单击【索引列】下拉按钮，❹ 在打开的下拉列表中选择【从 1】选项，如图 9-63 所示。

图 9-63

Step 06 "销售明细表"的最后即会新增一个名为"索引"的列，如图 9-64 所示。确认后单击【关闭并应用】按钮，保存添加索引数据的操作。

图 9-64

Step 07 ❶ 切换至数据视图，❷ 可看到"销售明细表"中新增了一个名为"索引"的列，如图 9-65 所示。

图 9-65

Step 08 选中"累计销售金额"列，❶ 在公式编辑栏中将公式修改为"累计销售金额 = SUMX(FILTER('销售明细表','销售明细表'[索引] <=EARLIER('销售明细表'[索引])),'销售明细表'[销售金额])"，❷ 按【Enter】键即可得到新的"累计销售金额"列数据，如图 9-66 所示。

图 9-66

Step 09 此时"累计销售金额"列的数据还是不符合我们的工作需求，这是因为"索引"列的数据没有按照从小到大的顺序排列。单击"索引"列名右侧的按钮，在打开的列表中选择【以升序排序】选项，如图 9-67 所示。

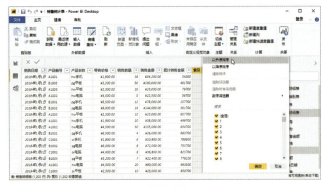

图 9-67

Step10 操作完成后可以看到，即使销售日期重复，销售金额也会按行进行累计计算，如图 9-68 所示。

销售日期	产品编号	产品名称	零售价格	销售数量	销售金额	累计销售金额	索引
2019年1月1日	A1001	hw手机	¥1,900.00	18	¥34,200.00	34200	1
2019年1月1日	A1002	hw电脑	¥4,500.00	5	¥22,500.00	56700	2
2019年1月1日	A1003	hw平板	¥2,300.00	10	¥23,000.00	79700	3
2019年1月1日	B1001	pg手机	¥6,500.00	12	¥78,000.00	157700	4
2019年1月1日	B1002	pg电脑	¥9,000.00	16	¥144,000.00	301700	5
2019年1月1日	B1003	pg平板	¥3,200.00	50	¥160,000.00	461700	6
2019年1月2日	A1001	hw手机	¥1,900.00	20	¥38,000.00	499700	7
2019年1月2日	A1002	hw电脑	¥4,500.00	30	¥135,000.00	634700	8
2019年1月2日	A1003	hw平板	¥2,300.00	10	¥23,000.00	657700	9
2019年1月2日	B1001	pg手机	¥6,500.00	4	¥26,000.00	683700	10
2019年1月3日	B1002	pg电脑	¥9,000.00	8	¥72,000.00	755700	11
2019年1月3日	B1003	pg平板	¥3,200.00	7	¥22,400.00	778100	12
2019年1月3日	C1001	sx手机	¥1,800.00	6	¥10,800.00	788900	13
2019年1月3日	C1002	sx电脑	¥4,600.00	8	¥36,800.00	825700	14
2019年1月4日	C1003	sx平板	¥2,500.00	10	¥25,000.00	850700	15

图 9-68

Step11 此外，我们还可以使用 EARLIER 函数计算截至某个销售日期，某个产品的销售数量。❶ 启动【新建列】功能，❷ 在公式编辑栏中输入公式“累计销售数量 = SUMX(FILTER('销售明细表','销售明细表'[索引] < =EARLIER('销售明细表'[索引])&&'销售明细表'[产品名称]=EARLIER('销售明细表'[产品名称])),'销售明细表'[销售数量])”，❸ 按【Enter】键即可看到新增列的效果，如图 9-69 所示。

该步骤中的公式是利用 EARLIER 函数筛选小于当前行的序号，并同时利用该函数获取当前行的产品名称，只要是同时符合这两个条件的销售数量，就能进行累加运算。所以“累计销售数量”列的数据并不仅仅是根据销售日期对销售数量进行累加计算得来的。例如，2019 年 1 月 2 日，hw 手机对应的累计销售数量并不是 2019 年 1 月 1 日和 1 月 2 日的销售数量的累计，而是 2019 年 1 月 1 日 hw 手机的销售数量“18”与 2019 年 1 月 2 日 hw 手机的销售数量“20”的合计值。

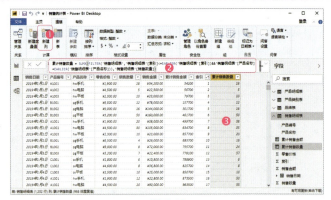

图 9-69

★重点 9.1.6 实战：VALUES 函数和 HASONEVALUE 函数

VALUES 函数可以将列转化为表。HASONEVALUES 函数用于判断是否只有一个值，返回的结果是真（TRUE）或假（FALSE）。

VALUES 函数和 HASONEVALUE 函数的语法如下：

```
VALUES(<TableNameOrColumnName>)
HASONEVALUE(<columnName>)
```

其中，VALUES 函数中的参数 tablenameorcolumnname 为要返回的表或列。HASONEVALUES 函数中的参数 columnname 为列名。

下面介绍这两个函数在工作中的使用方法。

Step01 打开“素材文件\第 9 章\销售统计表 1.pbix”，❶ 切换至数据视图，❷ 单击【建模】选项卡下的【新表】按钮，如图 9-70 所示。

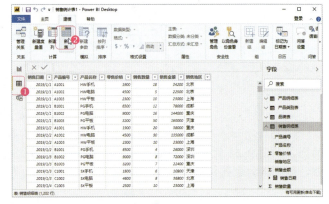

图 9-70

Step 02 ❶ 在公式编辑栏中输入公式"销售地区表 = VALUES('销售明细表'[销售地区])",❷ 按【Enter】键得到一个名为"销售地区表"的新表,该表中的列数据是从"销售明细表"中提取出来的,且数据为不重复的销售地区,如图9-71所示。

图 9-71

Step 03 ❶ 启动【新建度量值】功能,❷ 在公式编辑栏中输入公式"年销售额 = SUM('销售明细表'[销售金额])",❸ 按【Enter】键即可得到一个名为"年销售额"的度量值,如图9-72所示。

图 9-72

Step 04 ❶ 继续启动【新建度量值】功能,❷ 在公式编辑栏中输入公式"筛选后的销售额 = CALCULATE([年销售额],FILTER(ALL('销售地区表'),[年销售额] > 5000000))",❸ 按【Enter】键得到一个名为"筛选后的销售额"的度量值,如图9-73所示。"筛选后的销售额"度量值公式的含义为,先使用 FILTER 函数筛选出年销售额大于 5000000 的销售地区,然后通过"年销售额"度量值中的 SUM 函数汇总这些地区的年销售额。

图 9-73

Step 05 切换至报表视图,❶ 在【可视化】窗格中选择【表】对象,❷ 在【字段】窗格中的"销售明细表"中选中"产品名称"字段前的复选框,并在"销售地区表"中选中"年销售额"和"筛选后的销售额"度量值前的复选框,如图9-74所示。

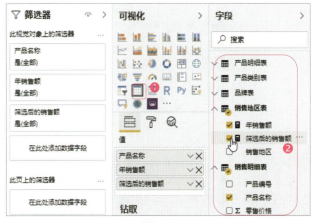

图 9-74

Step 06 在创建的视觉对象中即可看到各个产品的年销售额数据和筛选后的销售额数据,如图9-75所示。其中,"筛选后的销售额"度量值用于展示年销售额大于 5000000 的城市中年销售额同时大于 5000000 的单个产品,但是该视觉对象中并没有展示出所需的信息,这是因为"销售明细表"与"销售地区表"之间未建立数据关系。

产品名称	年销售额	筛选后的销售额
HW电脑	9783000	9783000
HW平板	6099600	6099600
HW手机	4998900	4998900
PG电脑	20025000	20025000
PG平板	8880000	8880000
PG手机	16926000	16926000
SX电脑	10120000	10120000
SX平板	6680000	6680000
SX手机	4689000	4689000
总计	88201500	88201500

图 9-75

Step 07 ❶ 切换至模型视图，❷ 为"销售明细表"与"销售地区表"建立数据关系，建立关系的共同字段为"销售地区"，如图 9-76 所示。

销售额 =IF(HASONEVALUE(' 销售明细表 '[产品名称]),CALCULATE([年销售额],FILTER(ALL(' 销售地区表 '),[年销售额] > 5000000)),BLANK())"，按【Enter】键完成公式的编辑，如图 9-78 所示。

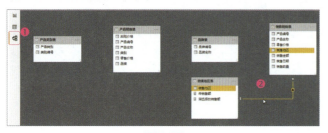

图 9-76

Step 08 ❶ 切换至报表视图，❷ 可看到"筛选后的销售额"列中只显示年销售额大于 5000000 的城市中年销售额同时大于 5000000 的单个产品的年销售额数据，如图 9-77 所示。

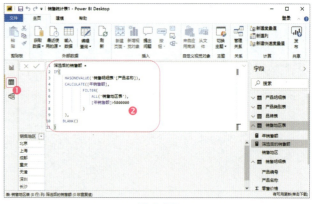

图 9-78

Step 10 ❶ 再次返回报表视图，❷ 即可看到"筛选后的销售额"列的总计值不再显示，如图 9-79 所示。

产品名称	年销售额	筛选后的销售额
HW电脑	9783000	
HW平板	6099600	
HW手机	4998900	
PG电脑	20025000	7380000
PG平板	8880000	
PG手机	16926000	5089500
SX电脑	10120000	
SX平板	6680000	
SX手机	4689300	
总计	88201500	88201500

图 9-77

Step 09 由于上图中"筛选后的销售额"列的【总计】值没有意义，需要使用 HASONEVALUE 函数禁止计算总计值。❶ 返回数据视图，❷ 选中"筛选后的销售额"度量值，在公式编辑栏中修改公式为"筛选后的

产品名称	年销售额	筛选后的销售额
HW电脑	9783000	
HW平板	6099600	
HW手机	4998900	
PG电脑	20025000	7380000
PG平板	8880000	
PG手机	16926000	5089500
SX电脑	10120000	
SX平板	6680000	
SX手机	4689300	
总计	88201500	

图 9-79

9.2 时间智能函数

时间智能函数通过使用时间段，包括日、月、季度和年，使用户能够对时间数据进行操作，从而支持商业智能分析工作。

★重点 9.2.1 实战：TOTALYTD 函数

TOTALYTD 函数常用于计算年初至今累计的总销售额。TOTALYTD 函数的语法如下：

TOTALYTD(<expression>,<dates>
[,<filter>][,<year_end_date>])

其中，参数 expression 为必选参数，是一个返回标量值的表达式。参数 dates 是包含日期的列。参数 filter 为可选参数，指定要应用到当前上下文的筛选器表达式。参数 year_end_date 也为可选参数，是用于定义年末日期的字符串，默认为 12 月 31 日。

下面介绍这个函数在工作中的使用方法。

Step 01 打开"素材文件\第 9 章\销售统计表 2.pbix"，❶ 切换至数据视图，❷ 在【建模】选项卡下单击【新表】按钮，❸ 然后在公式编辑栏中输入公式"日期表 = ADDCOLUMNS(CALENDAR (DATE (2019,1,1), DATE (2020,12,31))," 年度 ", YEAR ([Date])," 月份 ", FORMAT

([Date], "MM")," 年 月 ", FORMAT ([Date], "YYYY/MM")," 星期 ", WEEKDAY ([Date]) & "-" & FORMAT ([Date], "ddd")," 季度 ","Q" & FORMAT ([Date], "Q"), " 年 份 季 度 ", FORMAT ([Date], "YYYY") & "/Q" & FORMAT ([Date], "Q"))", ❹按【Enter】键得到一个名为"日期表"的表,如图9-80所示。由于公式较长,为了便于理解和浏览,用户可以在合适的位置换行。需要注意的是,如果读者的报表中没有单独的日期维度表,则最好通过此方法创建一个。

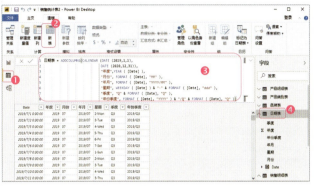

图 9-80

Step 02 ❶启动【新建度量值】功能,❷在公式编辑栏中输入公式"年销售额 = SUM(' 销售明细表 '[销售金额])",❸按【Enter】键完成度量值"年销售额"的创建,如图 9-81 所示。

图 9-81

Step 03 ❶继续启动【新建度量值】功能,❷在公式编辑栏中输入公式"2020 年累计销售额 = TOTALYTD([年销售额],' 日期表 '[Date].[Date])",❸按【Enter】键完成度量值"2020 年累计销售额"的创建,如图 9-82 所示。

图 9-82

Step 04 ❶继续启动【新建度量值】功能,❷在公式编辑栏中输入公式"2019 年累计销售额 = TOTALYTD([年销售额],SAMEPERIODLASTYEAR(' 日期表 '[Date].[Date]))",❸按【Enter】键完成度量值"2019 年累计销售额"的创建,如图 9-83 所示。

图 9-83

Step 05 切换至报表视图,❶在【可视化】窗格中选择【矩阵】对象,❷然后在【字段】窗格中的"日期表"中选中"月份"字段、"年销售额"度量值、"2019 年累计销售额"度量值和"2020 年累计销售额"度量值前的复选框,如图 9-84 所示。

图 9-84

Step 06 即可得到如图9-85所示的视觉对象效果。在该视觉对象中，年销售额、2019年累计销售额和2020年累计销售额都为175613900，明显不符合我们的需要。这是因为我们创建的日期表与事实表之间并未建立一对多的数据关系。

月份	年销售额	2019年累计销售额	2020年累计销售额
01	175613900	175613900	175613900
02	175613900	175613900	175613900
03	175613900	175613900	175613900
04	175613900	175613900	175613900
05	175613900	175613900	175613900
06	175613900	175613900	175613900
07	175613900	175613900	175613900
08	175613900	175613900	175613900
09	175613900	175613900	175613900
10	175613900	175613900	175613900
11	175613900	175613900	175613900
12	175613900	175613900	175613900
总计	175613900	175613900	175613900

图 9-85

Step 07 ❶ 切换至模型视图，❷ 在"日期表"和"销售明细表"之间建立数据关系，建立关系的字段为"Date"和"销售日期"，如图9-86所示。

图 9-86

Step 08 ❶ 切换至报表视图，❷ 建立关系后矩阵中的数据如图9-87所示。

月份	年销售额	2019年累计销售额	2020年累计销售额
01	15640200	8318000	7322200
02	13513000	15270000	13883200
03	15291800	22965400	21479600
04	12659800	29171500	27933300
05	16013500	37005300	36113000
06	14865800	44510700	43473400
07	14697800	51735500	50946400
08	14573000	59022000	58232900
09	14352800	66198400	65409300
10	15746800	74071800	73282700
11	13144600	80644100	79855000
12	15114800	88201500	87412400
总计	175613900	88201500	87412400

图 9-87

Step 09 ❶ 启动【新建度量值】功能，❷ 在公式编辑栏中输入公式"同比增长率 = DIVIDE([2020年累计销售额],[2019年累计销售额])-1"，按【Enter】键完成度量值"同比增长率"的创建，如图9-88所示。

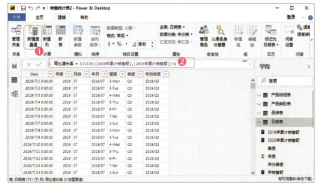

图 9-88

Step 10 切换至报表视图，在【可视化】窗格中选择【矩阵】对象，在【字段】窗格中的"日期表"中选中"同比增长率"度量值前的复选框，如图9-89所示。

图 9-89

Step 11 在视觉对象中即可看到同比增长率数据，如图9-90所示。需要注意的是，由于没有筛选年度，"年销售额"列的数据实际上是2019年和2020年的同期销售额合计值。

月份	年销售额	2019年累计销售额	2020年累计销售额	同比增长率
01	15640200	8318000	7322200	-0.12
02	13513000	15270000	13883200	-0.09
03	15291800	22965400	21479600	-0.06
04	12659800	29171500	27933300	-0.04
05	16013500	37005300	36113000	-0.02
06	14865800	44510700	43473400	-0.02
07	14697800	51735500	50946400	-0.02
08	14573000	59022000	58232900	-0.01
09	14352800	66198400	65409300	-0.01
10	15746800	74071800	73282700	-0.01
11	13144600	80644100	79855000	-0.01
12	15114800	88201500	87412400	-0.01
总计	175613900	88201500	87412400	-0.01

图 9-90

★重点 9.2.2 实战：DATEADD 函数

在 Power BI 中要计算同比和环比数据，可以使用时间智能函数中的 DATEADD 函数。该函数用于返回具有一定间隔的日期区间。DATEADD 函数的语法如下：

```
DATEADD(<dates>,<number_of_intervals>,<interval>)
```

其中，参数 dates 是一个包含日期的列。参数 number_of_intervals 是一个整数，指定要添加到参数 dates 或从参数 dates 中减去的时间间隔数。参数 interval 是日期偏移的间隔，其值可以为 year、quarter、month 和 day。

下面将介绍这个函数在工作中的使用方法。

Step 01 打开"素材文件\第 9 章\销售统计表 3.pbix"，❶切换至模型视图，❷为"日期表"和"销售明细表"建立数据关系，如图 9-91 所示。

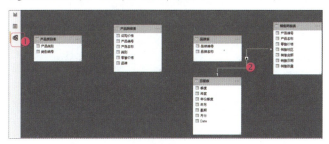

图 9-91

Step 02 这里可以使用函数建立一个空白表，用于放置本小节将要创建的度量值，使度量值的查看更加方便。❶切换至数据视图，❷在【建模】选项卡下单击【新表】按钮，❸然后在公式编辑栏中输入公式"表 = ROW("空白列",BLANK())，❹按【Enter】键即可新增一个名为"表"的空白表，如图 9-92 所示。

图 9-92

Step 03 ❶启动【新建度量值】功能，❷在公式编辑栏中输入公式"销售金额 = SUM('销售明细表'[销售金额])"，❸按【Enter】键完成度量值"销售金额"的创建，如图 9-93 所示。

图 9-93

Step 04 ❶再次启动【新建度量值】功能，❷在公式编辑栏中输入公式"上月销售金额 = CALCULATE([销售金额],DATEADD('日期表'[Date],-1,MONTH))"，❸按【Enter】键完成度量值"上月销售金额"的创建，如图 9-94 所示。使用相同的方法再创建两个度量值，公式分别为"上季度销售金额 = CALCULATE([销售金额],DATEADD('日期表'[Date],-1,QUARTER))"和"上年销售金额 = CALCULATE([销售金额],DATEADD('日期表'[Date],-1,YEAR))"。

图 9-94

Step 05 ❶启动【新建度量值】功能，❷在公式编辑栏中输入公式"月环比 = IF([上月销售金额]=BLANK(),BLANK(),DIVIDE([销售金额],[上月销售金额])-1)"，❸按【Enter】键完成度量值"月环比"的创建，如图 9-95 所示。使用相同的方法再创建两个度量值，公式分别为"季度环比 = IF([上季度销售金额]=BLANK(),BLANK(),DIVIDE([销售金额],

[上季度销售金额])-1)"和"同比 = IF([上年销售金额]=BLANK(),BLANK(),DIVIDE([销售金额],[上年销售金额])-1)"。其中,同比数据用于衡量某个指标与去年同期相比是增长还是下降,计算公式为"今年/去年-1"或"(今年-去年)/去年"。环比用于衡量某个指标与上一期相比是增长还是下降,计算公式为"本月/上月-1"或"(本月-上月)/上月"。

图 9-95

Step 06 切换至报表视图,❶在【可视化】窗格中选择【矩阵】对象,❷然后在【字段】窗格中的"日期表"中依次选中"月份"和"年度"字段前的复选框,并在"表"中依次选中"销售金额""上月销售金额"和"月环比"度量值前的复选框,如图 9-96 所示。

图 9-96

Step 07 操作完成后即可得到如图 9-97 所示的矩阵视觉对象,在该视觉对象中可看到 2019 年和 2020 年各月份的销售金额、上月销售金额和月环比数据。

年度	2019			2020			总计		
月份	销售金额	上月销售金额	月环比	销售金额	上月销售金额	月环比	销售金额	上月销售金额	月环比
01	8318000			7322200	7557400	-0.03	15640200	7557400	1.07
02	6952000	8318000	-0.16	6561000	7322200	-0.10	13513000	15640200	-0.14
03	7695400	6952000	0.11	7596400	6561000	0.16	15291800	13513000	0.13
04	6206100	7695400	-0.19	6453700	7596400	-0.15	12659800	15291800	-0.17
05	7833800	6206100	0.26	8179700	6453700	0.27	16013500	12659800	0.26
06	7505400	7833800	-0.04	7360400	8179700	-0.10	14865800	16013500	-0.07
07	7224800	7505400	-0.04	7473000	7360400	0.02	14697800	14865800	-0.01
08	7286500	7224800	0.01	7286500	7473000	-0.02	14573000	14697800	-0.01
09	7176400	7286500	-0.02	7176400	7286500	-0.02	14353000	14573000	-0.02
10	7873400	7176400	0.10	7873400	7176400	0.10	15746800	14353000	0.10
11	6572300	7873400	-0.17	6572300	7873400	-0.17	13144600	15746800	-0.17
12	7557400	6572300	0.15	7557400	6572300	0.15	15114800	13144600	0.15
总计	88201500	80644100	0.09	87412400	87412400	0.00	175613900	168056500	0.04

图 9-97

Step 08 由于"总计"列数据的意义不大,可以取消显示该列。❶在【可视化】窗格中切换至【格式】选项卡,❷然后在【小计】组中将【列小计】项设为【关】,如图 9-98 所示。

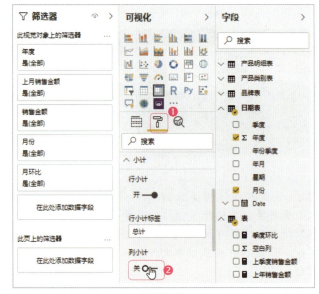

图 9-98

Step 09 关闭列小计后,得到如图 9-99 所示的矩阵效果。

年度	2019			2020		
月份	销售金额	上月销售金额	月环比	销售金额	上月销售金额	月环比
01	8318000			7322200	7557400	-0.03
02	6952000	8318000	-0.16	6561000	7322200	-0.10
03	7695400	6952000	0.11	7596400	6561000	0.16
04	6206100	7695400	-0.19	6453700	7596400	-0.15
05	7833800	6206100	0.26	8179700	6453700	0.27
06	7505400	7833800	-0.04	7360400	8179700	-0.10
07	7224800	7505400	-0.04	7473000	7360400	0.02
08	7286500	7224800	0.01	7286500	7473000	-0.02
09	7176400	7286500	-0.02	7176400	7286500	-0.02
10	7873400	7176400	0.10	7873400	7176400	0.10
11	6572300	7873400	-0.17	6572300	7873400	-0.17
12	7557400	6572300	0.15	6572300	6572300	0.15
总计	88201500	80644100	0.09	87412400	87412400	0.00

图 9-99

Step⑩ 切换至报表视图，❶ 在【可视化】窗格中选择【矩阵】对象，❷ 然后在【字段】窗格中的"日期表"中依次选中"季度"和"年度"字段前的复选框，并在"表"中依次选中"销售金额""上季度销售金额"和"季度环比"度量值前的复选框，如图 9-100 所示。

"表"中依次选中"销售金额""上年销售金额"和"同比"度量值前的复选框，如图 9-102 所示。

图 9-102

Step⑬ 应用 Step08 中的方法关闭矩阵对象中的列小计，得到如图 9-103 所示的视觉对象效果。在该视觉对象中可以看到 2019 年和 2020 年各月份的销售金额、上年销售金额和同比数据。

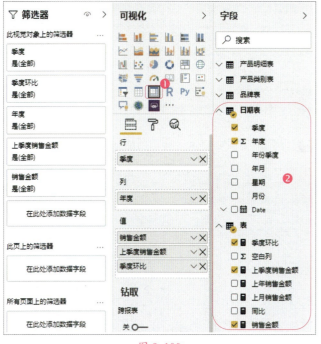

图 9-100

Step⑪ 应用 Step08 中的方法关闭矩阵对象中的列小计，得到如图 9-101 所示的视觉对象效果。在该矩阵中可以看到 2019 年和 2020 年各季度的销售金额、上季度销售金额和季度环比数据。

年度	2019			2020		
季度	销售金额	上季度销售金额	季度环比	销售金额	上季度销售金额	季度环比
Q1	22965400			21479600	22003100	-0.02
Q2	21545300	22965400	-0.06	21993800	21479600	0.02
Q3	21687700	21545300	0.01	21935900	21993800	0.00
Q4	22003100	21687700	0.01	22003100	21935900	0.00
总计	88201500	66198400	0.33	87412400	87412400	0.00

图 9-101

Step⑫ 切换至报表视图，❶ 在【可视化】窗格中选择【矩阵】对象，❷ 然后在【字段】窗格中的"日期表"中依次选中"月份"和"年度"字段前的复选框，并在

年度	2019			2020		
月份	销售金额	上年销售金额	同比	销售金额	上年销售金额	同比
01	8318000			7322200	8318000	-0.12
02	6952000			6561000	6952000	-0.06
03	7695400			7596400	7695400	-0.01
04	6206100			6453700	6206100	0.04
05	7833800			8179700	7833800	0.04
06	7505400			7360400	7505400	-0.02
07	7224800			7473000	7224800	0.03
08	7286500			7286500	7286500	0.00
09	7176400			7176400	7176400	0.00
10	7873400			7873400	7873400	0.00
11	6572400			6572300	6572300	0.00
12	7557400			7557400	7557400	0.00
总计	88201500			87412400	88201500	-0.01

图 9-103

9.3 其他常用函数

除了前文中介绍的多个高级 DAX 函数，Power BI 中还有很多工作中常用的函数，如 IF 函数、SWITCH 函数和 LOOKUPVALUE 函数等。本节将对这 3 个函数的使用方法进行讲解。

★重点 9.3.1　实战：IF 函数和 SWITCH 函数

在 Power BI 中，我们经常会使用 IF 函数进行多条件的判断，这个函数和 Excel 中的 IF 函数在功能和用法上基本一致。该函数可以轻松实现单个条件的判断，但是一旦条件过多，就必须层层嵌套，使得公式的读取和编写变得困难。DAX 语言中还提供了一个函数——SWITCH 函数，该函数不需要层层嵌套就可以实现多重条件的判断。IF 函数和 SWITCH 函数的语法如下：

```
IF(<logical_test>,<value_if_true>
[,<value_if_false>])
SWITCH(<expression>,<value>,<result>
[,<value>,<result>]…
[,<else>])
```

其中，IF 函数中的参数 logical_test 是计算结果为 TRUE 或 FALSE 的值和表达式；参数 value_if_true 是参数 logical_test 为 TRUE 时返回的值；参数 value_if_false 是参数 logical_test 为 FALSE 时返回的值，如果省略，则返回空白。SWITCH 函数中的参数 expression 为一个表达式，将计算多次，参数 value 是要与参数 expression 的结果匹配的常量值；参数 result 是当参数 expression 的结果与对应的参数 value 匹配时返回的值；参数 else 是当参数 expression 的结果与任何一个参数 value 都不匹配时返回的值。

下面将介绍这两个函数在工作中的使用方法。

Step 01 打开"素材文件\第 9 章\销售统计表.pbix"，❶切换至数据视图，❷选中"销售明细表"，❸启动【新建列】功能，❹在公式编辑栏中输入公式"产品销售金额等级 = IF([销售金额] >=50000," 优 ",IF([销售金额] >=20000," 良 "," 差 "))"，❺按【Enter】键即可看到"销售明细表"中新增了一个名为"产品销售金额等级"的列。在该列中可以看到各个销售日期对应的销售金额的销售等级，如图 9-104 所示。

Step 02 ❶再次启动【新建列】功能，❷在公式编辑栏中输入公式"产品销售金额等级 1 = SWITCH(TRUE(),[销售金额] >=50000," 优 ",[销售金额] >=20000," 良 "," 差 ")"，❸按【Enter】键完成新建列，可发现新增的"产品销售金额等级 1"列的数据与"产品销售金额等级"列的数据一样，如图 9-105 所示。

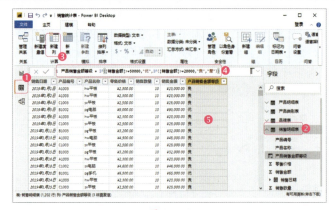

图 9-104

图 9-105

★重点 9.3.2　实战：LOOKUPVALUE 函数

如果要实现多条件查找，可以使用 Power BI 中的 LOOKUPVALUE 函数。这个函数可以在两个表之间没有数据关系时实现数据的匹配。LOOKUPVALUE 函数的语法如下：

```
LOOKUPVALUE(<result_columnName>,<search_
columnName>,<search_value>[,<search_
columnName>,<search_value>]…)
```

其中，参数 result_columnName 是要返回的值所在列的列名；参数 search_columnName 是要搜索的列的列名；参数 search_value 是要搜索的值。

下面将介绍这个函数在工作中的使用方法。

Step 01 打开"素材文件\第 9 章\销售统计表.pbix"，❶切换至模型视图，❷可以看到报表中的表之间没有建立数据关系，如图 9-106 所示。

图 9-106

Step02 ❶切换至数据视图，❷选中"产品明细表"，现在需要将"采购价格"列的数据匹配到没有建立数据关系的"销售明细表"中，如图 9-107 所示。

图 9-107

Step03 ❶选中"销售明细表"，❷启动【新建列】功能，❸在公式编辑栏中输入公式"采购价格 = LOOKUPVALUE ('产品明细表'[采购价格],'产品明细表'[产品名称],[产品名称])"，❹按【Enter】键即可看到"销售明细表"中新增了一个名为"采购价格"的列，如图 9-108 所示。该列会自动根据"产品名称"列的数据匹配对应的采购价格数据。

图 9-108

妙招技法

通过对本章知识的学习，相信读者朋友已经掌握了 Power BI 中一些高级函数的使用方法。下面再给大家介绍一些其他高级函数的使用方法。

技巧 01：使用 FORMAT 函数进行日期的提取和调整

在工作中我们经常需要手动添加日期表或对某一列日期进行年、月、日、星期的提取或调整。此时就可以使用 DAX 函数中的 FORMAT 函数来实现，具体操作步骤如下。

Step01 打开"素材文件\第 9 章\销售统计表.pbix"，❶切换至数据视图，❷启动【新表】功能，❸在公式编辑栏中输入公式"日期表 = DISTINCT('销售明细表'[销售日期])"，❹按【Enter】键即可得到一个名为"日期表"的新表，该表中包含一个名为"销售日期"的列，如图 9-109 所示。

图 9-109

Step02 ❶启动【新建列】功能，❷在公式编辑栏中输入公式"日期 = FORMAT([销售日期],"YYYY 年 M 月")"，❸按【Enter】键即可看到"日期表"中"销售日期"列中的年、月被提取出来了，如图 9-110 所示。

图 9-110

Step 03 ❶ 再次启动【新建列】功能，❷ 在公式编辑栏中输入公式"年 = FORMAT([销售日期],"YYYY 年 ")"，❸ 按【Enter】键即可看到"日期表"中"销售日期"列中的年被提取出来了，如图 9-111 所示。

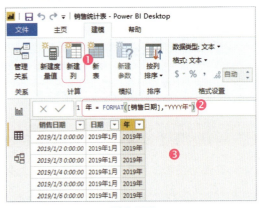

图 9-111

Step 04 ❶ 再次启动【新建列】功能，❷ 在公式编辑栏中输入公式"星期 = FORMAT([销售日期],"DDDD")"，❸ 按【Enter】键即可看到"日期表"中"销售日期"列中的星期被提取出来了，如图 9-112 所示。

图 9-112

Step 05 由于 Step04 中提取出的星期不符合中国用户的书写习惯，❶ 可以再次启动【新建列】功能，❷ 在公式编辑栏中输入公式"星期（中文）= FORMAT([销售日期],"AAAA")"，❸ 按【Enter】键即可看到调整后的效果，如图 9-113 所示。

图 9-113

Step 06 为了使数据更加符合我们的习惯，❶ 可以再次启动【新建列】功能，❷ 在公式编辑栏中输入公式"周几 = FORMAT([销售日期],"AAA")"，❸ 按【Enter】键即可看到如图 9-114 所示的调整后的效果。

图 9-114

技巧 02：使用 USERELATIONSHIP 函数在两表之间建立多个关系

在 Power BI 中，两个表之间存在一个关系非常常见，但是也有两个表之间存在两个关系，如果建立两个关系，第二个关系就是以虚线连接的，而虚线连接的关系处于未激活状态，此时可以通过 USERELATIONSHIP 函数激活两个表的虚线关系，暂停其他的实线关系。

USERELATIONSHIP 函数的语法如下：

USERELATIONSHIP(<columnName1>,<columnName2>)

USERELATIONSHIP 函数有两个参数，两个参数都是列名。第 1 个参数是事实表中的列名，第 2 个参数是维度表中的列名，该函数是给事实表指定使用维度表中哪个列名建立两表关系，具体操作步骤如下。

Step 01 打开"素材文件\第 9 章\销售记录表 .pbix"，❶ 切换至模型视图，❷ 通过"销售记录表"中的"销售日期"字段和"日期表"中的"Date"字段建立一个多对一的数据关系，如图 9-115 所示。

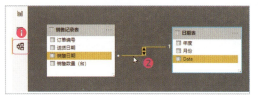

图 9-115

Step 02 通过"销售记录表"中的"送货日期"字段和"日期表"中的"Date"字段建立第 2 个数据关系，如图 9-116 所示，可以发现这个关系的连接线是虚线。

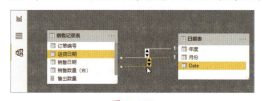

图 9-116

Step 03 在【建模】选项卡下单击【管理关系】按钮，如图 9-117 所示。

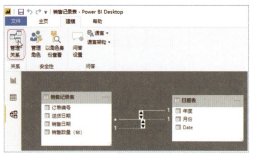

图 9-117

Step 04 在打开的【管理关系】对话框中可以看到报表中的两个数据关系，其中一个关系前的复选框呈未选中的状态。❶ 单击该关系前的复选框，❷ 弹出【关系激活】对话框，提示无法在"销售记录表"和"日期表"之间通过"送货日期"字段和"Date"字段建立直接的关系，这是因为这两个表之间已经存在一个直接关系。❸ 单击【关闭】按钮返回【管理关系】对话框，❹ 单击【关闭】按钮，关闭【管理关系】对话框，如图 9-118 所示。

图 9-118

Step 05 ❶ 切换至数据视图，选中【字段】窗格中的"销售记录表"，❷ 可看到"销售记录表"中的数据内容，如图 9-119 所示。可以发现，销售日期 2020/1/23 售出的 15 台商品的送货日期是 2020/2/2。假设此时我们需要计算每个月的售出数量和送货数量，则需要分别通过销售日期和送货日期来计算。由于"销售记录表"中的"销售日期"字段和"日期表"中的"Date"字段已经建立了一个可用的数据关系，可用直接创建度量值然后制作视觉对象的方法来查看每个月的售出数量。而"销售记录表"中的"送货日期"字段与"日期表"中的"Date"字段虽然建立了数据关系，但是关系没有被激活，因此无法直接通过"送货日期"计算每个月的送货数量。

订单编号	销售日期	销售数量（台）	送货日期
10021001	2020/1/2	50	2020/1/12
10021002	2020/1/5	100	2020/1/13
10021003	2020/1/9	80	2020/1/19
10021004	2020/1/15	90	2020/1/25
10021005	2020/1/20	12	2020/1/30
10021006	2020/1/23	15	2020/2/2
10021007	2020/1/25	60	2020/2/4
10021008	2020/2/1	40	2020/2/11
10021009	2020/2/5	45	2020/2/15
10021010	2020/2/6	50	2020/2/16
10021011	2020/2/8	30	2020/2/18
10021012	2020/2/10	20	2020/2/20
10021013	2020/2/15	10	2020/2/25
10021014	2020/2/16	50	2020/2/26
10021015	2020/2/18	10	2020/2/28

图 9-119

Step 06 此时就可以通过 USERELATIONSHIP 函数调用该未激活的关系来计算送货数量。❶ 启动【新建度量值】功能，❷ 在公式编辑栏中输入公式"售出数量 = SUM ('销售记录表'[销售数量（台）])"，按【Enter】键完成"售出数量"度量值的创建，如图 9-120 所示。

图 9-120

❷ 在公式编辑栏中输入公式"送货数量 = CALCULATE ('销售记录表'[售出数量],USERELATIONSHIP('销售记录表'[送货日期],'日期表'[Date]))",按【Enter】键完成"送货数量"度量值的创建,如图 9-122 所示。

图 9-122

Step 07 ❶ 切换至报表视图,创建一个表视觉对象,在【字段】窗格中选择"日期表"中的"月份"字段,在"销售记录表"中选择"售出数量"度量值,❷ 得到如图 9-121 所示的视觉对象,从中可以看到每个月的售出数量。

Step 09 ❶ 切换至报表视图,然后选中 Step07 中创建的表视觉对象,在【字段】窗格中选择"送货数量"度量值,❷ 即可得到如图 9-123 所示的视觉对象。从该视觉对象中可以看到每个月的送货数量,这个送货数量是根据"送货日期"计算得出的。

图 9-121

图 9-123

Step 08 ❶ 再次在数据视图中启动【新建度量值】功能,

过关练习——计算商品的销售金额周环比

介绍了 Power BI 中一些高级函数的使用方法后,为了帮助读者巩固所学的知识,并加强读者对这些函数的掌握,我们将通过本节的过关练习对本章知识点进行回顾和延伸。

Step 01 打开"素材文件\第9章\销售金额记录表.pbix",❶ 切换至模型视图,❷ 为"销售金额记录表"和"日期表"建立数据关系,如图 9-124 所示。

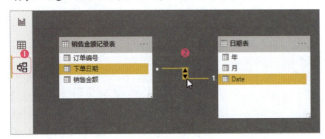

图 9-124

Step 02 使用 WEEKDAY 函数提取星期信息。❶ 切换至数据视图,❷ 选中"日期表",❸ 启动【新建列】功能,❹ 在公式编辑栏中输入公式"周几 = WEEKDAY ('日期表'[Date],2)",❺ 按【Enter】键即可看到新建的"周几"列,如图 9-125 所示。需要注意 WEEKDAY 函数的第 2 个参数,这里设置为 2,表示每周从周一开始,这样比较符合中国用户的使用习惯。

第3篇 数据分析篇

图9-125

技术看板

WEEKDAY函数用于返回代表一周中第几天的数值，是一个1到7（或0到6）的整数。该函数的语法如下：
WEEKDAY(<date>,<return_type>)

参数date为日期，参数return_type为确定返回值类型的数字，数字为1或省略，则1至7代表星期天到星期六；数字为2，则1至7代表星期一到星期日，数字为3，则0至6代表星期一到星期日。

Step 03 ❶再次启动【新建列】功能，❷在公式编辑栏中输入公式"一周开始的日期 =CALCULATE(MAX('日期表'[Date]),FILTER(ALL('日期表'),'日期表'[周几]=1&&'日期表'[Date]<=EARLIER('日期表'[Date])))"，❸按【Enter】键即可看到新建的"一周开始的日期"列，如图9-126所示。日期表是从2020年1月1日开始的，因此前几天没有周开始日期，但是不影响后面的周编号，故忽略即可。

图9-126

Step 04 有了一周开始的日期后，就可以通过对该日期排序来计算周编号了。❶启动【新建列】功能，❷在

公式编辑栏中输入公式"周编号=RANKX('日期表','日期表'[一周开始的日期],'日期表'[一周开始的日期],1,Dense)"，❸按【Enter】键即可得到新建的"周编号"列，如图9-127所示。公式中的Dense为RANKX函数的一个参数，表示当排名相同时不计个数。也就是说，排名相同时，下一排名等于上一排名加1，该函数的语法在第8章的过关练习中做过详细介绍，这里不再赘述。

图9-127

Step 05 得到"日期表"里所有日期的连续周编号后，就可以依据此编号进行关于周的计算了。❶首先选中"销售金额记录表"，❷启动【新建度量值】功能，❸在公式编辑栏中输入公式"销售额=SUM('销售金额记录表'[销售金额])"，❹按【Enter】键完成度量值"销售额"的创建，如图9-128所示。

图9-128

Step 06 如果是一周跨越两个月或两年的情况，为了让周销售额分别根据日期显示在跨月或跨年的周中，❶可以启动【新建度量值】功能，❷在公式编辑栏中输入公式"周销售额=IF(HASONEVALUE('日期表'[周编号]),CALCULATE('销售金额记录表'[销售额],FILTER(ALL('日期表'),'日期表'[周编号]=VALUES('日期表'[周编号]))))"，❸按【Enter】键完成度量值"周

销售额"的创建,如图9-129所示。

图 9-129

Step 07 为了计算周环比数据,还需要创建一个度量值。❶再次启动【新建度量值】功能,❷在公式编辑栏中输入公式"上周销售额 = IF(HASONEVALUE('日期表'[周编号]),CALCULATE('销售金额记录表'[销售额],FILTER(ALL('日期表'),'日期表'[周编号]=VALUES('日期表'[周编号])-1)))",❸按【Enter】键完成度量值"上周销售额"的创建,如图9-130所示。

图 9-130

Step 08 切换至报表视图,❶在【可视化】窗格中选择【矩阵】视觉对象,❷在【字段】窗格中选中"日期表"中的"年"和"周编号"字段前的复选框,以及"销售金额记录表"中的"销售额""周销售额"和"上周销售额"度量值前的复选框,如图9-131所示。

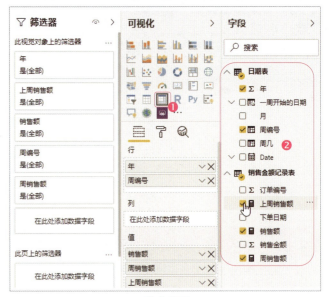

图 9-131

Step 09 操作完成后即可得到如图9-132所示的矩阵视觉对象。在该视觉对象中可以查看每年每周的销售额、上周销售额数据。

年	销售额	周销售额	上周销售额
⊟ 2020	1570211		
1	20050	20050	
2	20200	20200	20050
3	34400	34400	20200
4	20903	20903	34400
5	35320	35320	20903
6	25299	25299	35320
7	29715	29715	25299
8	15322	15322	29715
9	28735	28735	15322
10	28477	28477	28735
11	22400	22400	28477
12	34700	34700	22400
13	23840	23840	34700
14	28303	28303	23840
15	26720	26720	28303
16	28771	28771	26720
17	24145	24145	28771
18	21721	21721	24145
19	31761	31761	21721
总计	1704845		

图 9-132

Step 10 拖动视觉对象右侧的滚动条,可以看到第53周跨越了2020年和2021年,而"周销售额"列可以正确显示整周的销售额,如图9-133所示。

年	销售额	周销售额	上周销售额
40	16663	16663	30635
41	32606	32606	16663
42	36355	36355	32606
43	94900	94900	36355
44	40100	40100	94900
45	37500	37500	40100
46	40000	40000	37500
47	20000	20000	40000
48	39200	39200	20000
49	21700	21700	39200
50	26743	26743	21700
51	27358	27358	26743
52	29213	29213	27358
53	19523	26765	29213
⊟ 2021	134634		
53	7242	26765	29213
54	18721	18721	26765
55	33627	33627	18721
56	29394	29394	33627
57	45650	45650	29394
总计	1704845		

图 9-133

Step11 ❶ 返回数据视图，❷ 启动【新建度量值】功能，❸ 在公式编辑栏中输入公式“周环比 = DIVIDE('销售金额记录表'[周销售额],'销售金额记录表'[上周销售额])-1”，❹ 按【Enter】键完成“周环比”度量值的创建，如图 9-134 所示。

图 9-134

Step12 返回报表视图，选中 Step09 中创建的视觉对象，在【字段】窗格中选中“周环比”度量值即可得到如图 9-135 所示的表视觉对象，从该表中可以看到周环比的数据。

年	销售额	周销售额	上周销售额	周环比
40	16663	16663	30635	-0.46
41	32606	32606	16663	0.96
42	36355	36355	32606	0.11
43	94900	94900	36355	1.61
44	40100	40100	94900	-0.58
45	37500	37500	40100	-0.06
46	40000	40000	37500	0.07
47	20000	20000	40000	-0.50
48	39200	39200	20000	0.96
49	21700	21700	39200	-0.45
50	26743	26743	21700	0.23
51	27358	27358	26743	0.02
52	29213	29213	27358	0.07
53	19523	26765	29213	-0.08
⊟ 2021	134634			-1.00
53	7242	26765	29213	-0.08
54	18721	18721	26765	-0.30
55	33627	33627	18721	0.80
56	29394	29394	33627	-0.13
57	45650	45650	29394	0.55
总计	1704845			-1.00

图 9-135

本章小结

通过对本章知识的学习，相信读者朋友已经掌握了 Power BI 中一些高级 DAX 函数的使用方法，如筛选器函数中的 CALCULATE 函数，时间智能函数中的 TOTALYTD 函数，以及其他常用函数中的 LOOKUPVALUE 函数等。此外，读者朋友还可以从本章的妙招技法中，学习对商业智能分析工作非常有用的 FORMAT 函数和 USERELATIONSHIP 函数。为了加深读者朋友对本章知识点的理解和掌握，笔者还将本章主要的知识点应用到了过关练习中的一个案例中。

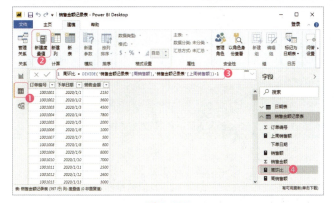

第 4 篇 数据可视化篇

通过对前面章节的学习，我们已经掌握了数据的输入、处理、分析等一系列的报表操作，随后就可以对报表中的数据进行可视化的展示，并将这些数据发布到 Power BI 服务中，以作备份并方便更多非 Power BI 用户查看。此外，我们还可以使用 Power BI 中的一些高级工具分析报表数据。本篇主要讲解 Power BI 中数据可视化的知识。

第 10 章 Power BI 数据可视化

- 如何直观展示报表数据？
- 要展示一段时间内的数据趋势，使用哪种视觉对象更好？
- 制作的可视化效果不好看，该怎么美化？
- 要在一个视觉对象中展示多角度的数据，该怎么实现？

在前面的章节中我们已经多次接触数据的可视化展示。本章将重点介绍各种视觉对象的制作方法，并介绍如何对这些视觉对象进行美化。

10.1 创建和导入视觉对象

要在 Power BI 中以可视化效果展示数据，就要掌握视觉对象的制作方法，以及各种视觉对象的导入方法，从而让报表的展示效果更加生动、灵活。

★重点 10.1.1 制作常见的视觉对象

Power BI 中包含多个视觉对象，如柱形图、条形图、折线图等，用户可以根据实际工作需求选择合适的视觉对象来展示报表数据。下面将介绍这些常见的视觉对象的制作方法。

Step 01 打开"素材文件\第 10 章\销售统计表.pbix"，❶在【可视化】窗格中选择【簇状条形图】视觉对象，❷在【字段】窗格中选中"销售明细表"中的"产品名称"和"销售金额"字段前的复选框，如图 10-1 所示。

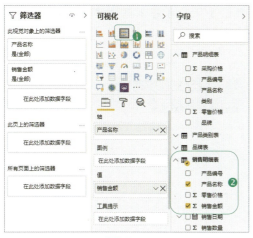

图 10-1

Step 02 在【可视化】窗格的【格式】选项卡中设置簇状条形图的 Y 轴、X 轴、数据标签等参数，如图 10-2 所示。

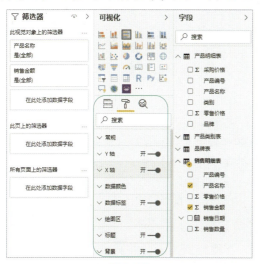

图 10-2

Step 03 制作的簇状条形图的效果如图 10-3 所示。

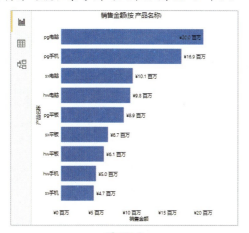

图 10-3

Step 04 ❶ 在【可视化】窗格中选择【饼图】视觉对象，❷ 在【字段】窗格中选中"产品明细表"中"类别"字段前的复选框，以及"销售明细表"中"销售金额"字段前的复选框，如图 10-4 所示。

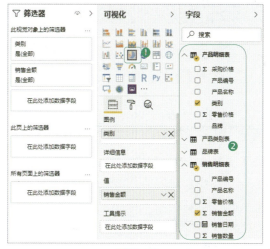

图 10-4

Step 05 ❶ 再次在【可视化】窗格中选择【饼图】视觉对象，❷ 在【字段】窗格中选中"产品明细表"中"品牌"字段前的复选框，以及"销售明细表"中"销售金额"字段前的复选框，如图 10-5 所示。

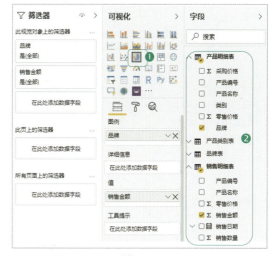

图 10-5

Step 06 即可看到创建的一个条形图和两个饼图同时放置在一个页面中，效果如图 10-6 所示。

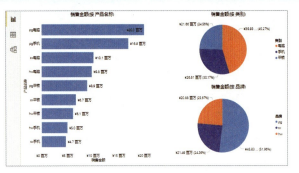

图 10-6

★重点 10.1.2 从应用商店导入视觉对象

如果要制作其他类型的视觉对象，可以从应用商店中导入，然后制作对应的可视化效果，具体操作步骤如下。

Step01 启动 Power BI Desktop，❶ 在【可视化】窗格中单击【导入自定义视觉对象】按钮，❷ 在打开的列表中选择【从应用商店导入】选项，如图 10-7 所示。

图 10-7

Step02 弹出【Power BI 视觉对象】对话框，应用商店中有多个视觉对象，单击要导入的视觉对象右侧的【添加】按钮即可，如图 10-8 所示。

图 10-8

Step03 弹出【导入自定义视觉对象】对话框，可看到"视觉对象已成功导入此报表"提示，单击【确定】按钮，如图 10-9 所示。

图 10-9

Step04 在【可视化】窗格中即可看到添加的视觉对象，❶ 右击该视觉对象，❷ 在弹出的快捷菜单中选择【关于】命令，如图 10-10 所示。

图 10-10

Step05 弹出【Power BI 视觉对象】对话框，可看到该视觉对象的详细信息，如视觉对象的名称、发布者、版本等，然后单击【关闭】按钮，如图 10-11 所示。

图 10-11

Step06 如果要删除从应用商店导入的视觉对象，❶ 则在【可视化】窗格中单击【导入自定义视觉对象】按钮，❷ 在打开的列表中选择【删除自定义视觉对象】选项，如图 10-12 所示。

第4篇 数据可视化篇

图 10-12

Step07 弹出【选择要删除的自定义视觉对象】对话框，❶ 选中要删除的视觉对象，❷ 然后单击【删除】按钮，如图 10-13 所示。

图 10-13

Step08 弹出【从报表中删除自定义视觉对象】对话框，单击【是，删除】按钮，如图 10-14 所示。

图 10-14

★重点 10.1.3 从文件导入视觉对象

除了从应用商店中导入需要的视觉对象外，我们还可以从网上下载视觉对象，然后以文件的形式将这些视觉对象导入软件中，具体操作步骤如下。

Step01 ❶ 在浏览器的地址栏中输入网址"https://appsource.microsoft.com/zh-cn/"，按【Enter】键搜索，❷ 然后在页面中单击【应用】右侧的下拉按钮，❸ 在打开的下拉列表中选择【应用】选项，如图 10-15 所示。

图 10-15

Step02 在新页面的左侧选择【Power BI 视觉对象】选项，如图 10-16 所示。

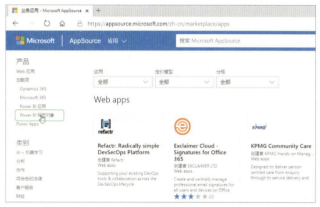

图 10-16

Step03 在展示的多个视觉对象结果中单击要添加的视觉对象下方的【立即获取】按钮，如图 10-17 所示。

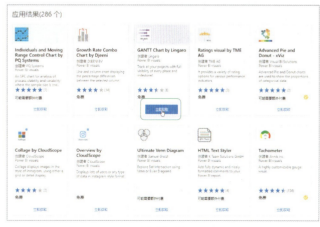

图 10-17

Step04 弹出【还有一件事】对话框，❶ 选中同意授权的复选框，❷ 然后单击【继续】按钮，如图 10-18 所示。

图 10-18

Step05 在页面中单击【Download for Power BI】按钮,将选择的视觉对象保存到需要的位置,如图 10-19 所示。完成视觉对象文件的下载后,可以应用相同的方法下载其他视觉对象。

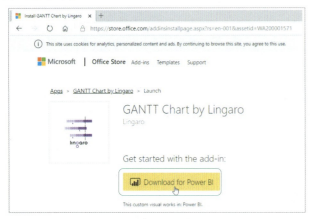

图 10-19

Step06 启动 Power BI Desktop,❶ 在【可视化】窗格中单击【导入自定义视觉对象】按钮,❷ 在打开的列表中选择【从文件导入】选项,如图 10-20 所示。

图 10-20

Step07 弹出【注意:导入自定义视觉对象】对话框,❶ 选中【不再显示此对话框】复选框,❷ 然后单击【导入】按钮,如图 10-21 所示。

图 10-21

Step08 弹出【打开】对话框,❶ 按照保存路径找到要导入 Power BI Desktop 中的视觉对象文件并将其选中,❷ 然后单击【打开】按钮,如图 10-22 所示。

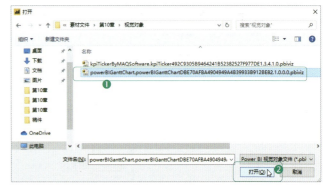

图 10-22

Step09 弹出【导入自定义视觉对象】对话框,单击【确定】按钮,如图 10-23 所示。

图 10-23

Step10 将鼠标指针移动到导入的视觉对象上,即可看到该视觉对象的名称,如图 10-24 所示。至此已完成从文件导入视觉对象的操作。

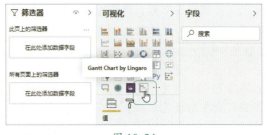

图 10-24

10.2 设置视觉对象格式

为了让 Power BI Desktop 中的视觉对象的效果更加清晰、美观，用户可以对视觉对象的格式（如标题、边框和数据标签等）进行设置。

10.2.1 设置视觉对象的大小和位置

报表中视觉对象的大小和位置并不是固定的，用户可以根据工作需求对视觉对象的大小和位置进行调整，具体操作步骤如下。

Step01 打开"素材文件\第 10 章\销售统计表 1.pbix"，选中要调整大小的视觉对象，将鼠标指针移动到视觉对象边框的中间位置，如右侧边框的中间位置，当鼠标指针变为双向箭头时，按住鼠标左键并拖曳，即可调整视觉对象的大小，如图 10-25 所示。

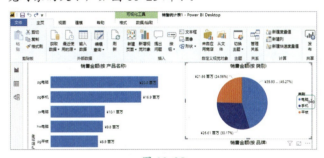

图 10-25

Step02 应用相同的方法可以调整其他视觉对象的大小，此外，还可以精确调整视觉对象的大小。这里我们以簇状条形图视觉对象为例，首先选中报表中的簇状条形图视觉对象，如图 10-26 所示。

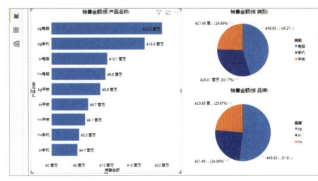

图 10-26

Step03 ❶ 切换至【可视化】窗格的【格式】选项卡，❷ 单击【常规】左侧的折叠按钮，❸ 在展开的列表中设置视觉对象的【宽度】和【高度】参数，如图 10-27 所示，即可精确设置视觉对象的大小。

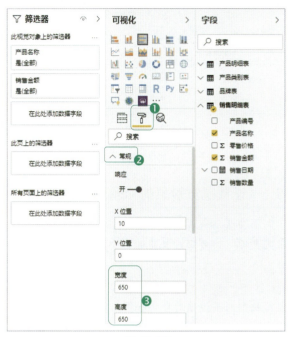

图 10-27

Step04 将鼠标指针移动到视觉对象的边框上，按住鼠标左键并拖曳，即可调整视觉对象在报表中的位置，如图 10-28 所示。

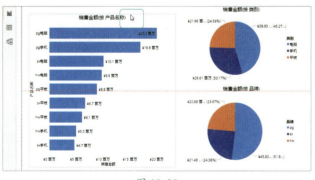

图 10-28

Step05 如果要精确调整视觉对象的位置，可在【可视化】窗格的【格式】选项卡下的【常规】组中设置【X 位置】和【Y 位置】参数，如图 10-29 所示。

图 10-29

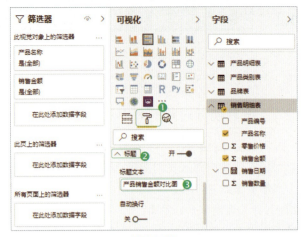

图 10-31

10.2.2 设置视觉对象的标题

为了快速、直观地展示视觉对象要表达的内容，用户可以为视觉对象添加并设置一个标题，具体操作步骤如下。

Step01 打开"素材文件\第10章\销售统计表2.pbix"，选中簇状条形图视觉对象，如图10-30所示。

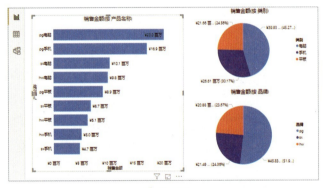

图 10-30

Step02 ❶切换至【可视化】窗格的【格式】选项卡，❷单击【标题】左侧的折叠按钮，❸在展开的列表中的【标题文本】文本框中输入"产品销售金额对比图"，如图10-31所示。

Step03 ❶单击【字体颜色】右侧的下拉按钮，❷在打开的列表中选择合适的颜色，如图10-32所示。

Step04 应用相同的方法设置背景色，然后单击【对齐方式】中的【居中】按钮，并设置【文本大小】，如图10-33所示。

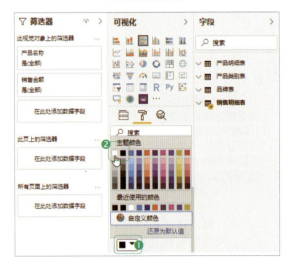

图 10-32

图 10-33

Step 05 设置标题后，簇状条形图的效果如图 10-34 所示。

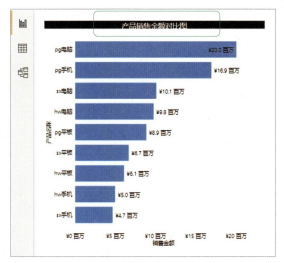

图 10-34

Step 06 选中报表中的其他视觉对象，如报表右上角的饼图，然后在【可视化】窗格的【格式】选项卡下设置【标题文本】为"类别销售金额占比图"，并设置【字体颜色】【背景色】和【对齐方式】，如图 10-35 所示。

图 10-35

Step 07 选中报表右下角的饼图，然后设置【标题文本】为"品牌销售金额占比图"，并设置【字体颜色】和【对齐方式】，如图 10-36 所示。

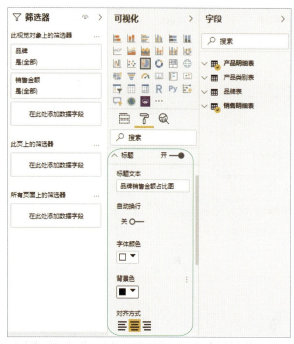

图 10-36

Step 08 设置完成后的效果如图 10-37 所示。

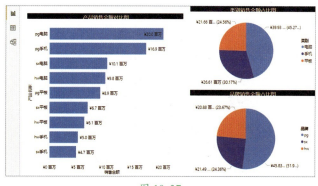

图 10-37

10.2.3 设置视觉对象的边框和背景

为了突出显示报表中的视觉对象，用户可以对视觉对象的边框和背景进行设置，具体操作步骤如下。

Step 01 打开"素材文件\第 10 章\销售统计表 3.pbix"，选中报表中的簇状条形图视觉对象，❶ 在【可视化】窗格的【格式】选项卡下单击【边框】左侧的折叠按钮，❷ 在展开的列表中设置边框的【颜色】，如图 10-38 所示。

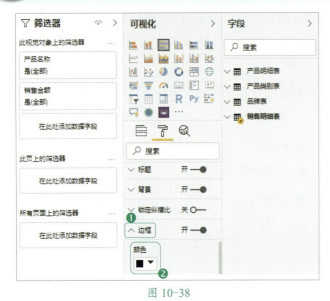

图 10-38

Step02 设置边框颜色后的效果如图 10-39 所示。

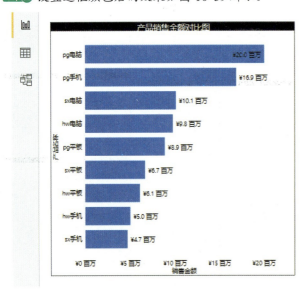

图 10-39

Step03 如果要继续设置视觉对象的边框,可在【格式】选项卡的【边框】列表中拖曳【半径】滑块,如图 10-40 所示。

Step04 调整边框半径后的视觉对象效果如图 10-41 所示。

Step05 应用相同的方法设置其他视觉对象的边框,效果如图 10-42 所示。

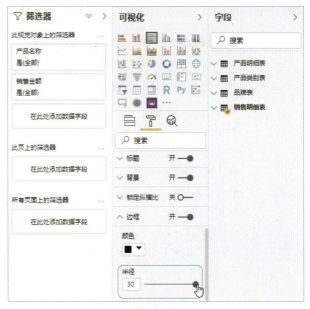

图 10-40

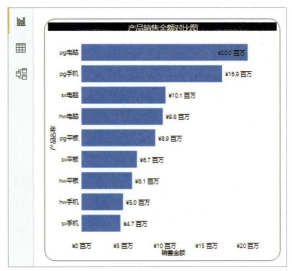

图 10-41

图 10-42

Step 06 如果要设置视觉对象的背景色,可以选中视觉对象,❶在【可视化】窗格的【格式】选项卡下单击【背景】左侧的折叠按钮,❷在展开的列表中设置【颜色】,❸然后拖曳【透明度】滑块设置背景色的透明度,如图10-43所示。

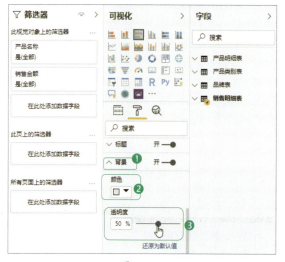

图 10-43

Step 07 设置边框和背景色后的视觉对象效果如图10-44所示。

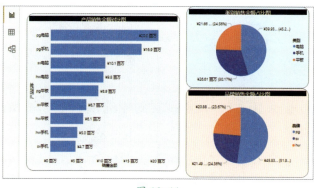

图 10-44

★重点 10.2.4 设置视觉对象的数据标签

为了更直观地查看各项数据的值,用户可以为视觉对象添加并设置数据标签,具体操作步骤如下。

Step 01 打开"素材文件\第10章\销售统计表4.pbix",选中簇状条形图视觉对象,❶切换至【可视化】窗格的【格式】选项卡,❷单击【数据标签】左侧的折叠按钮,❸在展开的列表中单击【显示单位】下拉按钮,❹在打开的下拉列表中选择【无】选项,如图10-45所示。

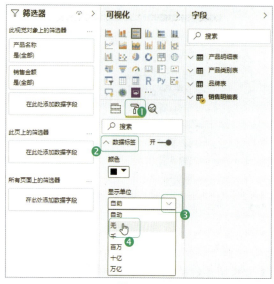

图 10-45

Step 02 ❶设置【值的小数位】为"0",❷然后单击【位置】下拉按钮,❸在打开的下拉列表中选择【基内】选项,如图10-46所示。

图 10-46

Step 03 设置【文本大小】和【字体系列】,如图10-47所示。

图 10-47

Step 04 设置完成后可得到如图10-48所示的视觉对象效果。

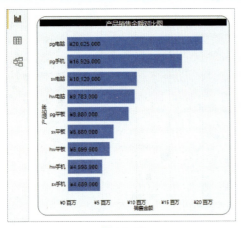

图 10-48

Step05 选中报表中的任意一个饼图视觉对象，❶在【可视化】窗格的【格式】选项卡下单击【详细信息】左侧的折叠按钮，❷在展开的列表中单击【标签样式】下拉按钮，❸在打开的下拉列表中选择【类别，总百分比】选项，如图 10-49 所示。

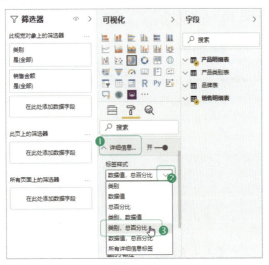

图 10-49

Step06 在【详细信息】列表中设置饼图视觉对象的【文本大小】和【字体系列】，如图 10-50 所示。

图 10-50

Step07 ❶在【详细信息】列表中单击【标签位置】下拉按钮，❷在打开的下拉列表中选择【内部】选项，如图 10-51 所示。

图 10-51

Step08 应用相同的方法设置其他视觉对象的标签样式，效果如图 10-52 所示。

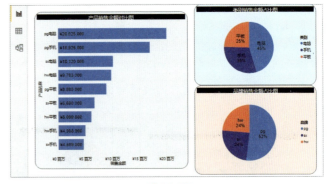

图 10-52

★重点 10.2.5 设置视觉对象的横纵坐标轴和图例

为了让视觉对象在展示报表数据时更加直观、清晰，用户可以为其添加并设置横纵坐标轴和图例，具体操作步骤如下。

Step01 打开"素材文件\第 10 章\销售明细表 5.pbix"，选中簇状条形图视觉对象，❶在【可视化】窗格的【格式】选项卡下单击【Y 轴】左侧的折叠按钮，❷在展开的列表中设置 Y 轴的【位置】【颜色】【文本大小】和【字体系列】，如图 10-53 所示。

图 10-53

Step 02 在【Y轴】列表中单击【标题】开关，如图 10-54 所示，让标题处于关闭状态。

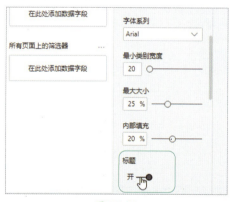

图 10-54

Step 03 在【可视化】窗格的【格式】选项卡下单击【X 轴】右侧的开关，如图 10-55 所示，将开关关闭从而不在视觉对象中显示 X 轴。

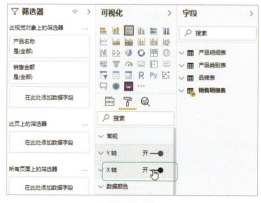

图 10-55

Step 04 在【X轴】列表中单击【标题】开关，如图 10-56 所示，将开关关闭从而不在视觉对象中显示 X 轴的标题。

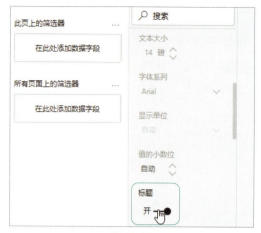

图 10-56

Step 05 设置完成后的视觉对象效果如图 10-57 所示。

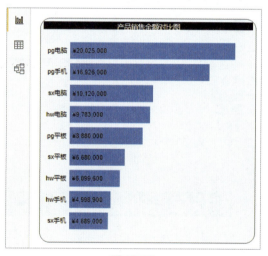

图 10-57

Step 06 选中报表中的饼图视觉对象，❶ 在【格式】选项卡下单击【图例】左侧的折叠按钮，❷ 在展开的列表中单击【位置】下拉按钮，❸ 在打开的下拉列表中选择【顶部居中】选项，如图 10-58 所示。

Step 07 即可得到如图 10-59 所示的报表效果。可看到饼图视觉对象中的图例以顶部居中的方式显示。

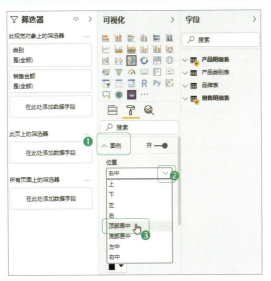

图 10-58

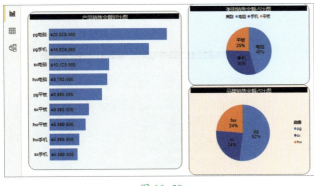

图 10-59

Step 08 如果要删除饼图视觉对象中的图例,可选中饼图视觉对象,然后在【可视化】窗格的【格式】选项卡下单击【图例】右侧的开关,如图 10-60 所示,让图例处于关闭状态。

图 10-60

Step 09 应用相同的方法设置其他视觉对象中图例的显示状态,最终效果如图 10-61 所示。

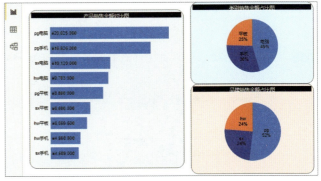

图 10-61

10.3 制作常用的视觉对象

不同的视觉对象可以从不同角度展示报表数据,本节将介绍在 Power BI Desktop 中制作常用的视觉对象的方法,并对视觉对象的格式进行设置,从而让报表的可视化效果更加清晰、直观。

10.3.1 实战:柱形图

Power BI 中的柱形图视觉对象包含多个类型,利用柱形图可以对报表中的数据大小进行对比。本小节将以制作簇状柱形图为例,介绍柱形图视觉对象的制作方法。

Step 01 打开"素材文件\第 10 章\销售统计表.pbix",❶在【可视化】窗格中选择【簇状柱形图】视觉对象,❷在【字段】窗格中选中"销售明细表"中的"产品名称"和"销售金额"字段前的复选框,如图 10-62 所示。

图 10-62

Step 02 在【可视化】窗格中的【格式】选项卡下设置簇状柱形图的 X 轴、Y 轴的格式，如图 10-63 所示。

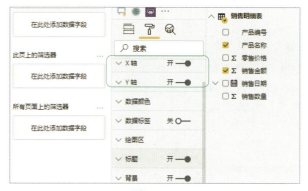

图 10-63

Step 03 得到的簇状柱形图效果如图 10-64 所示。

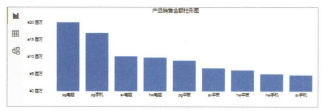

图 10-64

Step 04 ❶ 在【可视化】窗格中选择【簇状柱形图】视觉对象，❷ 在【字段】窗格中选中"销售明细表"中的"销售日期"和"销售金额"字段前的复选框，如图 10-65 所示。

图 10-65

Step 05 在【可视化】窗格中【字段】选项卡下的【轴】中删除【年】【季度】和【日】，只保留【月份】，如图 10-66 所示。

图 10-66

Step 06 得到的簇状柱形图效果如图 10-67 所示。

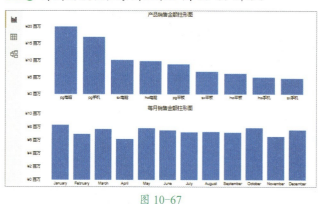

图 10-67

10.3.2 实战：条形图

Power BI 中的条形图视觉对象与柱形图视觉对象具有相似的功能，也常被用于对比数据的大小。本小节以制作簇状条形图为例，介绍条形图视觉对象的制作方法。

Step 01 打开"素材文件\第 10 章\销售统计表.pbix"，❶ 在【可视化】窗格中选择【簇状条形图】视觉对象，❷ 在【字段】窗格中选中"销售明细表"中的"产品名称"和"销售金额"字段前的复选框，如图 10-68 所示。

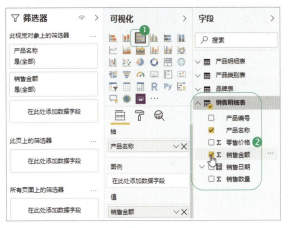

图 10-68

Step02 ❶ 在【可视化】窗格中选择【簇状条形图】视觉对象，❷ 在【字段】窗格中选中"销售明细表"中的"销售日期"和"销售金额"字段前的复选框，❸ 在【可视化】窗格中【字段】选项卡下的【轴】中只保留【月份】，如图 10-69 所示。

图 10-69

Step03 在【可视化】窗格的【格式】选项卡下设置制作的条形图视觉对象的格式，即可得到如图 10-70 所示的效果。

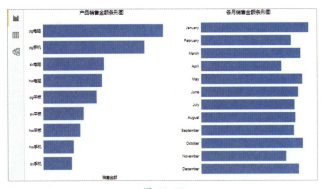

图 10-70

★重点 10.3.3　实战：折线图

Power BI 中的折线图视觉对象能够清晰地展示一段时间内的数据变化趋势。本小节将详细介绍该视觉对象的制作方法。

Step01 打开"素材文件\第 10 章\销售统计表.pbix"，❶ 在【可视化】窗格中选择【折线图】视觉对象，❷ 在【字段】窗格中选中"销售明细表"中的"销售日期"和"销售数量"字段前的复选框，如图 10-71 所示。

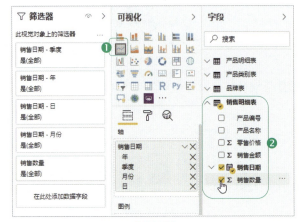

图 10-71

Step02 在【可视化】窗格中【字段】选项卡下的【轴】中删除【年】【季度】和【日】，只保留【月份】，如图 10-72 所示。

图 10-72

Step03 ❶ 在【可视化】窗格中选择【折线图】视觉对象，❷ 在【字段】窗格中选中"销售明细表"中的"销售日期"和"销售金额"字段前的复选框，❸ 然后在【可视化】窗格中【字段】选项卡下的【轴】中只保留【月份】，如图 10-73 所示。

第4篇 数据可视化篇

图 10-73

Step 04 选中第一个折线图视觉对象，❶ 在【可视化】窗格的【格式】选项卡下单击【数据颜色】左侧的折叠按钮，❷ 在展开的列表中单击【销售数量】下的颜色下拉按钮，❸ 在打开的下拉列表中选择合适的颜色，如图 10-74 所示。

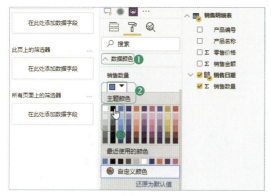

图 10-74

Step 05 ❶ 单击【形状】左侧的折叠按钮，❷ 在展开的列表中设置【笔划宽度】，❸ 然后单击【线条样式】下拉按钮，❹ 在打开的下拉列表中选择【点线】选项，如图 10-75 所示。

图 10-75

Step 06 ❶ 单击【显示标记】开关，以在折线图中显示标

记，❷ 然后单击【标记形状】下拉按钮，❸ 在打开的下拉列表中选择标记形状，如图 10-76 所示。

图 10-76

Step 07 设置折线图的【标记大小】和【标记颜色】，如图 10-77 所示。

图 10-77

Step 08 应用相同的方法设置其他折线图的格式，最终得到如图 10-78 所示的两个折线图视觉对象。

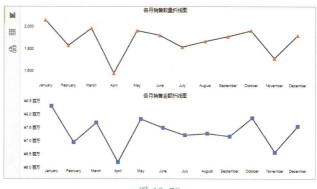

图 10-78

10.3.4 实战：分区图

Power BI 中的分区图视觉对象的功能与折线图视觉对象的功能相似，也常被用于展示数据的变化趋势。本小节将详细介绍分区图视觉对象的制作方法。

Step 01 打开"素材文件\第10章\销售统计表.pbix",❶在【可视化】窗格中选择【分区图】视觉对象,❷在【字段】窗格中选中"销售明细表"中的"销售日期"和"销售数量"字段前的复选框,❸然后在【可视化】窗格中【字段】选项卡下的【轴】中只保留【月份】,如图10-79所示。

图 10-79

Step 02 ❶在【可视化】窗格中选择【分区图】视觉对象,❷在【字段】窗格中选中"销售明细表"中的"销售日期"和"销售金额"字段前的复选框,❸然后在【可视化】窗格中【字段】选项卡下的【轴】中只保留【月份】,如图10-80所示。

图 10-80

Step 03 选中第一个分区图视觉对象,❶在【可视化】窗格的【格式】选项卡下单击【数据标签】左侧的折叠按钮,❷在展开的列表中设置【颜色】【显示单位】等参数,如图10-81所示。

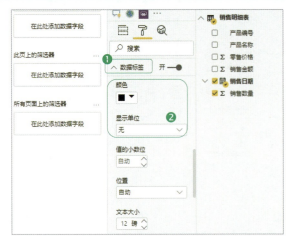

图 10-81

Step 04 应用相同的方法设置第二个分区图视觉对象的格式,然后将鼠标指针移动到分区图中,即可看到相应月份的详细信息,如图10-82所示。

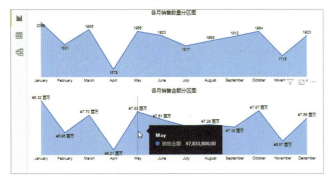

图 10-82

Step 05 再次选中第一个分区图视觉对象,在【字段】窗格中选中"销售明细表"中的"产品名称"字段前的复选框,如图10-83所示。

图 10-83

Step 06 即可看到各产品在各月份的销售数量分区图效果,如图10-84所示。

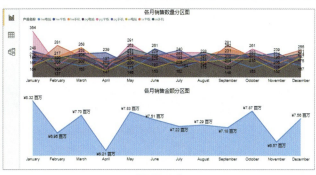

图 10-84

Step07 选中第一个分区图视觉对象，❶ 在【筛选器】窗格中单击【产品名称】右侧的折叠按钮，❷ 在展开的列表中仅选中"hw 电脑"和"hw 手机"产品前的复选框，如图 10-85 所示。

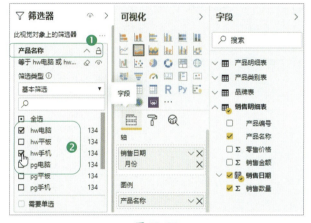

图 10-85

Step08 ❶ 在【可视化】窗格的【格式】选项卡下单击【图例】左侧的折叠按钮，❷ 在展开的列表中单击【位置】下拉按钮，❸ 在打开的下拉列表中选择【顶部居中】选项，如图 10-86 所示。

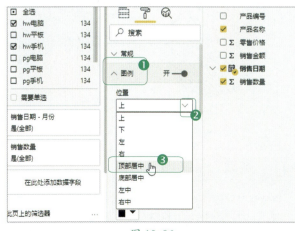

图 10-86

Step09 选中第二个分区图视觉对象，❶ 在【字段】窗格中选中"销售明细表"中的"产品名称"字段前的复选框，❷ 然后在【筛选器】窗格中的【产品名称】列表中仅选中"hw 手机"和"pg 手机"产品前的复选框，如图 10-87 所示。

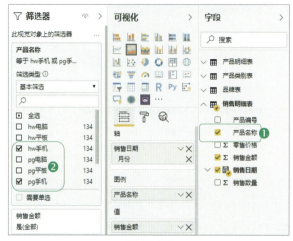

图 10-87

Step10 即可得到如图 10-88 所示的分区图效果，其中仅显示被选中产品的分区图。将鼠标指针移动到视觉对象中，可看到被选中产品在相应月份的详细信息。

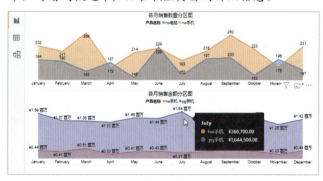

图 10-88

★重点 10.3.5 实战：饼图

Power BI 中的饼图视觉对象可以通过扇面的大小来展示各数据的占比情况。本小节将详细介绍饼图视觉对象的制作方法。

Step01 打开"素材文件\第 10 章\销售统计表.pbix"，❶ 在【可视化】窗格中选择【饼图】视觉对象，❷ 在【字段】窗格中选中"产品明细表"中的"品牌"字段和"销售明细表"中的"销售数量"字段前的复选框，如图 10-89 所示。

173

图 10-89

Step02 ❶ 在【可视化】窗格中选择【饼图】视觉对象，❷ 在【字段】窗格中选中"产品明细表"中的"类别"字段和"销售明细表"中的"销售数量"字段前的复选框，如图 10-90 所示。

图 10-90

Step03 选中第一个饼图视觉对象，❶ 在【可视化】窗格中的【格式】选项卡下单击【详细信息】左侧的折叠按钮，❷ 在展开的列表中单击【标签样式】下拉按钮，❸ 在打开的下拉列表中选择【类别，总百分比】选项，如图 10-91 所示。

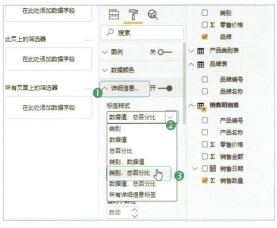

图 10-91

Step04 设置视觉对象中标签的颜色、显示单位和百分比的小数位等，如图 10-92 所示。

图 10-92

Step05 对第二个饼图视觉对象进行相同的格式设置，最终得到如图 10-93 所示的效果。

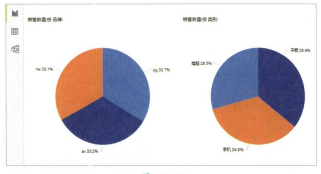

图 10-93

10.3.6 实战：环形图

Power BI 中的环形图视觉对象就是 Excel 中的圆环图，其功能与报表中的饼图相同。本小节将详细介绍环形图视觉对象的制作方法。

Step 01 打开"素材文件\第10章\销售统计表.pbix",❶在【可视化】窗格中选择【环形图】视觉对象,❷在【字段】窗格中选中"产品明细表"中的"类别"字段和"销售明细表"中的"销售金额"字段前的复选框,如图10-94所示。

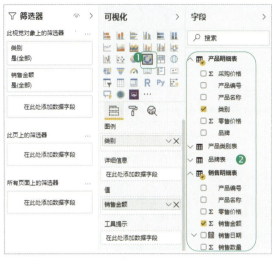

图 10-94

Step 02 ❶在【可视化】窗格中选择【环形图】视觉对象,❷在【字段】窗格中选中"产品明细表"中的"品牌"字段和"销售明细表"中的"销售金额"字段前的复选框,如图10-95所示。

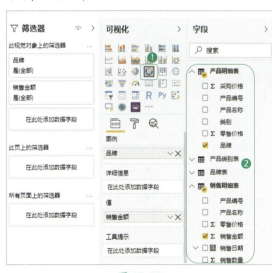

图 10-95

Step 03 选中第一个环形图视觉对象,❶在【可视化】窗格的【格式】选项卡下单击【形状】左侧的折叠按钮,❷在展开的列表中拖动【内半径】滑块,如图10-96所示。应用相同的方法设置第二个环形图视觉对象的内半径。

图 10-96

Step 04 两个环形图视觉对象的最终效果如图10-97所示。

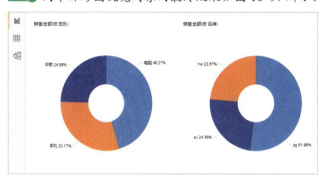

图 10-97

10.3.7 实战:树状图

Power BI中的树状图视觉对象可以展示多个类别的数据占整体的比例。本小节将详细介绍树状图视觉对象的制作方法。

Step 01 打开"素材文件\第10章\销售统计表.pbix",❶在【可视化】窗格中选择【树状图】视觉对象,❷在【字段】窗格中选中"销售明细表"中的"产品名称"和"销售金额"字段前的复选框,如图10-98所示。

图 10-98

Step02 ❶在【可视化】窗格的【格式】选项卡下单击【数据颜色】左侧的折叠按钮,❷在展开的列表中设置树状图中各产品对应的数据块颜色,如图10-99所示。

图 10-99

Step03 最终得到的树状图效果如图10-100所示。

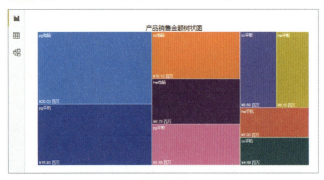

图 10-100

10.3.8 实战：仪表

Power BI 中的仪表视觉对象可用于跟踪某个指标的进度及目标的完成情况,常被用于分析经营数据、跟踪财务指标等。本小节将详细介绍仪表视觉对象的制作方法。

Step01 打开"素材文件\第10章\销售统计表.pbix",❶在【可视化】窗格中选择【仪表】视觉对象,❷在【字段】窗格中选中"销售明细表"中的"销售金额"字段前的复选框,如图10-101所示。

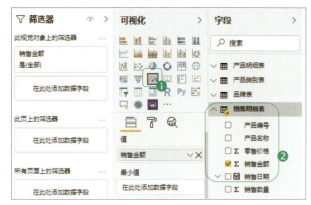

图 10-101

Step02 ❶在【可视化】窗格的【格式】选项卡下单击【测量轴】左侧的折叠按钮,❷在展开的列表中设置【最小】【最大】及【目标】值,如图10-102所示。

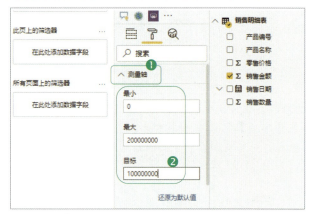

图 10-102

Step03 ❶单击【数据颜色】左侧的折叠按钮,❷在展开的列表中设置【填充】和【目标】的颜色,如图10-103所示。

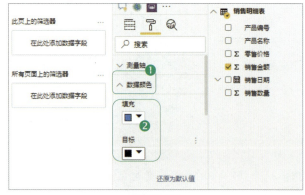

图 10-103

Step04 最终得到的仪表视觉对象效果如图10-104所示。

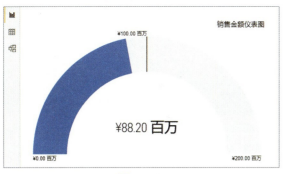

图 10-104

★重点 10.3.9 实战：卡片图

Power BI 中的卡片图视觉对象可以以比较醒目的文本展示重要的数据信息。本小节将详细介绍卡片图视觉对象的制作过程。

Step01 打开"素材文件\第 10 章\销售统计表.pbix"，❶在【可视化】窗格中选择【卡片图】视觉对象，❷在【字段】窗格中选中"销售明细表"中的"销售数量"字段前的复选框，如图 10-105 所示。

图 10-105

Step02 ❶在【可视化】窗格中选择【卡片图】视觉对象，❷在【字段】窗格中选中"销售明细表"中的"销售金额"字段前的复选框，如图 10-106 所示。

图 10-106

Step03 ❶在【可视化】窗格中的【格式】选项卡下单击

【标题】左侧的折叠按钮，❷在展开的列表中设置【标题文本】【字体颜色】等，如图 10-107 所示。

图 10-107

Step04 应用相同的方法设置第一个卡片图的格式，最终得到的两个卡片图效果如图 10-108 所示。

图 10-108

★重点 10.3.10 实战：切片器

Power BI 中的切片器是报表中使用得最频繁的视觉对象，可以用于筛选各种报表数据，其具体制作方法如下。

Step01 打开"素材文件\第 10 章\销售统计表.pbix"，❶在【可视化】窗格中选择【簇状柱形图】视觉对象，❷在【字段】窗格中选中"销售明细表"中的"销售日期"和"销售数量"字段前的复选框，❸然后在【可视化】窗格中的【字段】选项卡下的【轴】中设置只显示【月份】，如图 10-109 所示。

图 10-109

Step 02 设置簇状柱形图的格式，得到如图 10-110 所示的产品各月销售数量柱形图。

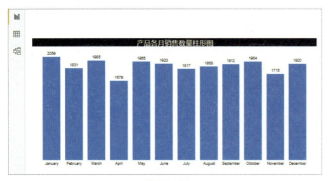

图 10-110

Step 03 ❶ 在【可视化】窗格中选择【切片器】视觉对象，❷ 在【字段】窗格中选中"销售明细表"中的"产品名称"字段前的复选框，如图 10-111 所示。

图 10-111

Step 04 ❶ 在【可视化】窗格中的【格式】选项卡下单击【常规】左侧的折叠按钮，❷ 在展开的列表中设置【轮廓线颜色】和【轮廓线粗细】，❸ 然后单击【方向】下拉按钮，❹ 在打开的下拉列表中选择【水平】选项，如图 10-112 所示。

图 10-112

Step 05 ❶ 单击【项目】左侧的折叠按钮，❷ 在展开的列表

中设置【字体颜色】【边框】等，如图 10-113 所示。

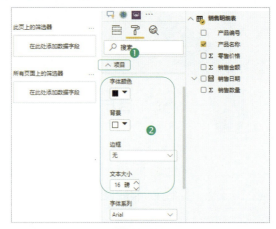

图 10-113

Step 06 最终得到如图 10-114 所示的产品名称切片器。单击切片器中的某个产品名称，如【pg 平板】。

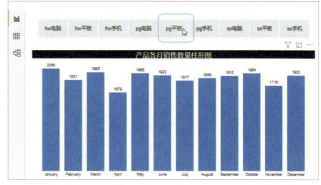

图 10-114

Step 07 即可看到簇状柱形图中只显示 pg 平板在各月的销售数量，如图 10-115 所示。

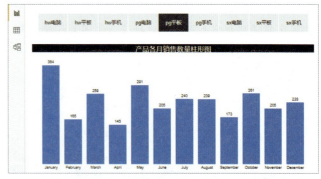

图 10-115

Step 08 如果要查看多个产品在各月的总销售数量，可在按住【Ctrl】键的同时单击切片器中对应的产品名称，即可得到如图 10-116 所示的簇状柱形图效果。

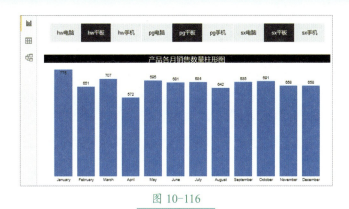

图 10-116

Step09 在软件底部的报表页面选项卡中单击【新建页】按钮,如图 10-117 所示。

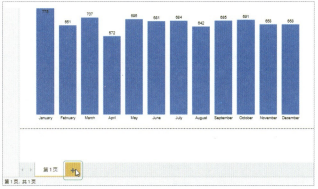

图 10-117

Step10 新建空白报表页后,❶ 在【可视化】窗格中选择【簇状柱形图】视觉对象,❷ 在【字段】窗格中选中"销售明细表"中的"产品名称"和"销售金额"字段前的复选框,如图 10-118 所示。

图 10-118

Step11 设置簇状柱形图的格式,得到如图 10-119 所示的效果。

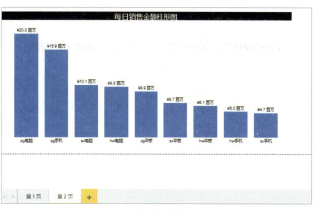

图 10-119

Step12 ❶ 在【可视化】窗格中选择【切片器】视觉对象,❷ 在【字段】窗格中选中"销售明细表"中的"销售日期"字段前的复选框,如图 10-120 所示。

图 10-120

Step13 设置切片器的格式,然后在切片器中拖动滑块,如图 10-121 所示。

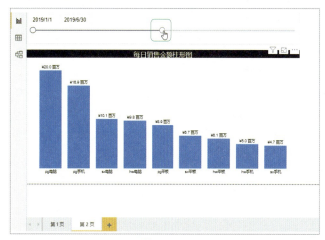

图 10-121

Step14 即可看到上半年各产品的销售金额,如图 10-122 所示。

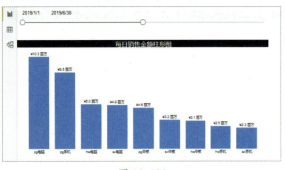

图 10-122

10.3.11 实战：KPI 视觉对象

Power BI 中的 KPI 视觉对象常被用于直观展示目标值与实际值，也常被用于展示绩效的考核情况。下面将介绍 KPI 视觉对象的制作方法。

Step 01 打开"素材文件\第 10 章\实际与目标销售金额统计表 .pbix"，❶ 在【可视化】窗格中选择【KPI】视觉对象，❷ 在【字段】窗格中选中"表 1"中的全部字段前的复选框，❸ 然后在【可视化】窗格的【字段】选项卡下设置"实际销售额"和"目标销售额"字段的位置，如图 10-123 所示。

图 10-123

Step 02 在【可视化】窗格中的【格式】选项卡下设置 KPI 视觉对象的格式，如【颜色编码】【标题】等，如图 10-124 所示。

图 10-124

Step 03 得到的 KPI 视觉对象效果如图 10-125 所示。

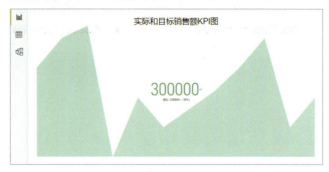

图 10-125

Step 04 ❶ 在【筛选器】窗格中单击【月份】右侧的折叠按钮，❷ 选中【需要单选】复选框，❸ 然后在展开的列表中选中【3 月】复选框，如图 10-126 所示。

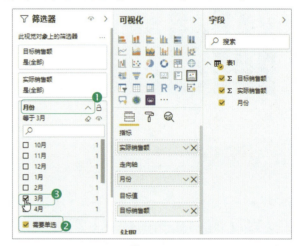

图 10-126

Step 05 即可看到 3 月的实际销售额和目标销售额 KPI 图。根据图中呈现的字体颜色，可知该月的实际销售额达到了目标值，如图 10-127 所示。

图 10-127

Step 06 在【筛选器】窗格中选中【月份】列表中的【12 月】复选框，如图 10-128 所示。

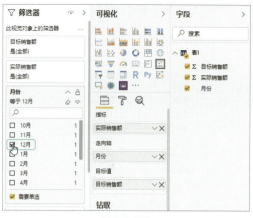

图 10-128

Step 07 即可看到 12 月的实际销售额和目标销售额 KPI 图。根据图中呈现的字体颜色，可知 12 月的实际销售额未达到目标值，如图 10-129 所示。

图 10-129

★重点 10.3.12　实战：表

在第 9 章中我们多次使用了表视觉对象来展示数据，它也是 Power BI 中比较常用的视觉对象。下面将介绍表视觉对象的制作方法。

Step 01 打开"素材文件\第 10 章\销售统计表.pbix"，❶ 在【可视化】窗格中选择【表】视觉对象，❷ 在【字段】窗格中选中"销售明细表"中的"产品名称""销售数量"和"销售金额"字段前的复选框，如图 10-130 所示。

图 10-130

Step 02 ❶ 在【可视化】窗格中切换至【格式】选项卡，❷ 单击【样式】左侧的折叠按钮，❸ 在展开的列表中单击【样式】下拉按钮，❹ 在打开的下拉列表中选择【加粗标题】选项，如图 10-131 所示。

图 10-131

Step 03 调整表中列的宽度，得到如图 10-132 所示的表视觉对象效果。

	产品名称	销售数量	销售金额
	hw电脑	2174	¥9,783,000.00
	hw平板	2652	¥6,099,600.00
	hw手机	2631	¥4,998,900.00
	pg电脑	2225	¥20,025,000.00
	pg平板	2775	¥8,880,000.00
	pg手机	2604	¥16,926,000.00
	sx电脑	2200	¥10,120,000.00
	sx平板	2672	¥6,680,000.00
	sx手机	2605	¥4,689,000.00
	总计	22538	¥88,201,500.00

图 10-132

Step 04 ❶ 在【可视化】窗格的【格式】选项卡下单击【条件格式】左侧的折叠按钮，❷ 在展开的列表中设置条件格式的字段为"销售金额"，❸ 然后单击【数据条】开关，如图 10-133 所示，使其呈打开状态。

图 10-133

Step 05 "销售金额"列中的数据添加数据条后的效果如图 10-134 所示。

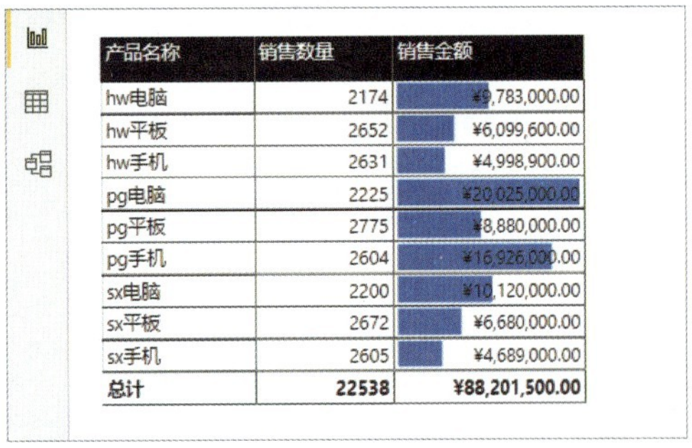

图 10-134

Step 06 单击【条件格式】列表中的【高级控件】链接，如图 10-135 所示。

图 10-135

图 10-136

Step 07 弹出【数据条】对话框，❶ 选中【仅显示条形图】复选框，❷ 然后单击【确定】按钮，如图 10-136 所示。

Step 08 最终得到如图 10-137 所示的表效果，可看到"销售金额"列中只显示数据条。

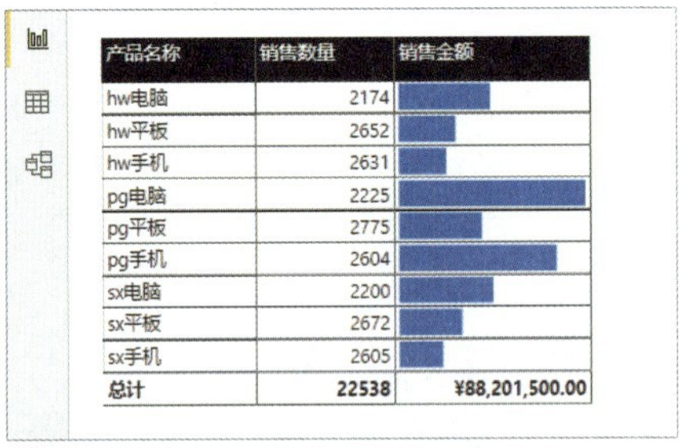

图 10-137

妙招技法

通过对本章知识的学习，相信读者朋友已经掌握了 Power BI 中常用视觉对象的制作方法。下面再给大家介绍一些关于设置视觉对象效果的技巧。

技巧 01：设置实际数据和预测数据系列显示不同颜色

如果报表中的某类数据包含多种类别的数据，那么用户可以在视觉对象中使用不同的颜色来展示不同的类别，具体操作步骤如下。

Step 01 打开"素材文件\第 10 章\实际和预测表.pbix"，❶ 切换至数据视图，❷ 可看到各月份的收入，其中 1—8 月是实际的收入，9—12 月是预测的收入，如图 10-138 所示。

图 10-138

第4篇 数据可视化篇

Step 02 ❶在【可视化】窗格中选择【堆积柱形图】视觉对象，❷在【字段】窗格中选择全部字段，❸然后在【可视化】窗格的【字段】选项卡下设置各字段的位置，如图10-139所示。

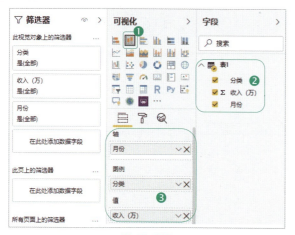

图 10-139

Step 03 ❶在【可视化】窗格中切换至【格式】选项卡，❷单击【数据颜色】左侧的折叠按钮，❸在展开的列表中设置【实际】和【预测】的颜色，如图10-140所示。

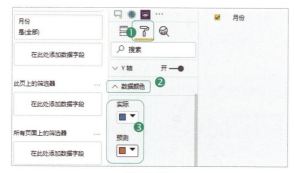

图 10-140

Step 04 得到的堆积柱形图如图10-141所示，可以看到实际数据和预测数据的颜色不同。

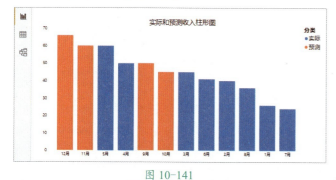

图 10-141

技巧02：在视觉对象中显示详细数据

如果要在当前的视觉对象中直接展示详细的数据信息，可通过以下操作实现。

Step 01 打开"素材文件\第10章\折线图.pbix"，❶右击折线图视觉对象，❷在弹出的快捷菜单中选择【显示数据】命令，如图10-142所示。

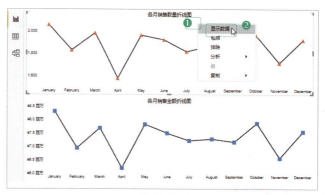

图 10-142

Step 02 即可在该视觉对象下显示对应的数据，如图10-143所示。

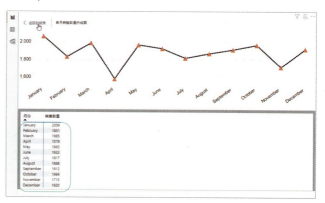

图 10-143

过关练习——创建组合图视觉对象

为了帮助读者掌握更多视觉对象的制作方法，我们将在本章的过关练习中以制作折线图和簇状柱形图的组合图视觉对象为例，介绍组合图视觉对象的制作方法。

Step01 打开"素材文件\第10章\销售统计表.pbix"，❶ 在【可视化】窗格中选择【折线图和簇状柱形图】视觉对象，❷ 在【字段】窗格中选中"销售明细表"中的"销售日期""销售数量"和"销售金额"字段前的复选框，❸ 然后在【可视化】窗格的【字段】选项卡下设置【共享轴】中只显示"销售日期"中的【月份】，如图10-144 所示。

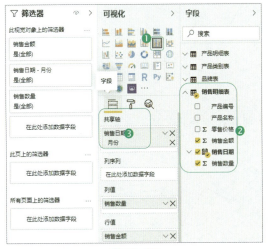

图 10-144

Step02 即可得到如图10-145所示的折线图和簇状柱形图。

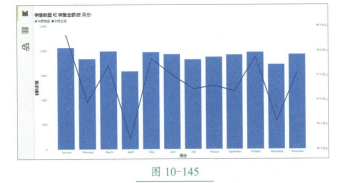

图 10-145

Step03 ❶ 切换至【格式】选项卡，❷ 单击【图例】左侧的折叠按钮，❸ 在展开的列表中单击【位置】下拉按钮，❹ 在打开的下拉列表中选择【顶部居中】选项，如图10-146所示。

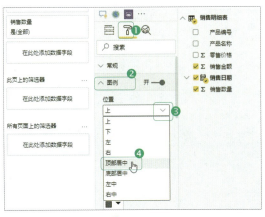

图 10-146

Step04 ❶ 单击【X轴】左侧的折叠按钮，❷ 在展开的列表中设置【颜色】【文本大小】等，如图10-147所示。

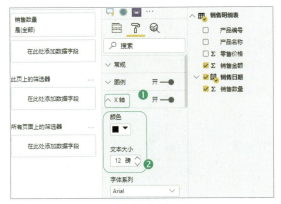

图 10-147

Step05 ❶ 单击【Y轴】左侧的折叠按钮，❷ 在展开的列表中设置【Y轴（列）】的【位置】为【左】，如图10-148所示。

图 10-148

Step 06 设置【Y轴（行）】的【位置】为【右】，并设置【颜色】，如图 10-149 所示。

图 10-149

Step 07 设置【值的小数位】为 "2"，【样式】为【仅显示标题】，并设置【标题颜色】，如图 10-150 所示。

图 10-150

Step 08 ❶ 在【数据颜色】列表中单击【销售金额】下拉按钮，❷ 在打开的下拉列表中选择合适的颜色，如图 10-151 所示。

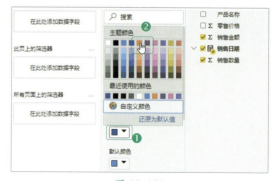

图 10-151

Step 09 ❶ 单击【形状】左侧的折叠按钮，❷ 在展开的列表中设置【笔划宽度】参数，以调整折线图的线条宽度，如图 10-152 所示。

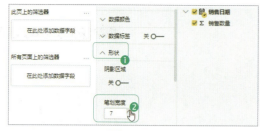

图 10-152

Step 10 ❶ 单击【线条样式】下拉按钮，❷ 在打开的下拉列表中选择【点线】选项，如图 10-153 所示。

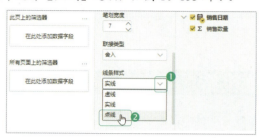

图 10-153

Step 11 ❶ 在【形状】列表中单击【显示标记】开关，在折线图中显示标记，❷ 然后设置标记的形状、大小和颜色，如图 10-154 所示。

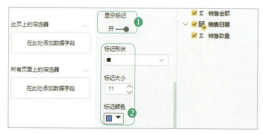

图 10-154

Step 12 ❶ 单击【标题】左侧的折叠按钮，❷ 在展开的列表中设置【标题文本】【字体颜色】【背景色】和【对齐方式】，如图 10-155 所示。

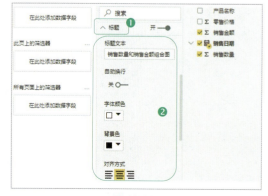

图 10-155

Step13 最终得到如图 10-156 所示的折线图和簇状柱形图组合图视觉对象。

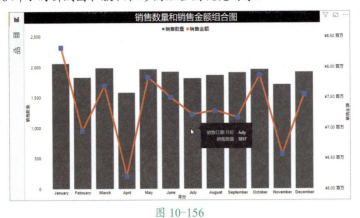

图 10-156

本章小结

通过对本章知识的学习，相信读者朋友已经掌握了 Power BI 中各种视觉对象的制作方法，如柱形图、折线图、饼图等视觉对象的制作方法。此外，本章对 Power BI 中视觉对象格式的设置方法也进行了详细的介绍。除了这些知识，读者朋友还可以在本章的妙招技法里，学习设置实际数据和预测数据系列显示不同的颜色、在视觉对象中显示详细对象等技巧。最后，为了加深读者朋友对本章知识点的理解和掌握，笔者在本章的过关练习中详细介绍了组合图视觉对象的制作方法。

第 11 章 Power BI 数据分析

- 如何筛选视觉对象中的数据？
- 选择的视觉对象不足以呈现报表内容时该怎么办？
- 想从当前报表页快速跳转到其他报表页，该怎么操作？
- 如何查看视觉对象的下一级别的数据？
- 如何在视觉对象中查看未来值的区间？
- 如何在一个视觉对象中同时查看总体数据和某个系列的具体数据？

通过第 10 章介绍的知识，我们已能够在 Power BI 中实现数据的可视化操作。为了进一步完善报表的视觉对象，并更深入地分析报表数据，本章将介绍 Power BI 中一些用于分析报表中视觉对象的工具的使用方法。

11.1 巧用简单工具分析报表数据

为了让 Power BI 报表中的视觉效果更加清晰、直观，用户可以使用报表中的各种工具，如筛选器、形状、钻取等工具，来处理和分析视觉对象中的数据。

★重点 11.1.1 实战：使用筛选器筛选数据

在前面的章节中已经使用过筛选器功能。通过该功能可以筛选视觉对象中的数据，从而得到用户需要的可视化效果，具体操作步骤如下。

Step 01 打开"素材文件\第 11 章\销售统计表.pbix"，选中条形图视觉对象，如图 11-1 所示。

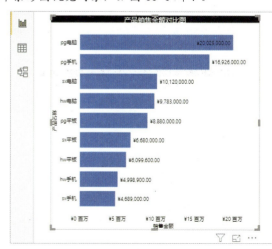

图 11-1

Step 02 ❶ 在【筛选器】窗格中单击"销售金额"字段右侧的折叠按钮，❷ 在展开的列表中单击【显示值满足以下条件的项】下拉按钮，❸ 在打开的下拉列表中选择【小于或等于】选项，如图 11-2 所示。

图 11-2

Step 03 ❶ 在下方的文本框中输入"15000000"，❷ 选中【且】单选按钮，❸ 然后单击下方的下拉按钮，❹ 在打开的下拉列表中选择【大于或等于】选项，如图 11-3 所示。

图 11-3

Step 04 ❶ 在下方的文本框中输入"5000000",❷ 然后单击【应用筛选器】按钮,如图 11-4 所示。

图 11-4

Step 05 即可看到条形图中只显示销售金额大于或等于 5000000 且小于或等于 15000000 的产品,如图 11-5 所示。

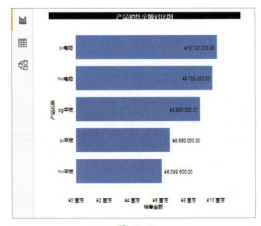

图 11-5

Step 06 如果要返回筛选前的视觉效果,则在【筛选器】窗格中单击"销售金额"字段下的【清除筛选器】按钮,如图 11-6 所示。

图 11-6

Step 07 此外,还可以筛选"产品名称"字段。❶ 在【筛选器】窗格中单击"产品名称"字段右侧的折叠按钮,❷ 在展开的列表中选中"hw 手机""pg 手机"和"sx 手机"复选框,如图 11-7 所示。

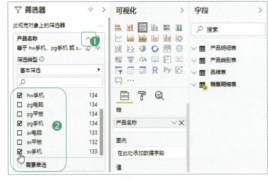

图 11-7

Step 08 即可看到条形图中只显示各个品牌的手机的销售金额,如图 11-8 所示。

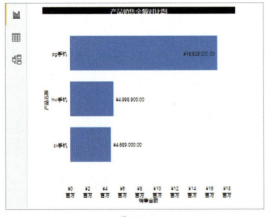

图 11-8

11.1.2 实战：在报表中插入形状

要突出显示视觉对象中的某个数据，可以通过在报表中插入形状来实现，具体操作步骤如下。

Step 01 打开"素材文件\第 11 章\销售统计表 1.pbix"，❶ 在【主页】选项卡下单击【形状】按钮，❷ 在打开的菜单中选择【椭圆】命令，如图 11-9 所示。

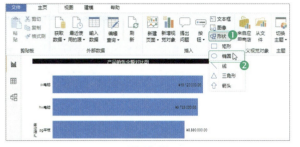

图 11-9

Step 02 报表中会自动插入一个椭圆形，拖动椭圆形外侧的边框，可以调整其大小，还可以将鼠标指针移动到椭圆形上，通过拖曳来调整椭圆形的位置，如图 11-10 所示。

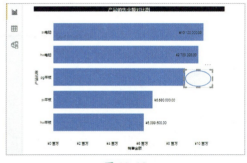

图 11-10

Step 03 选中椭圆形，❶ 在【设置形状格式】窗格中单击【线条】左侧的折叠按钮，❷ 在展开的列表中单击【线条颜色】下拉按钮，❸ 在打开的下拉列表中选择合适的线条颜色，如图 11-11 所示。

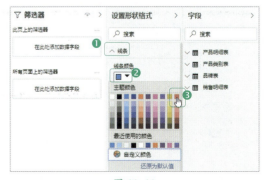

图 11-11

Step 04 设置【粗细】为"7 磅"，如图 11-12 所示。

图 11-12

Step 05 ❶ 单击【填充】左侧的折叠按钮，❷ 在展开的列表中设置【填充颜色】，❸ 拖曳【透明度】滑块，设置透明度为"100%"，如图 11-13 所示。

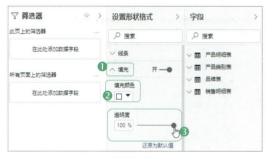

图 11-13

Step 06 即可看到插入的椭圆形将视觉对象中的数据圈起来的效果，如图 11-14 所示。

图 11-14

Step 07 此时如果移动条形图视觉对象，插入的椭圆形并不会随之移动，如图 11-15 所示。因此我们还需要让二者成为组。

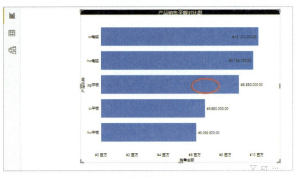

图 11-15

Step 08 将条形图视觉对象移动到原来的位置，❶ 按住【Ctrl】键的同时选中椭圆形和条形图视觉对象并右击，❷ 在弹出的快捷菜单中选择【组】→【组】命令，如图 11-16 所示。

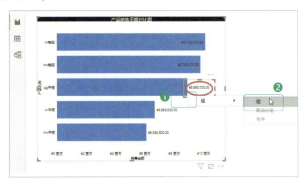

图 11-16

Step 09 再次移动条形图视觉对象，椭圆形便会随之移动，如图 11-17 所示。

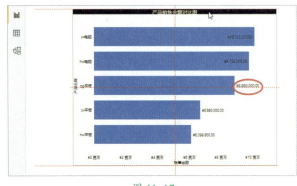

图 11-17

11.1.3 实战：使用编辑交互功能更改视觉对象的交互方式

当一页报表中有多个视觉对象时，如果筛选某个视觉对象中的数据，其他视觉对象也会同时实现筛选操作。如果不想筛选其他视觉对象中的数据，可以使用编辑交互功能更改其他视觉对象的交互方式，具体操作步骤如下。

Step 01 打开"素材文件\第 11 章\销售统计表 2.pbix"，可看到当前页中显示了 3 个视觉对象，如图 11-18 所示。

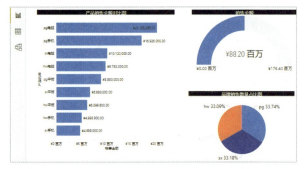

图 11-18

Step 02 单击条形图视觉对象中某个产品对应的条形，如"hw 手机"，可以看到代表其他产品的条形颜色变淡，且仪表图中只显示 hw 手机的销售金额，但此时饼图的视觉效果没有意义，如图 11-19 所示。

图 11-19

Step 03 再次单击条形图中 hw 手机对应的条形，返回全部产品显示的视觉对象效果，❶ 切换至【可视化工具－格式】选项卡，❷ 单击【编辑交互】按钮，如图 11-20 所示。

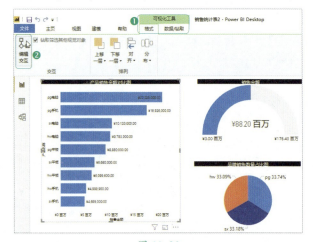

图 11-20

Step 04 此时视觉对象的角上会自动出现一些图标按钮，单击饼图右上角的【无】按钮，如图 11-21 所示。

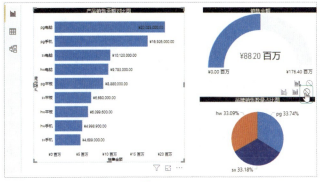

图 11-21

Step 05 再次单击条形图中 hw 手机对应的条形，可看到仪表图中的视觉效果会随之改变，但是饼图会保持原有的效果，如图 11-22 所示。

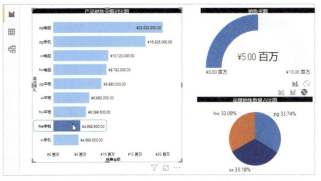

图 11-22

Step 06 单击条形图中其他产品对应的条形，如"sx 电脑"，可看到仪表图中只显示该产品的销售金额，但是饼图的效果不会发生变化，如图 11-23 所示。

图 11-23

Step 07 如果要让饼图的编辑交互方式返回之前的效果，则在饼图的右上角单击【突出显示】按钮，如图 11-24 所示。

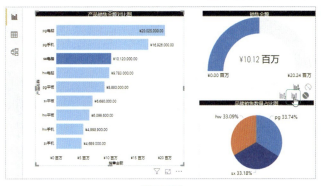

图 11-24

★重点 11.1.4 实战：通过钻取功能深度查看数据

利用 Power BI 的钻取功能可以查看视觉对象更深层次的数据信息，具体操作步骤如下。

Step 01 打开"素材文件\第 11 章\销售统计表 3.pbix"，❶ 右击柱形图视觉对象，❷ 在弹出的快捷菜单中选择【向下钻取】命令，如图 11-25 所示。

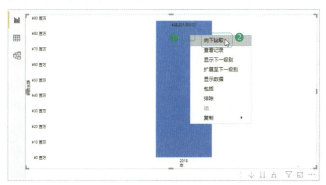

图 11-25

Step 02 即可查看 2019 年 4 个季度的对比效果。如果要查看每个月的对比效果，❶ 则右击任意代表季度的柱形，❷ 在弹出的快捷菜单中选择【显示下一级别】命令，如图 11-26 所示。

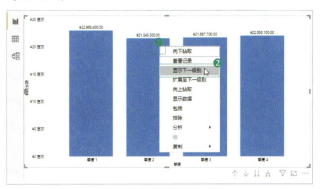

图 11-26

191

Step 03 如果要查看某月每日的对比效果，如 7 月，❶ 则右击该月对应的柱形，❷ 在弹出的快捷菜单中选择【向下钻取】命令，如图 11-27 所示。

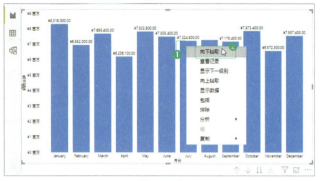

图 11-27

Step 04 即可查看 7 月每日的销售金额对比效果。如果要查看其他月份每日的销售金额对比效果，则先返回每月的对比效果。❶ 右击柱形图，❷ 在弹出的快捷菜单中选择【向上钻取】命令，如图 11-28 所示。

图 11-28

Step 05 ❶ 右击其他月份对应的柱形，如 9 月，❷ 在弹出的快捷菜单中选择【显示下一级别】命令，如图 11-29 所示。

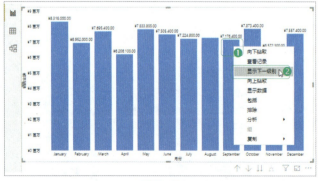

图 11-29

Step 06 即可查看 9 月每日的销售金额对比情况，如图 11-30 所示。

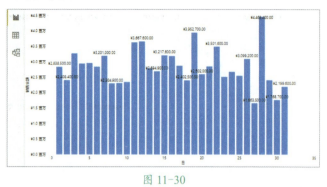

图 11-30

Step 07 通过【向上钻取】功能返回每个季度的销售金额对比效果，❶ 右击柱形图中的柱形，❷ 在弹出的快捷菜单中选择【扩展至下一级别】命令，如图 11-31 所示。

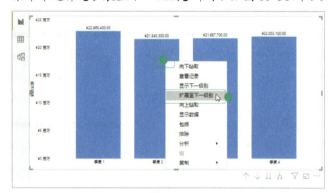

图 11-31

Step 08 此时虽然展示的视觉效果与 Step03 中的视觉效果相同，但是横坐标显示的数据却有一定区别，如图 11-32 所示。可以发现，横坐标中既显示了月份，也显示了季度。

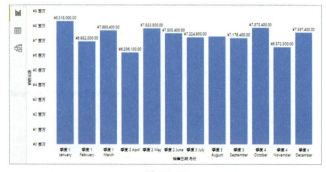

图 11-32

Step 09 保持视觉对象的选中状态，❶ 切换至【可视化】窗格的【格式】选项卡，❷ 在【X 轴】列表中单击【连接标签】开关，如图 11-33 所示，将其设置为开启状态。

第4篇 数据可视化篇

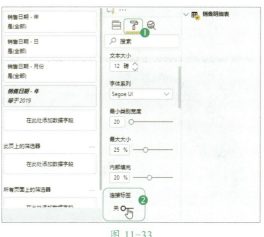

图 11-33

Step⑩ ❶单击【网格线】开关,将其也设置为开启状态,❷然后设置网格线的颜色、笔划宽度、线条样式,如图11-34所示。

图 11-34

Step⑪ 最终的视觉效果如图11-35所示。可以看到,横坐标中既显示了月份,又显示了季度,且同季度的月份共享一个季度信息,并没有重复显示季度信息。此外,每个季度以网格线隔开,使得数据效果更加清晰、直观。

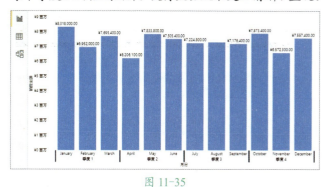

图 11-35

提示:在 Power BI 中,当数据标签的文本字体过大时,为了让报表保持整洁、美观,部分数据标签会自动隐藏,缩小字体即可全部显示。

11.2 使用高级工具分析报表数据

用户除了可以使用11.1节中介绍的简单的数据分析工具来分析报表数据外,也可以使用书签、按钮、工具提示等报表工具实现更多数据分析效果。

★重点 11.2.1 实战:使用书签实现导航效果

报表中有一个功能可以快速从当前页切换至用户需要的报表页,即书签功能,该功能的具体使用方法如下。

Step① 打开"素材文件\第11章\销售统计表4.pbix",可看到该报表中含有4页报表页,切换至第1页,如图11-36所示。

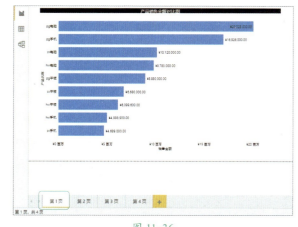

图 11-36

193

Step 02 ❶切换至【视图】选项卡，❷选中【书签窗格】复选框，如图 11-37 所示。

图 11-37

Step 03 【可视化】窗格的左侧即会出现一个名为【书签】的窗格，单击该窗格中的【添加】按钮，如图 11-38 所示。

图 11-38

Step 04 窗格中即会添加一个名为"书签1"的书签，❶右击该书签，❷在弹出的快捷菜单中选择【重命名】命令，如图 11-39 所示。

图 11-39

Step 05 输入该书签的名称，如"产品销售金额对比图"，按【Enter】键完成书签的重命名操作，如图 11-40 所示。

图 11-40

Step 06 切换至第2页报表页，可看到该页中包含的视觉对象，如图 11-41 所示。

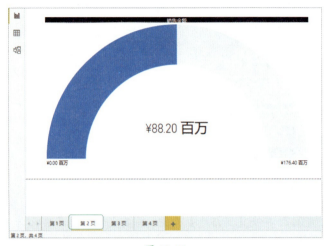

图 11-41

Step 07 ❶在【书签】窗格中单击【添加】按钮，❷右击新添加的"书签2"，❸在弹出的快捷菜单中选择【重命名】命令，如图 11-42 所示。

图 11-42

Step 08 输入书签名，然后继续切换至其他报表页，添加并重命名书签，得到如图 11-43 所示的效果。单击任意一个书签名，如"产品销售金额树状图"。

图 11-43

Step 09 即可跳转到该书签对应的报表页，也就是报表的第 4 页，实现导航的效果，如图 11-44 所示。

图 11-44

11.2.2 实战：使用按钮实现导航效果

用户除了可以使用书签功能实现导航效果外，还可以使用按钮实现导航效果，具体操作步骤如下。

Step 01 打开"素材文件\第 11 章\销售统计表 4.pbix"，❶切换至要设置书签的报表页，❷在【视图】选项卡下选中【书签窗格】复选框，启用书签功能，❸然后在【书签】窗格中单击【添加】按钮，如图 11-45 所示。

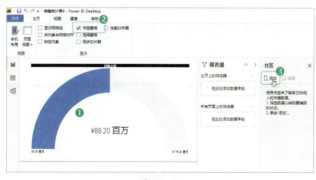

图 11-45

Step 02 将添加的书签命名为"销售金额仪表图"，然后切换至饼图所在的报表页，添加书签并将书签重命名为"品牌销售数量占比图"，如图 11-46 所示。

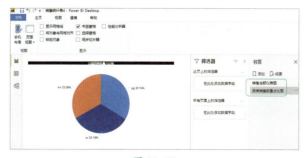

图 11-46

Step 03 切换至树状图所在的报表页，添加书签并将书签重命名为"产品销售金额树状图"，如图 11-47 所示。

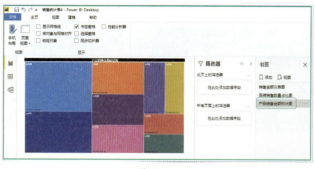

图 11-47

Step 04 ❶切换至条形图所在的报表页，❷在【主页】选项卡下单击【按钮】按钮，❸在打开的菜单中选择【右箭头】命令，如图 11-48 所示。

图 11-48

Step 05 拖曳插入的右箭头按钮调整其位置，如图 11-49 所示。

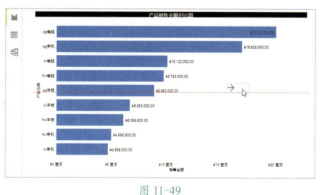

图 11-49

Step 06 拖曳按钮的边框线调整其大小，如图 11-50 所示。

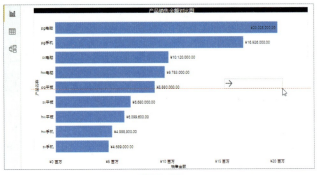

图 11-50

Step07 ❶ 在【可视化】窗格中单击【按钮文本】开关，使其处于开启状态，❷ 单击【按钮文本】左侧的折叠按钮，❸ 在展开的列表中设置【按钮文本】为"销售金额仪表图"，❹ 然后设置字体颜色和填充效果等，如图 11-51 所示。

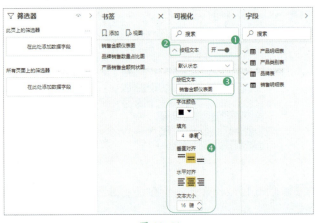

图 11-51

Step08 ❶ 在【可视化】窗格中单击【操作】开关，使其处于开启状态，❷ 单击【操作】左侧的折叠按钮，❸ 在展开的列表中单击【类型】下拉按钮，❹ 在打开的下拉列表中选择【书签】选项，如图 11-52 所示。

图 11-52

Step09 ❶ 单击【书签】下拉按钮，❷ 在打开的下拉列表中选择【销售金额仪表图】选项，如图 11-53 所示。

图 11-53

Step10 即可看到关联书签后的按钮效果，如图 11-54 所示。

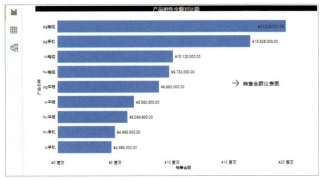

图 11-54

Step11 应用相同的方法插入右箭头按钮并设置文本和关联书签，按住【Ctrl】键，然后单击【产品销售金额树状图】按钮，如图 11-55 所示。

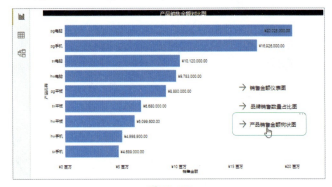

图 11-55

Step12 即可看到报表从第 1 页的条形图跳转到了第 4 页的树状图，如图 11-56 所示。

第4篇 数据可视化篇

图 11-56

★重点 11.2.3 实战：使用组功能分组数据

一般情况下，条形图或柱形图中的全部数据会以相同的颜色展示。如果要让同类型的数据以相同的颜色展示，不同类型的数据以不同的颜色展示，则可以通过Power BI中的组功能分组数据，然后为不同组的数据设置不同的颜色，具体操作步骤如下。

Step01 打开"素材文件\第11章\销售统计表4.pbix"，❶按住【Ctrl】键选中多个产品的销售金额对应的条形并右击，❷在弹出的快捷菜单中选择【组数据】命令，如图11-57所示。

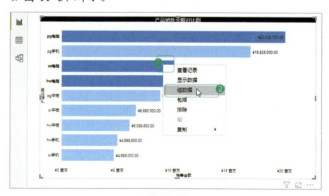

图 11-57

Step02 ❶在【可视化】窗格的【字段】选项卡下右击【图例】中的"产品名称(组)"，❷在弹出的快捷菜单中选择【编辑组】命令，如图11-58所示。

图 11-58

Step03 弹出【组】对话框，在【组和成员】列表框中双击第一个组名，即"hw电脑和pg电脑和sx电脑"，如图11-59所示。

图 11-59

Step04 ❶输入新的组名"电脑"，按【Enter】键完成组的重命名。❷按住【Ctrl】键的同时在【未分组值】列表框中选中【hw平板】【pg平板】和【sx平板】，❸单击【组】按钮，如图11-60所示。

图 11-60

Step 05 选中的产品在【组和成员】列表框中即会组成一个组,将该组重命名为"平板",如图 11-61 所示。

图 11-61

Step 06 ❶重命名【组和成员】列表框中的"其他"组为"手机(其他)",❷单击【确定】按钮,如图 11-62 所示。

图 11-62

Step 07 ❶在【可视化】窗格的【格式】选项卡下单击【数据颜色】左侧的折叠按钮,❷在展开的列表中设置各组的颜色,如图 11-63 所示。

图 11-63

Step 08 即可看到相同组中的数据系列显示为相同的颜色,而不同组中的数据系列显示为不同的颜色,如图 11-64 所示。

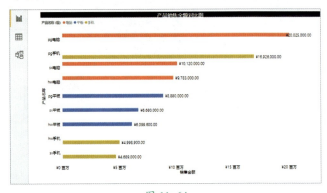

图 11-64

11.2.4 实战:通过预测功能预测未来值

使用 Power BI 中的预测功能可以预测未来值,该功能一般只出现在折线图视觉对象中,具体的使用方法如下。

Step 01 打开"素材文件\第 11 章\销售统计表 5.pbix",可看到折线图中展示了 12 个月的销售数据,如图 11-65 所示。

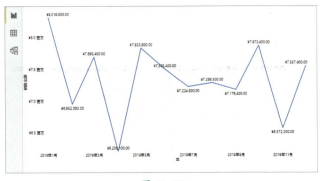

图 11-65

Step 02 选中折线图视觉对象,❶在【可视化】窗格的【分析】选项卡下单击【预测】左侧的折叠按钮,❷在展开的列表中单击【添加】按钮,如图 11-66 所示。

图 11-66

Step 03 双击添加的名为"预测1"的预测,如图 11-67 所示。

图 11-67

Step 04 ❶输入该预测的新名称"预测未来1个月销售金额",❷设置【预测长度】为"1",❸然后单击下方的下拉按钮,❹在打开的下拉列表中选择【月】选项,如图 11-68 所示。

图 11-68

Step 05 ❶设置【置信区间】为"99%",❷然后单击【应用】按钮,如图 11-69 所示。

图 11-69

Step 06 在【分析】选项卡下的【预测】列表中设置【颜色】【线条样式】【置信带样式】和【透明度】,如图 11-70 所示。

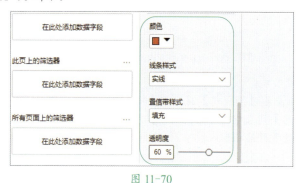

图 11-70

Step 07 最终得到的预测效果如图 11-71 所示,从中可以看到未来1个月的销售金额的预测结果。

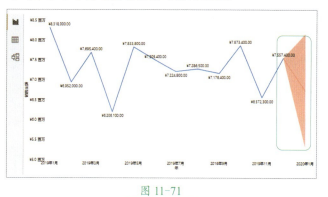

图 11-71

★重点 11.2.5 实战:使用工具提示功能制作悬浮的视觉对象

使用 Power BI 中的工具提示功能可以在视觉对象上制作一个悬浮的视觉对象,具体操作步骤如下。

Step 01 打开"素材文件\第11章\销售统计表 6.pbix",单击【新建页】按钮,如图 11-72 所示。

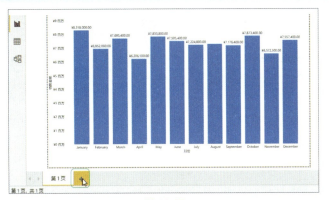

图 11-72

Step02 将新建的空白页重命名为"类别占比",如图 11-73 所示。

图 11-73

Step03 在【可视化】窗格的【格式】选项卡下单击【页面信息】列表中的【工具提示】开关,如图 11-74 所示,使其处于开启状态。

图 11-74

Step04 ❶ 单击【页面大小】左侧的折叠按钮,❷ 在展开的列表中单击【类型】下拉按钮,❸ 在打开的下拉列表中选择【工具提示】选项,如图 11-75 所示。

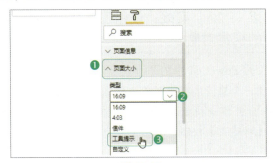

图 11-75

Step05 ❶ 在功能区切换至【视图】选项卡,❷ 然后单击【页面视图】按钮,❸ 在打开的菜单中选择【实际大小】命令,如图 11-76 所示。

图 11-76

Step06 ❶ 在【可视化】窗格中选择【饼图】视觉对象,❷ 然后在【字段】窗格中选中"产品类别表"中的"产品类别"字段和"销售明细表"中的"销售金额"字段前的复选框,如图 11-77 所示。

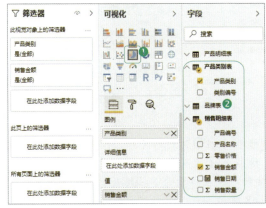

图 11-77

Step07 ❶ 在【可视化】窗格的【格式】选项卡下单击【详细信息标签】左侧的折叠按钮,❷ 在展开的列表中设置【标签样式】为【类别,总百分比】,如图 11-78 所示。

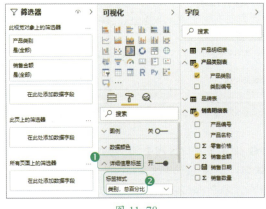

图 11-78

Step 08 操作完成后，"类别占比"报表页中的视觉对象的效果如图11-79所示。

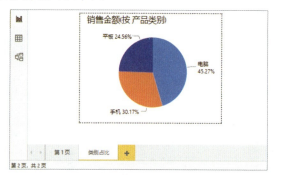

图 11-79

Step 09 切换至"第1页"报表页，选中柱形图视觉对象，❶ 在【可视化】窗格的【格式】选项卡下单击【工具提示】开关，使其处于开启状态，❷ 然后单击【工具提示】左侧的折叠按钮，❸ 在展开的列表中单击【页码】下拉按钮，❹ 在打开的下拉列表中选择【类别占比】选项，如图11-80所示。

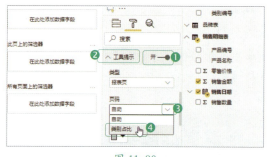

图 11-80

Step 10 将鼠标指针移动到柱形图中的任意一个数据系列上，如代表2月的柱形，即可看到该月各产品类别的销售金额的饼图效果，如图11-81所示。

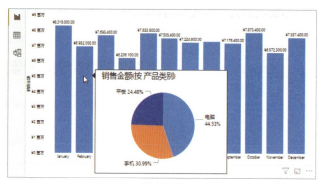

图 11-81

Step 11 将鼠标指针移动到代表6月的柱形上，即可看到饼图中显示了该月各产品类别的销售金额占比情况，如图11-82所示。

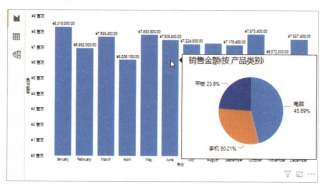

图 11-82

妙招技法

通过对本章知识的学习，相信读者朋友已经掌握了Power BI中一些数据分析工具的使用方法。下面再给大家介绍一些其他数据分析工具的使用方法。

技巧01：在报表中插入文本框

为了通过报表中的视觉对象展示更多的信息，用户可以在报表中插入文本框来丰富报表内容。

Step 01 打开"素材文件\第11章\销售统计表1.pbix"，在【主页】选项卡下单击【插入】组中的【文本框】按钮，如图11-83所示。

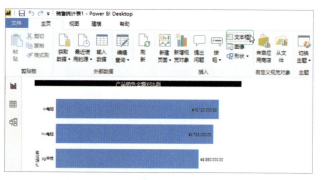

图 11-83

Step02 ❶ 调整插入的文本框的大小和位置，并输入文本内容，❷ 然后选中文本内容，设置字体、字号、对齐方式等格式，如图 11-84 所示。

图 11-84

Step03 得到的报表效果如图 11-85 所示。通过插入的文本框及文本内容可以了解到，该条形图展示了销售金额小于或等于 15000000 及销售金额大于或等于 5000000 的数据。

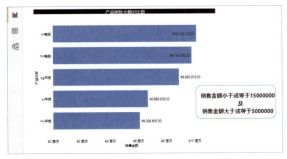

图 11-85

技巧 02：导出创建视觉对象的数据

如果要将创建视觉对象的数据导出为 CSV 格式的文件，可以通过导出数据功能来实现。

Step01 打开"素材文件\第 11 章\销售统计表 6.pbix"，❶ 选择【文件】命令，❷ 在打开的菜单中选择【选项和设置】→【选项】命令，如图 11-86 所示。

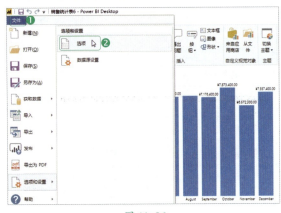

图 11-86

Step02 弹出【选项】对话框，❶ 在左侧选择【报表设置】选项卡，❷ 然后在右侧选项区的【导出数据】组中选中第 1 个单选按钮，❸ 设置完成后单击【确定】按钮，如图 11-87 所示。

图 11-87

Step03 单击视觉对象右下角的【更多选项】按钮，如图 11-88 所示。

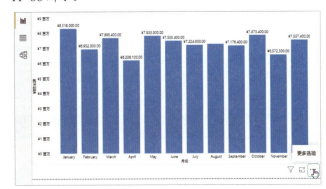

图 11-88

Step04 在打开的列表中选择【导出数据】选项，如图 11-89 所示。

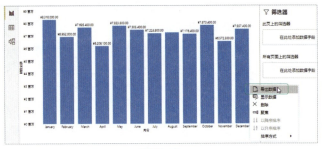

图 11-89

Step 05 弹出【另存为】对话框，❶ 设置数据的保存位置，❷ 并设置【文件名】，❸ 然后单击【保存】按钮，如图 11-90 所示。

图 11-90

Step 06 打开保存的 CSV 文件，即可看到制作柱形图的数据信息，如图 11-91 所示。

	A	B	C	D
1	月份	销售金额		
2	January	¥8,318,000.00		
3	February	¥6,952,000.00		
4	March	¥7,695,400.00		
5	April	¥6,206,100.00		
6	May	¥7,833,800.00		
7	June	¥7,505,400.00		
8	July	¥7,224,800.00		
9	August	¥7,286,500.00		
10	September	¥7,176,400.00		
11	October	¥7,873,400.00		
12	November	¥6,572,300.00		
13	December	¥7,557,400.00		

图 11-91

过关练习 —— 年销售数据分析

介绍了 Power BI 中一些简单的和高级的数据分析工具后，为了加深读者对数据分析工具的理解，我们将在本章的过关练习中综合应用一些数据分析工具，对年销售数据进行分析和查看。

Step 01 打开"素材文件\第 11 章\年销售记录表.pbix"，❶ 可看到该报表中包含 3 页报表页，切换至"柱形图"报表页，❷ 在【视图】选项卡下单击【书签】按钮，如图 11-92 所示。

图 11-92

Step 02 在打开的【书签】窗格中单击【添加】按钮，如图 11-93 所示。

图 11-93

Step 03 设置添加的书签名为"柱形图"，❶ 然后切换至"折线图"报表页，❷ 再次单击【书签】窗格中的【添加】按钮添加书签，并设置书签名为"折线图"，如图 11-94 所示。

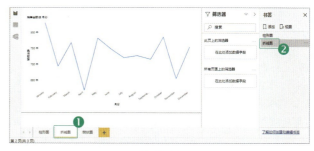

图 11-94

Step 04 ❶ 切换至"树状图"报表页，❷ 再次单击【添加】按钮添加书签，并设置书签名为"树状图"，如图 11-95 所示。

图 11-95

Step 05 在报表页面选项卡中单击【新建页】按钮，设置新建的空白页名为"悬浮饼图"，如图 11-96 所示。

图 11-96

Step 06 ❶在【可视化】窗格的【格式】选项卡下单击【页面信息】左侧的折叠按钮，❷在展开的列表中单击【工具提示】开关，如图 11-97 所示，使其处于开启状态。

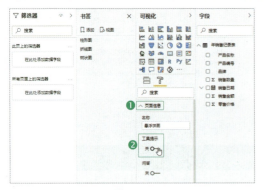

图 11-97

Step 07 ❶单击【页面大小】左侧的折叠按钮，❷在展开的列表中单击【类型】下拉按钮，❸在打开的下拉列表中选择【工具提示】选项，如图 11-98 所示。

图 11-98

Step 08 ❶在功能区中单击【视图】选项卡下的【页面视图】按钮，❷在打开的菜单中选择【实际大小】命令，如图 11-99 所示。

图 11-99

Step 09 ❶在【可视化】窗格中选择【饼图】视觉对象，❷在【字段】窗格中选中"年销售记录表"中的"品牌"和"销售数量"字段，❸在【可视化】窗格的【格式】选项卡下关闭图例的显示，并在【详细信息】下设置【标签样式】为【类别，总百分比】，如图 11-100 所示。

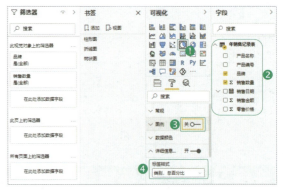

图 11-100

Step 10 "悬浮饼图"报表页中的饼图效果如图 11-101 所示。

图 11-101

Step 11 ❶在【书签】窗格中单击"折线图"书签，选中"折线图"报表页中的折线图视觉对象，❷在【可视化】窗格的【格式】选项卡下单击【工具提示】左侧的折叠按钮，❸在展开的列表中单击【页码】下拉按钮，❹在打开的下拉列表中选择【悬浮饼图】选项，如图 11-102 所示。

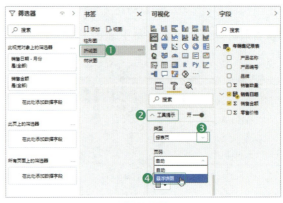

图 11-102

Step⑫ 将鼠标指针移动到折线图中任意代表月份的拐点处，即可看到该月份的品牌销售数量的占比情况，如图11-103所示。

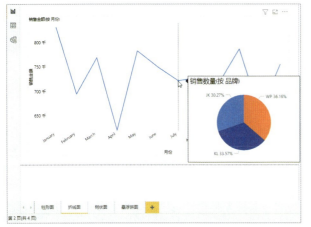

图 11-103

Step⑬ ❶切换至"柱形图"报表页，❷选中柱形图视觉对象，❸在【筛选器】窗格中单击【销售金额】右侧的折叠按钮，❹在展开的列表中设置筛选条件，❺然后单击【应用筛选器】按钮，如图11-104所示。

图 11-104

Step⑭ 即可看到筛选后的柱形图效果，如图11-105所示。

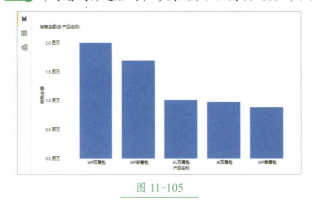

图 11-105

本章小结

　　通过对本章知识的学习，相信读者朋友已经掌握了Power BI报表中视觉对象的分析方法，如如何使用筛选器筛选数据、如何通过钻取功能深度查看数据及如何使用工具提示制作悬浮的视觉对象等。在本章的妙招技法里，读者朋友还可以学习其他数据分析工具的使用方法，如使用文本框丰富视觉对象的展示效果、导出创建数据对象的数据。最后，为了加深读者朋友对本章知识点的理解和掌握，在本章的过关练习中，笔者将Power BI报表中针对视觉对象的分析工具综合应用到了一个案例中。

第12章 Power BI 数据的发布

- 如果没有安装 Power BI Desktop，该如何制作报表？
- 在 Power BI 服务中如何调整报表中视觉对象的效果？
- 如果要删除 Power BI 服务中多余的文件，该怎么操作？
- Power BI 服务中的文件是否可以导出为其他格式的文件？

在实际工作中，我们经常会使用 Power BI Desktop 制作报表并设置报表格式。其实我们也可以在浏览器中通过 Power BI 服务功能实现相同的操作，且可以将报表发布到 Power BI 服务中，实现文件的备份。

12.1 发布报表到 Power BI 服务

将报表发布到 Power BI 服务中后，可以跨平台使用、浏览和管理在 Power BI Desktop 中制作的报表。将报表发布到 Power BI 服务中的操作比较简单，具体操作步骤如下。

Step 01 打开"素材文件\第12章\分区表.pbix"，在【主页】选项卡下的【共享】组中单击【发布】按钮，如图12-1所示。

图 12-1

Step 02 弹出【发布到 Power BI】对话框，❶ 在【选择一个目标】下选择【我的工作区】，❷ 然后单击【选择】按钮，如图12-2所示。

图 12-2

图 12-3

Step 03 报表发布完成后，对话框中会显示成功提示，单击【在 Power BI 中打开"分区图.pbix"】链接，如图12-3所示。

Step 04 在打开的浏览器页面中单击【登录】按钮，如图12-4所示。

图 12-4

Step 05 ❶ 输入登录邮箱，❷ 然后单击【下一步】按钮，如图12-5所示。

图12-5

Step 06 ❶ 在新界面中输入密码，❷ 然后单击【登录】按钮，如图12-6所示。

图12-6

Step 07 单击新界面中的【是】按钮，如图12-7所示，即可进入Power BI服务界面。

图12-7

Step 08 在浏览器中查看报表中的分区图视觉对象的效果如图12-8所示。应用相同的方法，可以将其他报表发布到Power BI服务中。

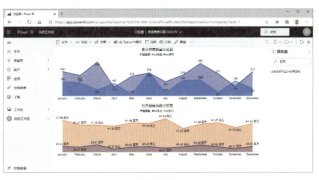

图12-8

★重点 12.2　Power BI 服务界面介绍

为了让读者对Power BI服务的界面有一个大致的认识，本节将以【我的工作区】界面为例，介绍Power BI服务界面。

在Power BI官网导航栏中单击【Power BI服务】，进入Power BI服务页面。单击【我的工作区】即可看到发布到Power BI服务中的文件，如图12-9所示。

图 12-9

Power BI 服务页面中各区域的功能如表 12-1 所示。

表 12-1　Power BI 服务页面中各区域的功能

标号	区域名称	区域功能说明
❶	导航窗格	包含【主页】【收藏夹】和【我的工作区】等多个选项，单击导航窗格中的选项，可跳转到相应的界面
❷	【我的工作区】界面	包含内容、数据集和数据流，在该界面中可看到导入 Power BI 服务中的文件列表
❸	搜索框	用于搜索【我的工作区】界面中的文件

12.3　在工作区中创建报表

除了可以在 Power BI Desktop 中创建报表和制作视觉对象外，也可以在 Power BI 服务中获取数据并制作报表。

★重点 12.3.1　制作报表

要在 Power BI 服务中直接制作报表，首先应获取需要的文件数据。这里以导入 Excel 工作簿文件为例，介绍在 Power BI 服务中导入文件数据的方法。

Step 01 进入 Power BI 服务页面，单击左下角的【获取数据】选项，如图 12-10 所示。
Step 02 单击【新建内容】下【文件】中的【获取】按钮，如图 12-11 所示。
Step 03 在新界面中单击【本地文件】选项，如图 12-12 所示。
Step 04 弹出【打开】对话框，❶选择要获取的本地文件，这里选择"销售统计表.xlsx"，❷然后单击【打开】按钮，如图 12-13 所示。

图 12-10

图 12-11

图 12-12

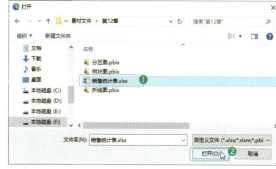

图 12-13

Step 05 打开文件后单击【导入】按钮，如图 12-14 所示，即可将"销售统计表.xlsx"添加到 Power BI 服务中的【我的工作区】。

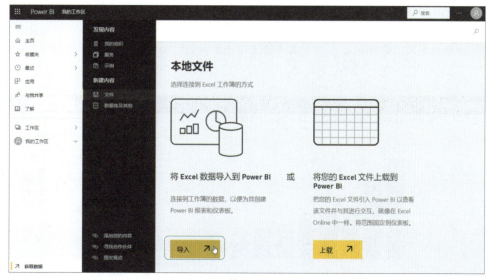

图 12-14

Step 06 在【我的工作区】中可以看到导入的"销售统计表.xlsx"，单击该工作簿，如图 12-15 所示。

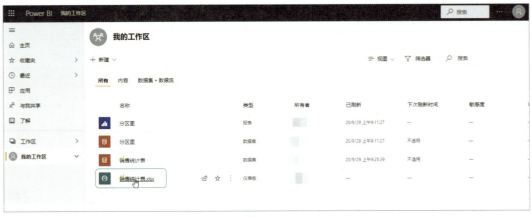

图 12-15

Step 07 在新的工作区界面中单击该工作簿的磁贴，如图 12-16 所示。

图 12-16

Step 08 浏览器中即会显示与 Power BI Desktop 相同的主界面，❶在右侧的【可视化】窗格中选择【簇状柱形图】视觉对象，❷然后在【字段】窗格中选中"销售明细表"中的"产品名称"和"销售金额"字段前的复选框，即可看到制作的产品销售金额柱形图。❸确认后单击右上角的【保存】按钮，如图 12-17 所示。

图 12-17

Step 09 弹出【保存报表】对话框，❶ 输入报表名称"产品销售金额柱形图"，❷ 然后单击【保存】按钮，如图 12-18 所示。

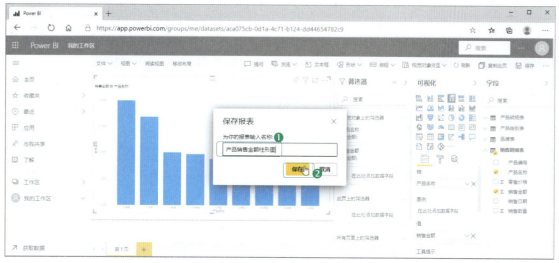

图 12-18

Step 10 设置完成后，在浏览器的地址栏下方即可看到当前报表的名称，如图 12-19 所示。

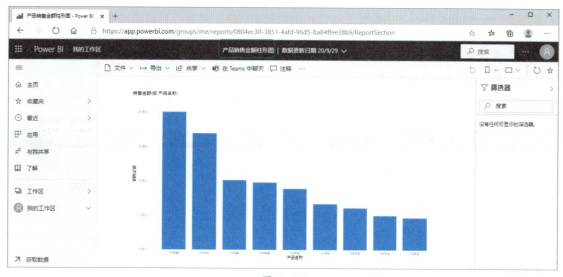

图 12-19

Step 11 单击左侧导航窗格中的【我的工作区】选项，可在【我的工作区】中看到一个名为"产品销售金额柱形图"的报表文件，如图 12-20 所示。

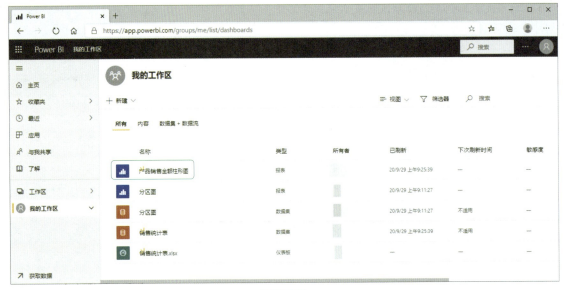

图 12-20

★重点 12.3.2 设置报表视图效果

如果用户对 Power BI 服务中报表中的视觉对象的默认视图效果不满意，可以通过本小节介绍的方法设置视图方式。

Step01 进入 Power BI 服务的工作区，打开要设置视图方式的文件，❶单击【视图】下拉按钮，❷在打开的下拉列表中选择【适应宽度】选项，如图 12-21 所示。

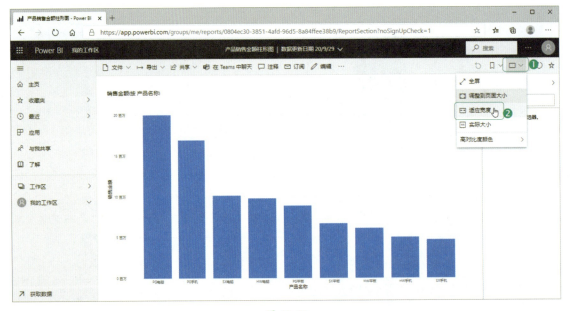

图 12-21

Step02 ❶继续单击【视图】下拉按钮，❷在打开的下拉列表中选择【高对比度颜色】→【高对比度黑色】选项，如图 12-22 所示。

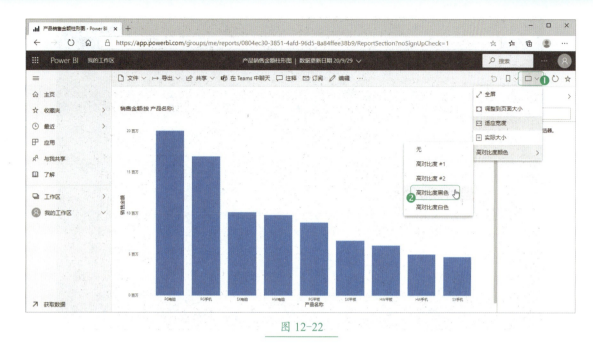

图 12-22

Step 03 设置视图的颜色后，❶再次单击【视图】下拉按钮，❷在打开的下拉列表中选择【全屏】选项，如图 12-23 所示。

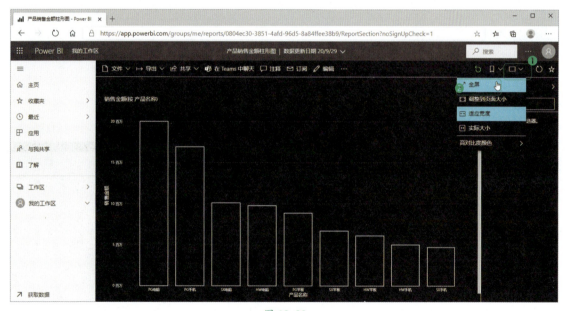

图 12-23

Step 04 设置文件的视图方式后的效果如图 12-24 所示。

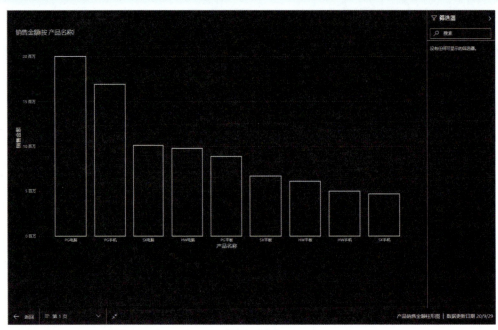

图 12-24

妙招技法

通过对本章知识的学习，相信读者朋友已经掌握了 Power BI 服务的基本结构和其中一些功能的使用方法。下面再给大家介绍一些 Power BI 服务中的其他功能。

技巧 01：在工作区中删除报表

Power BI 服务工作区中的文件并不是固定的，用户可以删除不需要的文件，具体操作步骤如下。

Step01 ❶ 在【我的工作区】中单击文件"产品销售金额柱形图"右侧的【更多选项】按钮，❷ 在打开的列表中选择【删除】选项，如图 12-25 所示。

图 12-25

Step02 弹出【删除报表】对话框，单击【删除】按钮，如图 12-26 所示。

图 12-26

Step03 工作区中的文件"产品销售金额柱形图"即会被删除，如图 12-27 所示。

图 12-27

技巧 02：将工作区中的文件导出为 PDF 格式

用户可以将 Power BI 服务中的文件导出为 PDF 格式的文件，具体操作步骤如下。

Step 01 打开【我的工作区】中的文件，❶ 单击【导出】下拉按钮，❷ 在打开的下拉列表中选择【PDF】选项，如图 12-28 所示。

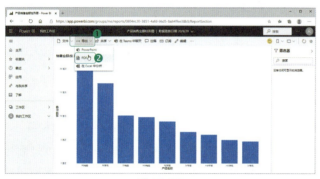

图 12-28

Step 02 弹出【导出】对话框，❶ 选中【仅导出当前页面】复选框，❷ 然后单击【导出】按钮，如图 12-29 所示。

图 12-29

Step 03 ❶ 导出完成后单击页面左下角的三个点按钮，❷ 在打开的列表中选择【打开】选项，如图 12-30 所示。

图 12-30

Step 04 即可看到导出为 PDF 格式的文件效果，如图 12-31 所示。

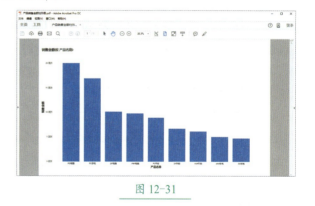

图 12-31

本章小结

通过对本章知识的学习，相信读者朋友已经掌握了 Power BI 服务中的一些基本功能，如发布报表到 Power BI 服务，在 Power BI 服务中制作报表等。在本章的妙招技法里，读者朋友还可以学习在 Power BI 服务中删除文件的方法和将文件导出为 PDF 格式文件的方法。

第5篇 案例实战篇

通过对前面章节的学习，我们已经掌握了关于 Power BI 的一些基础知识和 Power BI 中的重点功能。为了巩固前面章节中讲解的知识，本篇将通过"产品销售数据智能化分析"和"人力资源数据智能化分析"两个案例，讲解 Power BI 商业智能数据分析的综合应用技能。

第13章 实战：产品销售数据智能化分析

- 如何通过一个软件快速导入并整理大量的销售数据？
- 如何在多个没有直接关系的销售表之间建立协同的逻辑关系？
- 如何让销售数据的分析结果变得更加直观和易于理解？
- 当被大量数据困扰时，如何将销售工作与 Power BI 结合，从而使销售数据的分析更智能化？

本章将通过一个案例介绍 Power BI 在产品销售方面的实际应用，通过学习本章内容，读者朋友可以对制作 Power BI 报表的全流程，即数据获取、整理、建模、可视化分析和发布有一个全面的认识，从而完整地体验利用 Power BI 分析数据。此外，通过对产品销售数据的分析，可以制定有针对性和便于实施的营销策略，大幅提高营销人员的工作效率。

13.1 导入并整理产品销售数据

要对产品销售数据进行分析和可视化的呈现，首先需要通过 Power BI 中的导入功能导入需要处理的数据，本例将从 Excel 工作簿中获取数据。如果获取的某些数据不满足后续的可视化分析的需求，用户还可以对获取的数据进行整理。下面将介绍产品销售数据的导入和整理技巧。

13.1.1 添加产品销售数据到模型中

要将 Excel 工作簿数据导入到 Power BI 中，首先需要将保存了产品销售数据的工作簿添加到数据模型中，具体操作步骤如下。

Step 01 打开"素材文件\第13章\产品销售数据.xlsx"，❶ 选中"商品品牌"工作表中的数据单元格，❷ 切换至【Power Pivot】选项卡，❸ 单击【添加到数据模型】按钮，❹ 在弹出的【创建表】对话框中保持默认的数据源，然后选中【表包含标题】复选框，❺ 单击【确定】按钮，如图13-1所示。

图 13-1

Step 02 ❶ 切换至"商品信息"工作表，选中数据单元格，❷ 然后单击【Power Pivot】选项卡下的【添加到数据模型】按钮，❸ 在弹出的【创建表】对话框中选中【表包含标题】复选框，❹ 单击【确定】按钮，如图 13-2 所示。

图 13-2

Step 03 ❶ 切换至"订单记录"工作表，选中数据单元格，❷ 然后单击【Power Pivot】选项卡下的【添加到数据模型】按钮，❸ 在弹出的【创建表】对话框中选中【表包含标题】复选框，❹ 单击【确定】按钮，如图 13-3 所示。

图 13-3

Step 04 ❶ 在打开的 Power Pivot for Excel 窗口中可以看到将数据添加到数据模型的效果。❷ 分别设置数据模型中的工作表名为"商品品牌""商品信息"和"订单记录"，如图 13-4 所示。设置完成后将数据模型保存到合适的文件夹中并关闭窗口。

图 13-4

13.1.2 将产品销售数据导入到报表

通过 Power BI 中的数据导入功能将 Excel 工作簿数据导入到 Power BI 中后，用户就可以对产品销售数据进行可视化分析了。

Step 01 启动 Power BI Desktop，❶ 选择【文件】命令，❷ 在打开的菜单中选择【导入】→【Power Query、Power Pivot、Power View】命令，如图 13-5 所示。

图 13-5

Step 02 ❶ 在弹出的【打开】对话框中找到转换为数据模型的工作簿路径，❷ 选中该工作簿，❸ 单击【打开】按钮，如图 13-6 所示。

图 13-6

Step 03 弹出【导入 Excel 工作簿内容】对话框后直接单击【启动】按钮,如图 13-7 所示。

图 13-7

Step 04 在【导入 Excel 工作簿内容】对话框中单击【复制数据】按钮,如图 13-8 所示。

图 13-8

Step 05 等待一段时间后,❶ 如果显示"迁移已完成"信息,则表示数据导入成功,❷ 对话框中会显示导入的表名,❸ 确认后单击【关闭】按钮,如图 13-9 所示。

图 13-9

Step 06 ❶ 切换至数据视图,❷ 在窗口右侧的【字段】窗格中可看到导入的 Excel 工作表名,❸ 在数据视图中可看到导入的表的详细数据信息,如图 13-10 所示。

图 13-10

13.1.3 在编辑器中整理产品销售数据

通常情况下,导入的数据还不能直接被用于制作可视化效果并被分析,用户需要先对数据进行处理,使其符合实际的工作需求。

Step 01 继续 13.1.2 小节的操作,❶ 在功能区【主页】选项卡下单击【编辑查询】下拉按钮,❷ 在打开的下拉列表中选择【编辑查询】选项,如图 13-11 所示。

图 13-11

Step 02 打开 Power Query 编辑器,❶ 在【查询】窗格中选择"订单记录"表,❷ 然后选择"销售单价"列,❸ 在【转换】选项卡下单击【重命名】按钮,如图 13-12 所示。此时"销售单价"列的标题呈可编辑状态,输入新的标题名"零售价",按【Enter】键完成列标题的重命名操作。

Step 03 ❶ 选择"采购价"列,❷ 在【主页】选项卡下单击【删除列】下拉按钮,❸ 在打开的菜单中选择【删除列】命令,如图 13-13 所示。

图 13-12

图 13-14

Step 05 返回报表视图,可看到"订单记录"表中的"销售单价"列标题被更改为了"零售价","采购价"列数据被删除,如图 13-15 所示。

图 13-13

Step 04 "采购价"列被删除后单击【主页】选项卡下的【关闭并应用】按钮,如图 13-14 所示。

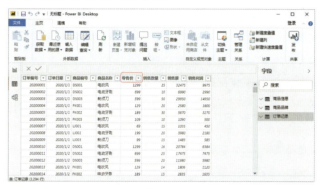

图 13-15

13.2 产品销售数据建模

要从各个方面呈现产品销售数据的可视化效果,首先需要为导入的多个表建立关系。在前面的章节中我们已经对关系的建立方法进行了具体介绍,这里仅简单介绍一下数据关系的建立方法。为了便于后续的数据分析,我们还需要新建列和度量值。

13.2.1 建立数据关系

如果要从多个维度对产品销售数据进行可视化分析,用户需要为导入的多个表建立内在关系,具体操作步骤如下。

Step 01 继续 13.1.3 小节的操作,❶切换至模型视图,❷在【建模】选项卡下单击【管理关系】按钮,如图 13-16 所示。

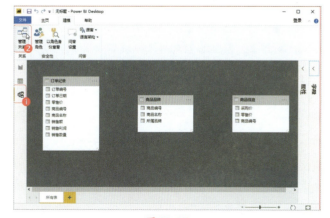

图 13-16

Step 02 弹出【管理关系】对话框,❶单击【自动检测】按钮,❷在弹出的【自动检测】对话框中可以看到系统提示找到3个新关系,单击【关闭】按钮,如图13-17所示。

图 13-17

Step 03 返回【管理关系】对话框,可以看到创建的3个关系。其中第一个关系未激活,选中该关系前的复选框,如图13-18所示。

图 13-18

Step 04 弹出【关系激活】对话框,提示该关系无法激活的原因和解决办法,单击【关闭】按钮,如图13-19所示。

图 13-19

Step 05 如果不需要该关系,❶则可以选择第一个关系,❷然后单击【删除】按钮,如图13-20所示。

图 13-20

Step 06 弹出【删除关系】对话框,单击【删除】按钮,如图13-21所示。然后单击【管理关系】对话框中的【关闭】按钮。

图 13-21

Step 07 将鼠标指针移动到连接"商品品牌"表和"订单记录"表的连接线上,连接两个表的字段会被突出显示,如图13-22所示。

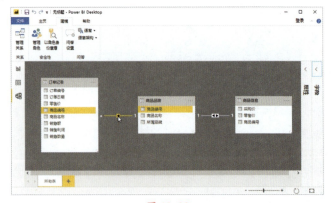

图 13-22

Step 08 将鼠标指针移动到连接"商品品牌"表和"商品信息"表的连接线上,连接两个表的字段会被突出显示,如图13-23所示。

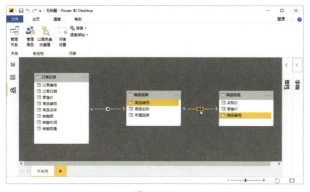

图 13-23

13.2.2 查看销售成本和销售等级

为了查看原有数据源中无法直接查看的数据内容和可视化效果，我们可以建立新的列和度量值。

Step01 继续 13.2.1 小节的操作，❶ 在数据视图中切换至"订单记录"表，❷ 在【建模】选项卡下单击【新建列】按钮，如图 13-24 所示。

图 13-24

Step02 ❶ 在公式编辑栏中输入公式"销售成本 = '订单记录'[销售额]-'订单记录'[销售利润]"，❷ 按【Enter】键即可看到"订单记录"表中新增了一个"销售成本"列，该列数据显示了各个订单日期对应的销售成本，如图 13-25 所示。

图 13-25

Step03 ❶ 单击【新建列】按钮，❷ 在公式编辑栏中输入公式"销售额等级 = SWITCH(TRUE(),'订单记录'[销售额] >=20000,"优",'订单记录'[销售额] >=10000,"良","差")"，❸ 按【Enter】键即可看到"订单记录"表中新增了一个"销售额等级"列，如图 13-26 所示。

图 13-26

Step04 在【建模】选项卡下单击【新建度量值】按钮，如图 13-27 所示。

图 13-27

Step05 在公式编辑栏中输入公式"销售总金额 = SUM('订单记录'[销售额])"，按【Enter】键确认，如图 13-28 所示。在"订单记录"表中可看到建立的"销售总金额"度量值。

图 13-28

13.3 产品销售数据的可视化呈现和分析

产品销售数据的可视化呈现和分析是本章的重点,可以为用户呈现直观的数据效果,帮助用户快速做出决策或给出工作见解。

13.3.1 制作销售业绩走势图

销售业绩走势是每个从事与销售相关工作的员工关心的问题,下面将介绍销售业绩走势图的制作过程。

Step 01 继续 13.2.2 小节的操作,切换至报表视图,❶ 在【可视化】窗格中选择【折线图】视觉对象,❷ 在【字段】窗格中选中"订单记录"中的"订单日期"和"销售额"字段前的复选框,如图 13-29 所示。

图 13-29

Step 02 在【可视化】窗格的【字段】选项卡下的【轴】中单击【年】右侧的删除按钮,如图 13-30 所示。应用相同的方法删除【季度】和【日】。

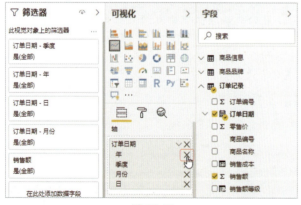

图 13-30

Step 03 在【可视化】窗格的【格式】选项卡下的【常规】列表中设置视觉对象的位置和大小,如图 13-31 所示。

图 13-31

Step 04 在报表视图中即可看到制作的销售业绩走势图,如图 13-32 所示。

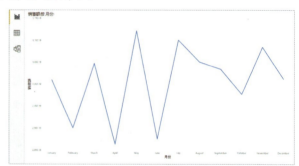

图 13-32

Step 05 继续在【可视化】窗格的【格式】选项卡下设置视觉对象的 X 轴、Y 轴、数据颜色等,以美化该折线图视觉对象,如图 13-33 所示。

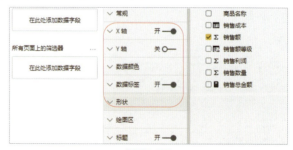

图 13-33

Step 06 最终得到如图 13-34 所示的销售业绩走势折线图。

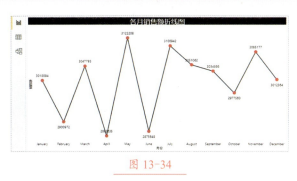

图 13-34

13.3.2 查看各品牌下的商品销售数量占比情况

由于商品所涉及的品牌不止一个，且各品牌下的商品类别也不止一种，为了同时分析各品牌下的商品的销售数量，用户可以通过制作树状图来查看各品牌下的商品所占的比例。

Step01 单击报表页面选项卡中的【新建页】按钮，新增两页报表页，分别重命名报表页为"各月销售额折线图""各品牌商品销售数量树状图""各品牌商品销售数据表"，切换至"各品牌商品销售数量树状图"报表页，如图13-35所示。

图 13-35

Step02 ❶在【可视化】窗格中选择【树状图】视觉对象，❷在【字段】窗格中选中"商品品牌"表中的"所属品牌"字段和"订单记录"表中的"商品名称"和"销售数量"字段前的复选框，如图13-36所示。

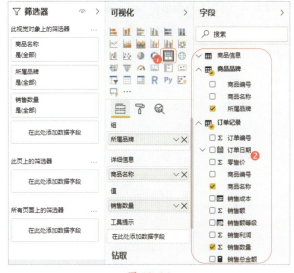

图 13-36

Step03 在【可视化】窗格的【格式】选项卡下设置树状图的格式，如图例、数据标签、标题等，如图13-37所示。

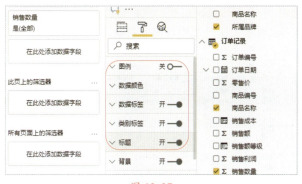

图 13-37

Step04 得到如图13-38所示的树状图，在该视觉对象中可以看到各品牌下商品的销售数量。

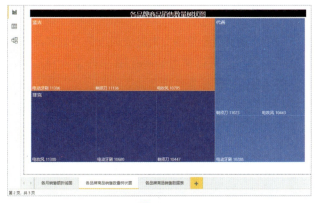

图 13-38

Step05 切换至"各品牌商品销售数据表"报表页，❶在【可视化】窗格中选择【表】视觉对象，❷在【字段】窗格中选中"商品品牌"表中的"所属品牌"字段和"订单记录"表中的"商品名称""销售成本""销售利润""销售总金额"字段前的复选框，如图13-39所示。

图 13-39

Step 06 设置表格式，调整列宽，得到如图13-40所示的数据表效果。从该表中可以看到各品牌下各商品的销售数据。

图 13-40

13.3.3 查看当前月的各品牌销售额占比情况

要在销售业绩走势图上同时查看当前月的各品牌销售额占比情况，可以使用Power BI中的工具提示功能制作悬浮饼图，具体操作步骤如下。

Step 01 单击报表页面选项卡中的【新建页】按钮，然后重命名新页为"悬浮图"，如图13-41所示。

图 13-41

Step 02 在【可视化】窗格的【格式】选项卡下单击【工具提示】开关，如图13-42所示，使其处于开启状态。

图 13-42

Step 03 ❶ 单击【页面大小】左侧的折叠按钮，❷ 在展开的列表中单击【类型】下拉按钮，❸ 在打开的下拉列表中选择【工具提示】选项，如图13-43所示。

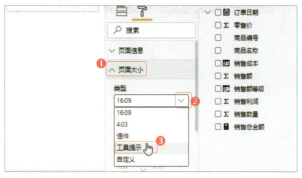

图 13-43

Step 04 ❶ 在功能区中切换至【视图】选项卡，❷ 单击【页面视图】按钮，❸ 在打开的菜单中选择【实际大小】命令，如图13-44所示。

图 13-44

Step 05 ❶ 在【可视化】窗格中选择【环形图】视觉对象，❷ 在【字段】窗格中选中"商品品牌"表中的"所属品牌"字段和"订单记录"表中的"销售额"字段前的复选框，如图13-45所示。

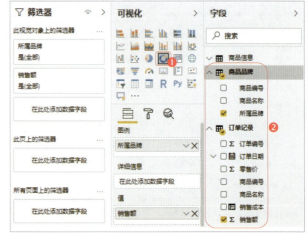

图 13-45

Step 06 设置环形图的格式，并美化该视觉对象，得到如图13-46所示的效果。

第5篇 案例实战篇

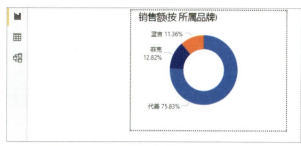

图 13-46

额占比情况，如图 13-48 所示。

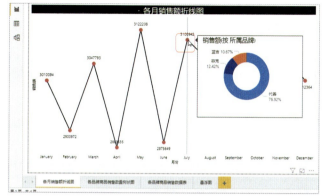

图 13-48

Step 07 切换至"各月销售额折线图"报表页，选中折线图视觉对象，❶ 在【可视化】窗格的【格式】选项卡下单击【工具提示】开关，使其处于开启状态，❷ 然后单击【工具提示】左侧的折叠按钮，❸ 在展开的列表中单击【页码】下拉按钮，❹ 在打开的下拉列表中选择【悬浮图】选项，如图 13-47 所示。

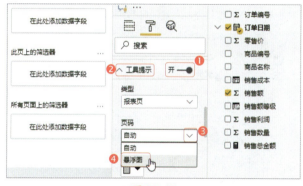

图 13-47

Step 08 将鼠标指针移动到折线图的任意一个数据系列上，如代表 7 月的折线拐点处，即可看到该月各品牌的销售

Step 09 完成报表的制作后，按【Ctrl+S】组合键，在弹出的【另存为】对话框中，❶ 设置报表的保存位置和文件名，❷ 然后单击【保存】按钮，如图 13-49 所示。

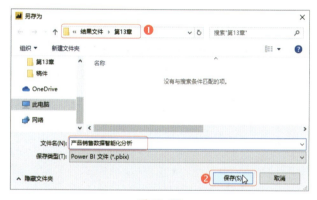

图 13-49

13.4 发布产品销售数据报表

为了让制作的报表能够被同事或领导在线查看和访问，我们可以登录账户并将产品销售数据报表发布到 Power BI 服务中。

Step 01 继续 13.3.3 小节的操作，在功能区的【主页】选项卡下单击【发布】按钮，如图 13-50 所示。

图 13-50

Step 02 ❶ 在弹出的【登录】对话框中输入账户，❷ 然后单击【登录】按钮，如图 13-51 所示。

图 13-51

Step 03 ❶ 在【登录到您的账户】对话框的【输入密码】文本框中输入账户密码，❷ 然后单击【登录】按钮，如图 13-52 所示。

图 13-52

Step 04 ❶ 在弹出的【发布到 Power BI】对话框中选择【我的工作区】，❷ 然后单击【选择】按钮，如图 13-53 所示。

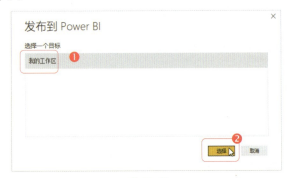

图 13-53

Step 05 完成报表的发布后，单击【在 Power BI 中打开"产品销售数据智能化分析.pbix"】链接，如图 13-54 所示。

图 13-54

Step 06 在打开的浏览器页面中单击【登录】按钮再次登录账户，如图 13-55 所示。

图 13-55

Step 07 ❶ 在页面中输入 Power BI 账户，❷ 单击【下一步】按钮，如图 13-56 所示。

图 13-56

Step 08 ❶ 继续在页面中输入密码，❷ 然后单击【登录】按钮，如图 13-57 所示。

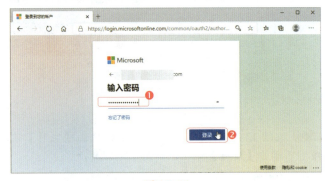

图 13-57

Step 09 如果要保持登录状态，则在弹出的对话框中单击【是】按钮，如图 13-58 所示。

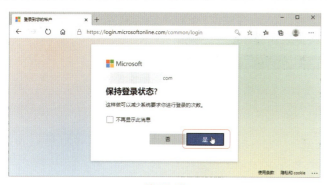

图 13-58

Step⑩ 进入 Power BI 服务页面，单击【我的工作区】磁贴，如图 13-59 所示。

图 13-59

Step⑪ 即可看到发布到【我的工作区】中的"产品销售数据智能化分析"报表，如图 13-60 所示。

图 13-60

Step⑫ ❶ 单击"产品销售数据智能化分析"报表，从【页】窗格中可以看到"各月销售额折线图"页自动处于被选中状态，❷ 将鼠标指针移动到折线图的任意数据系列上，也可以看到悬浮的环形图，如图 13-61 所示。

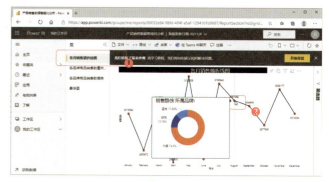

图 13-61

Step⑬ 在【页】窗格中选择"各品牌商品销售数量树状图"，即可看到相应的视觉效果，如图 13-62 所示。

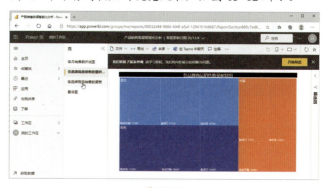

图 13-62

Step⑭ 如果要查看其他页中的内容，则选择该页，如"各品牌商品销售数据表"，即可看到各品牌下商品的销售成本、销售利润和销售总金额数据，如图 13-63 所示。

图 13-63

Step⑮ ❶ 单击【筛选器】右侧的折叠按钮，❷ 在展开的【筛选器】窗格中单击【所属品牌】右侧的折叠按钮，❸ 在展开的列表中选中"代善"和"菲克"复选框，❹ 即可看到筛选后的数据效果，如图 13-64 所示。在 Power BI 服务中对报表进行筛选操作，并不会对原有的"产品销售数据智能化分析"报表产生影响。

图 13-64

本章小结

本章制作了产品销售数据智能化分析报表，制作该报表首先需要有对应的数据，因此在 13.1 节首先介绍了报表数据的导入，还介绍了如何将导入的数据整理成适合分析的样式。为了让导入的多个表中的数据相互配合并连接，需要通过 13.2 节介绍的方法为多个表建立合适的数据关系，使它们可以被灵活使用。最后，为了让大量且枯燥的产品销售数据变得更直观、更易于理解，并能够更快速地传递关键信息，我们在 13.3 节使用了 Power BI 的可视化功能，实现了产品销售数据的可视化。读者可以举一反三，将本案例中介绍的产品销售数据的智能化分析方法运用到其他行业的工作中。

第14章 实战：人力资源数据智能化分析

- 如何快速了解企业期末在职的员工人数和期间入职的员工人数？
- 要快速掌握企业员工的离职率，该怎么办？
- 如何根据新员工的考核成绩快速判断企业是否录取该员工？

在智能技术高速发展的时代，企业竞争的根本是人才的竞争，因此，利用大数据对人力资源进行分析是人力资源管理人员必须掌握的一项技能。本章将通过一个实例，从员工结构、员工离职率和新员工考核成绩这三个方面智能化分析人力资源数据。

14.1 员工结构分析

员工结构分析主要是从员工的性别、文化程度、部门等方面分析企业员工的结构，并对每年期末在职的员工人数、期间入职的员工人数进行统计。

14.1.1 导入人力资源分析表

要进行人力资源方面的分析，首先需要导入相关的数据，如员工的工号、性别、文化程度、入职时间等。下面将介绍具体的操作方法。

Step 01 启动 Power BI Desktop，❶ 选择【文件】命令，❷ 在打开的菜单中选择【导入】→【Power Query、Power Pivot、Power View】命令，如图14-1所示。

图 14-1

Step 02 ❶ 在弹出的【打开】对话框中找到转换为数据模型的工作簿的保存路径，❷ 双击要打开的"人力资源分析表.xlsx"工作簿，如图14-2所示。

图 14-2

Step 03 弹出【导入 Excel 工作簿内容】对话框后直接单击【启动】按钮，然后继续在【导入 Excel 工作簿内容】对话框中单击【复制数据】按钮，即可看到正在创建数据模型的进度条。等待一段时间后，❶ 如果显示"迁移已完成"信息，则表明表已成功导入，❷ 对话框中会显示导入的表名，❸ 确认后单击【关闭】按钮，如图14-3所示。

图 14-3

Step 04 ❶ 切换至数据视图，❷ 在【字段】窗格中选中"员工信息表"即可看到该表中的列标题，❸ 在数据视图中可看到该表的详细数据信息，如图14-4所示。

图 14-4

Step 05 导入数据后，为了方便后续的数据分析，这里需要将日期列的数据类型更改为需要的类型。❶ 选择"出生日期"列，❷ 在【建模】选项卡下单击【数据类型】按钮，❸ 在打开的列表中选择【日期】选项，如图14-5所示。

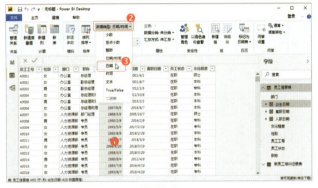

图 14-5

Step 06 应用相同的方法将"入职日期"和"离职日期"列的数据类型都更改为【日期】，如图14-6所示。

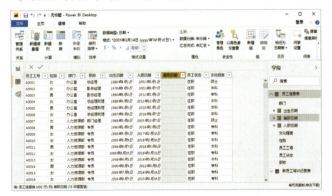

图 14-6

14.1.2 新建日期表

完成数据的导入后，由于表中出生日期、入职日期和离职日期的跨度较大，也没有被单独提取出来，不便于分析，需要通过新表功能创建一个新的日期表。

Step 01 继续14.1.1小节的操作，❶ 在【建模】选项卡下单击【新表】按钮，❷ 在公式编辑栏中输入公式"日期表 = CALENDARAUTO()"，按【Enter】键完成"日期表"的创建，可看到该表中默认含有一个日期列，❸ 更改该列的列名为"日期"，如图14-7所示。

图 14-7

Step 02 ❶ 选中"日期"列，❷ 在【建模】选项卡下单击【数据类型】按钮，❸ 在打开的列表中选择【日期】选项，如图14-8所示。

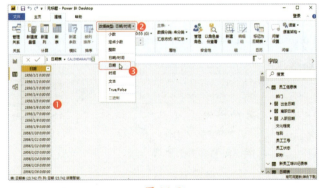

图 14-8

Step 03 ❶ 单击【新建列】按钮，❷ 在公式编辑栏中输入公式"年份 = YEAR('日期表'[日期])"，❸ 按【Enter】键即可看到"日期表"中新增的"年份"列，如图14-9所示。

14.1.3 新建期末在职和期间新入职的员工人数度量值

完成了新表的创建后，还需要创建两个度量值来统计期末在职的员工人数和期间新入职的员工人数，具体操作步骤如下。

Step 01 继续 14.1.2 小节的操作，❶ 在数据视图中切换至"员工信息表"，❷ 在【建模】选项卡下单击【新建度量值】按钮，❸ 在公式编辑栏中输入公式"期末在职的员工人数 = CALCULATE(DISTINCTCOUNT('员工信息表'[员工工号]),FILTER(FILTER('员工信息表','员工信息表'[入职日期] <= MAX('日期表'[日期])),'员工信息表'[离职日期] > MAX('日期表'[日期])||'员工信息表'[离职日期] = BLANK()))"，按【Enter】键完成"期末在职的员工人数"度量值的创建，如图 14-12 所示。

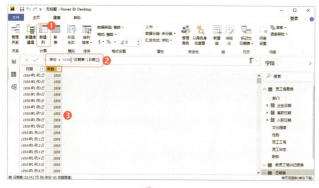

图 14-9

Step 04 ❶ 再次单击【新建列】按钮，❷ 在公式编辑栏中输入公式"月份 = MONTH('日期表'[日期])"，❸ 按【Enter】键即可看到"日期表"中新增的"月份"列，如图 14-10 所示。

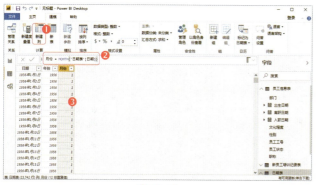

图 14-10

Step 05 ❶ 再次单击【新建列】按钮，❷ 在公式编辑栏中输入公式"季度 = "Q" & FORMAT('日期表'[日期],"Q")"，❸ 按【Enter】键即可看到"日期表"中新增的"季度"列，如图 14-11 所示。

图 14-11

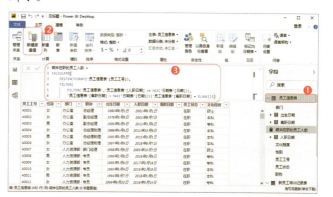

图 14-12

Step 02 ❶ 再次启动【新建度量值】功能，❷ 在公式编辑栏中输入公式"该期间新入职的员工人数 = CALCULATE(DISTINCTCOUNT('员工信息表'[员工工号]), FILTER(FILTER('员工信息表','员工信息表'[入职日期] <=MAX('日期表'[日期])&&'员工信息表'[入职日期] >=MIN('日期表'[日期])),'员工信息表'[离职日期] > MAX('日期表'[日期])||'员工信息表'[离职日期]=BLANK()))"，按【Enter】键完成"该期间新入职的员工人数"度量值的创建，如图 14-13 所示。

图 14-13

14.1.4 人员结构可视化分析

经过上面的铺垫，我们就可以通过视觉对象来可视化地分析人员结构了，具体操作步骤如下。

Step 01 继续 14.1.3 小节的操作，切换至报表视图，❶ 在【可视化】窗格中选择【切片器】视觉对象，❷ 在【字段】窗格中选中"日期表"中的"年份"字段前的复选框，如图 14-14 所示。

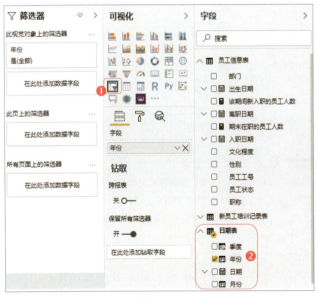

图 14-14

Step 02 单击视觉对象右上角的按钮，在打开的列表中选择【列表】选项，如图 14-15 所示。

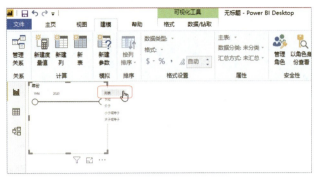

图 14-15

Step 03 制作的切片器中有很多年份的数据，而通常我们只需要查看最近几年的数据。❶ 在【筛选器】窗格中单击【年份】右侧的折叠按钮，❷ 在展开的列表中选中需要的年份复选框，如 2017 年、2018 年、2019 年和 2020 年，如图 14-16 所示。

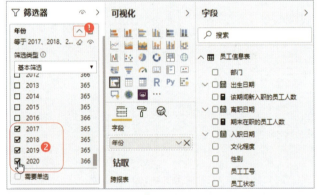

图 14-16

Step 04 ❶ 在【可视化】窗格中切换至【格式】选项卡，❷ 单击【常规】左侧的折叠按钮，❸ 在展开的列表中单击【方向】下拉按钮，❹ 在打开的下拉列表中选择【水平】选项，如图 14-17 所示。

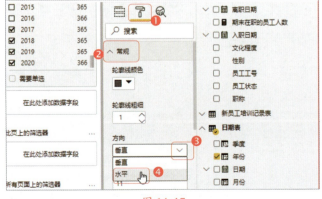

图 14-17

Step 05 美化切片器，然后再创建一个以【季度】为字段的切片器，如图14-18所示。

图 14-18

Step 06 ❶ 在【可视化】窗格中选择【卡片图】视觉对象，❷ 在【字段】窗格中选中"员工信息表"中的"期末在职的员工人数"字段前的复选框，如图14-19所示。

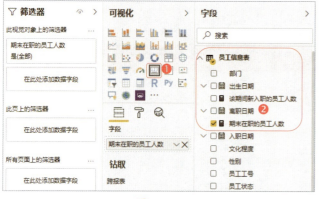

图 14-19

Step 07 ❶ 在【可视化】窗格中选择【卡片图】视觉对象，❷ 在【字段】窗格中选中"员工信息表"中的"该期间新入职的员工人数"字段前的复选框，如图14-20所示。

图 14-20

Step 08 ❶ 在【可视化】窗格中选择【饼图】视觉对象，❷ 在【字段】窗格中选中"员工信息表"中的"性别"和"期末在职的员工人数"字段前的复选框，如图14-21所示。

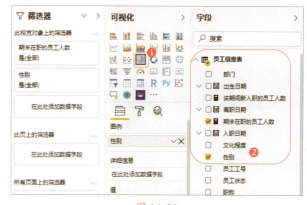

图 14-21

Step 09 ❶ 在【可视化】窗格中再次选择【饼图】视觉对象，❷ 在【字段】窗格中选中"员工信息表"中的"文化程度"和"期末在职的员工人数"字段前的复选框，如图14-22所示。

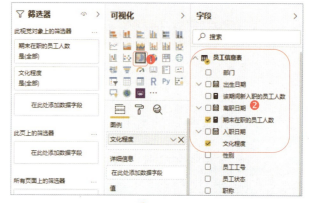

图 14-22

Step 10 ❶ 在【可视化】窗格中选择【簇状条形图】视觉对象，❷ 在【字段】窗格中选中"员工信息表"中的"部门"和"期末在职的员工人数"字段前的复选框，如图14-23所示。

图 14-23

Step 11 设置插入的多个视觉对象的格式，并调整其位置和大小，最后设置该页的报表名为"员工结构分析"，效果如图14-24所示。

Step 12 要查看某年某季度的数据，可在【年份】切片器中单击要查看的年份，如2018年，然后在【季度】切片器中单击要查看的季度，如Q2，即第2季度，即可得到如图14-25所示的报表效果。可以发现2018年的第2季度中，期末在职的员工人数为484，该期间新入职的员工人数为12。

图 14-24

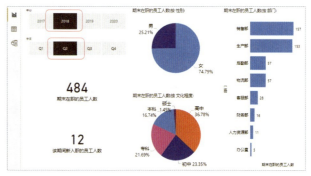

图 14-25

14.2 员工离职率分析

员工离职率分析主要是对企业某段时间内离职的员工人数、新入职的员工人数进行分析，从而了解该企业的离职率情况，判断企业是否需要在人员结构上进行调整。

14.2.1 新建期间离职的员工人数和离职率度量值

要进行离职率的分析，首先需要建立期间离职的员工人数度量值及离职率度量值，具体操作步骤如下。

Step 01 继续14.1.4小节的操作，❶切换至数据视图，❷在【建模】选项卡下单击【新建度量值】按钮，❸然后在公式编辑栏中输入公式"该期间离职的员工人数 = CALCULATE(DISTINCTCOUNT('员工信息表'[员工工号]), FILTER(FILTER('员工信息表','员工信息表'[入职日期]<=MAX('日期表'[日期])),'员工信息表'[离职日期]<=MAX('日期表'[日期]) && '员工信息表'[离职日期]>=MIN('日期表'[日期])))"，按【Enter】键即可完成"该期间离职的员工人数"度量值的创建，如图14-26所示。

Step 02 ❶再次启动【新建度量值】功能，❷在公式编辑栏中输入公式"离职率 = DIVIDE([该期间离职的员工人数],[期末在职的员工人数]+[该期间离职的员工人数])"，然后按【Enter】键完成"离职率"度量值的创建，如图14-27所示。

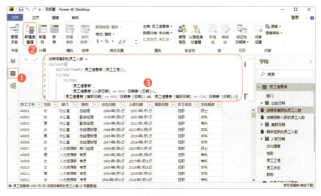

图 14-26

图 14-27

14.2.2 员工离职率可视化分析

为了更加方便地分析企业的离职率情况,制作可视化的视觉对象是必不可少的步骤,具体操作方法如下。

Step 01 继续 14.2.1 小节的操作,切换至报表视图,新增一页报表页,将其命名为"员工离职率分析",如图 14-28 所示。

图 14-28

Step 02 使用 14.1.4 小节介绍的方法制作年份、季度切片器,❶然后在【可视化】窗格中选择【切片器】视觉对象,❷在【字段】窗格中选中"员工信息表"中的"部门"字段前的复选框,如图 14-29 所示。

图 14-29

Step 03 ❶在【可视化】窗格中选择【卡片图】视觉对象,❷在【字段】窗格中选中"员工信息表"中的"该期间离职的员工人数"字段前的复选框,如图 14-30 所示。

图 14-30

Step 04 ❶再次在【可视化】窗格中选择【卡片图】视觉对象,❷在【字段】窗格中选中"员工信息表"中的"离职率"字段前的复选框,如图 14-31 所示。

图 14-31

Step 05 对制作的卡片图的格式进行设置,得到如图 14-32 所示的报表效果。

图 14-32

Step 06 由于离职率卡片图中显示的数据不符合工作需求,可以选择【字段】窗格中的"离职率"字段,在功能区中的【建模】选项卡下单击【格式设置】组中的【百分比格式】按钮,如图 14-33 所示。

图 14-33

Step 07 卡片图中表示离职率的数据即会以百分比的形式显示,如图 14-34 所示。

图 14-34

Step 08 ❶在【可视化】窗格中选择【饼图】视觉对象,❷在【字段】窗格中选中"员工信息表"中的"性别"和"该期间离职的员工人数"字段前的复选框,如图 14-35 所示。

图 14-35

Step⑨ ❶ 在【可视化】窗格中选择【饼图】视觉对象，❷ 在【字段】窗格中选中"员工信息表"中的"文化程度"和"该期间离职的员工人数"字段前的复选框，如图 14-36 所示。

图 14-36

Step⑩ 得到的效果如图 14-37 所示。从中可以了解不同性别和文化程度的员工的离职情况。

图 14-37

Step⑪ ❶ 在【可视化】窗格中选择【折线图和簇状柱形图】视觉对象，❷ 在【字段】窗格中选中"日期表"中的"日期"字段前的复选框，❸ 然后在【可视化】窗格的【字段】选项卡下只保留【月份】值，如图 14-38 所示。

图 14-38

Step⑫ ❶ 在【字段】窗格中继续选中"员工信息表"中的"该期间离职的员工人数""该期间新入职的员工人数"和"离职率"字段前的复选框，❷ 然后设置前两个字段位于【可视化】窗格中【字段】选项卡下的【列值】下，设置"离职率"字段位于【行值】下，如图 14-39 所示。

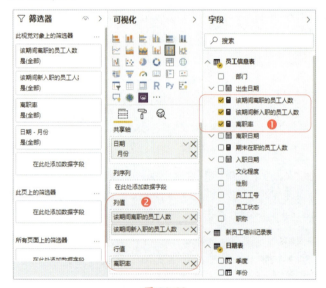

图 14-39

Step⑬ 最终得到的报表效果如图 14-40 所示。

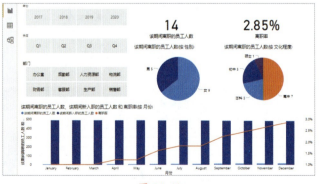

图 14-40

Step⑭ 单击【年份】切片器中的【2018】,可看到2018年没有离职的员工,因此离职率为空白,如图14-41所示。

图 14-41

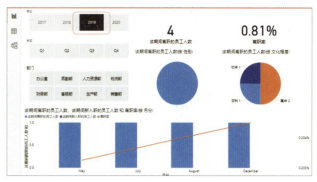

图 14-42

Step⑮ 单击【年份】切片器中的【2019】,可看到2019年离职的员工人数为4,员工离职率为0.81%,如图14-42所示。

Step⑯ ❶ 单击【季度】切片器中的【Q3】,❷ 然后单击【部门】切片器中的【生产部】,可看到2019年第3季度生产部的离职员工人数及离职率,如图14-43所示。

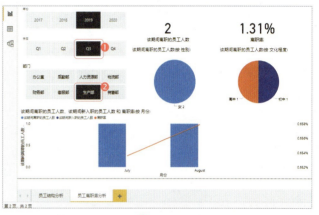

图 14-43

14.3 新员工考核成绩分析

新员工考核成绩分析指的是对新员工在入职培训后的考试中所得到的成绩进行分析,从而帮助企业快速决定是否录取员工。

14.3.1 整理新员工培训记录表

要分析新员工的考核成绩,首先需要对导入的新员工培训记录表中的数据进行整理,因为原有的数据可能并不符合实际的工作分析要求,具体操作步骤如下。

Step① 继续14.2.2小节的操作,在功能区的【主页】选项卡下单击【编辑查询】按钮,如图14-44所示。

图 14-44

Step② 进入Power Query编辑器,选择【查询】窗格中的"新员工培训记录表",即可看到该表中的数据,如

图14-45所示。

图 14-45

Step③ 该表中含有空值,❶ 因此需要选择含有空值的列,如"企业文化""考核制度""绩效考核标准""晋升体系"和"办公系统操作"这5列,❷ 然后在【转换】选

项卡下单击【替换值】按钮，如图14-46所示。

图14-46

Step 04 ❶ 在弹出的【替换值】对话框中设置【要查找的值】为"null"，设置【替换为】为"0"，❷ 然后单击【确定】按钮，如图14-47所示。

图14-47

Step 05 选中的列中的空值即可被0值填充，效果如图14-48所示。

图14-48

Step 06 ❶ 选择"员工工号"和"培训日期"列，❷ 在【转换】选项卡下单击【逆透视列】右侧的下拉按钮，❸ 在打开的菜单中选择【逆透视其他列】命令，如图14-49所示。

图14-49

Step 07 即可看到逆透视其他列后的效果，更改第3列的列名为"考核项目"，第4列的列名为"考核成绩"，如图14-50所示。最后单击【关闭并应用】按钮，完成对表的整理。

图14-50

Step 08 ❶ 切换至数据视图，❷ 可以发现"新员工培训记录表"中的数据也发生了相应的变化，如图14-51所示。

图14-51

14.3.2 新建员工考核结果列和员工及格数量表

要进行新员工考核成绩的分析，原有的数据表并不能满足分析需求，还需要新增员工考核结果列及一个展示每个员工考核项目的及格数量的表格，具体操作步骤如下。

Step01 继续14.3.1小节的操作，❶在【建模】选项卡下单击【新建列】按钮，❷然后在公式编辑栏中输入公式"及格分数 = 60"，❸按【Enter】键即可看到新增的"及格分数"列，如图14-52所示。

图 14-52

Step02 ❶启动【新建列】功能，❷在公式编辑栏中输入公式"考核结果 = IF('新员工培训记录表'[考核成绩] >= 60,"及格",IF('新员工培训记录表'[考核成绩] > 0, "不及格","未考核"))"，❸按【Enter】键即可看到新增的"考核结果"列，如图14-53所示。

图 14-53

Step03 ❶在【建模】选项卡下单击【新表】按钮，❷在公式编辑栏中输入公式"员工及格数量表 = DISTINCT('新员工培训记录表'[员工工号])"，按【Enter】键即可看到新建的"员工及格数量表"，如图14-54所示。该表自动提取了"新员工培训记录表"中的员工工号。

图 14-54

Step04 ❶启动【新建列】功能，❷在公式编辑栏中输入公式"及格课程数量 = COUNTROWS(FILTER(RELATEDTABLE('新员工培训记录表'),'新员工培训记录表'[考核结果] = "及格"))"，❸按【Enter】键即可看到新增的"及格课程数量"列，如图14-55所示。

图 14-55

Step05 上一步骤中得到的及格课程数量并不符合实际的工作需求，❶此时可以切换至模型视图，❷在"新员工培训记录表"和"员工及格数量表"之间建立关系，建立关系的字段为"员工工号"，如图14-56所示。

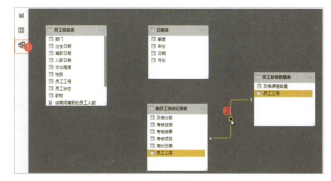

图 14-56

Step 06 最终"及格课程数量"列中的数据效果如图 14-57 所示。

图 14-57

14.3.3 新建总及格数量和培训结果度量值

在前述内容的基础上,我们还需要创建两个度量值,即"总及格数量"和"培训结果"度量值,从而在使用视觉对象可视化展示员工培训成绩数据时,同时展示对应员工是否通过了培训考试。

Step 01 继续 14.3.2 小节的操作,❶ 单击功能区【建模】选项卡下的【新建度量值】按钮,❷ 在公式编辑栏中输入公式"总及格数量 = SUM(' 员工及格数量表 '[及格课程数量])",然后按【Enter】键完成"总及格数量"度量值的创建,如图 14-58 所示。

图 14-58

Step 02 ❶ 继续单击【新建度量值】按钮,❷ 在公式编辑栏中输入公式"培训结果 = IF(' 员工及格数量表 '[总及格数量] = 5, " 通过 "," 有 "&5-[总及格数量]&" 门课程没有通过 ")",按【Enter】键即可完成"培训结果"度量值的创建,如图 14-59 所示。此处创建的度量值是为新员工考核成绩的可视化呈现做准备的。

图 14-59

14.3.4 新员工考核成绩可视化分析

通过前述内容的铺垫,本小节就可以在 Power BI 中使用切片器和雷达图更直观地展示每个新员工的考核成绩,从而确定是否录取该员工了。

Step 01 继续 14.3.3 小节的操作,切换至报表视图,新增一页报表页,并将其重命名为"新员工考核成绩分析",如图 14-60 所示。

图 14-60

Step 02 ❶ 在【可视化】窗格中单击【导入自定义视觉对象】按钮,❷ 在打开的列表中选择【从应用商店导入】选项,如图 14-61 所示。需要注意的是,要导入应用商店里的视觉对象,首先需要登录 Power BI 账户。

图 14-61

Step 03 在弹出的【Power BI 视觉对象】对话框中单击【Radar Chart】(雷达图)右侧的【添加】按钮,如图 14-62 所示。

图 14-62

Step04 在弹出的【导入自定义视觉对象】对话框中直接单击【确定】按钮，如图 14-63 所示。

图 14-63

Step05 ❶ 在【可视化】窗格中选择【切片器】视觉对象，❷ 然后在【字段】窗格中选中"员工及格数量表"中的"员工工号"字段前的复选框，如图 14-64 所示。

图 14-64

Step06 ❶ 在【可视化】窗格中选择新添加的【雷达图】视觉对象，❷ 在【字段】窗格中选中"新员工培训记录表"中的"考核项目""及格分数"和"考核成绩"字段前的复选框，如图 14-65 所示。

图 14-65

Step07 ❶ 在【可视化】窗格中选择【卡片图】视觉对象，❷ 在【字段】窗格中选中"员工及格数量表"中的"总及格数量"字段前的复选框，如图 14-66 所示。

图 14-66

Step08 ❶ 在【可视化】窗格中选择【卡片图】视觉对象，❷ 在【字段】窗格中选中"员工及格数量表"中的"培训结果"字段前的复选框，如图 14-67 所示。

图 14-67

Step09 得到如图 14-68 所示的报表效果。从该报表中可以看到每个员工各项考核项目的情况，以及该员工的录取结果。

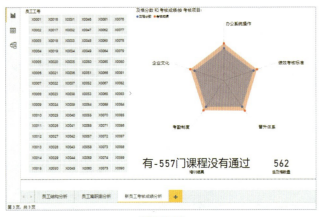

图 14-68

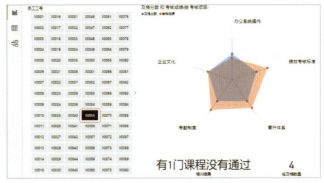

图 14-70

Step⑩ 在【员工工号】切片器中单击要查看的员工工号，如【X0068】，在雷达图中即可看到该员工的 5 门课程的成绩都大于及格分数，在下方的两个卡片图中可以看到该员工的 5 门考核项目都通过了，如图 14-69 所示。

Step⑪ 单击其他员工工号，如【X0055】，可以看到该员工有 1 门课程没有通过，如图 14-70 所示。

Step⑫ 继续单击其他员工工号，如【X0006】，可以发现该员工 5 门课程都没有通过，在雷达图中可以看到该员工没有考核成绩，因为该员工没有参加考核，如图 14-71 所示。

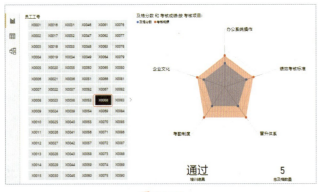

图 14-69

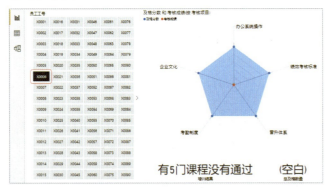

图 14-71

本章小结

本章制作了人力资源智能化分析报表，要制作该报表，首先需要导入并整理需要的员工数据，然后使用 Power BI 中的新表功能建立一个与日期相关的日期表和员工及格数量表。此外，为了根据已知的员工数据统计期末在职的员工人数、期间新入职的员工人数及期间离职的员工人数和离职率，需要用到 Power BI 中的新建度量值功能。最后，为了让人员结构、离职率及新员工的考核成绩更加直观和易于理解，我们使用 Power BI 中的可视化功能建立了卡片图、饼图及雷达图等可视化图表。读者可以举一反三，将本案例中介绍的人力资源数据的智能化分析方法运用到其他行业的工作中。